Description Du Royaume De Siam, &c, Volume 2

De La Loubère

DESCRIPTION
DU ROYAUME
DE SIAM,
PAR
Mr. DE LA LOUBERE,

ENVOYE' EXTRAORDINAIRE DU ROY
auprés du Roy de Siam.

Où l'on voit quelles sont les opinions, les mœurs &
la Religion des Siamois; avec plusieurs remar-
ques de Physique touchant les Plantes &
les Animaux du Païs.

TOME SECOND.

Enrichi d'un grand nombre de Figures en Taille-douce.

A AMSTERDAM,
Chez DAVID MORTIER, Libraire.
─────────
MDCCXIV.

KC 10956

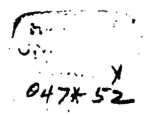

047* 52

AU LECTEUR.

JE n'ay presque d'autre part à ce Volume, que d'en avoir assemblé les Piéces. Quelques-unes sont des Traductions, qui ne sont pas de ma façon : en quelques autres je n'ay presque fait que tenir la plume, quand on m'en a dicté la substance. S'il y en a qui paroissent trop étrangeres à une Relation de Siam, elles ne le sont pas tant à mon Voyage, dont on m'auroit peut-être pardonné l'Histoire, si j'eusse entrepris de la faire : & encore moins à la connoissance generale, que j'ay tâché de donner de tout l'Orient, pour faire mieux connoître par là le génie des Siamois. En tout cas je demande grace pour deux ou trois Piéces au plus, qui ne déplairont peut-être pas en elles-mêmes, & que j'ay données à la curiosité de quelques personnes, que j'honore.

TA-

TABLE

Des Piéces contenuës en ce Volume.

L A.

LA VIE

DE

TEVETAT,

Traduitte du Bali.

A Prés la naiſſance de Poutì Sat *, qui par ſes bonnes œuvres dans la ſuitte des temps parvint au Nireupan, ſon pére le Roy Táouſoutout conſulta les devins pour ſavoir ce qu'il deviendroit, & la fortune qu'auroit un fils, à la naiſſance duquel il avoit paru tant de merveilles. Tous l'aſſûrérent qu'il avoit grand ſujet de ſe réjoüir, puis que ſi ſon fils demeuroit dans le monde, il ſeroit Empereur de toute la terre, ou que s'il ſe faiſoit Talapoin en abandonnant les plaiſirs du ſiécle, il parviendroit au Nireupan. Il faut ſavoir que cet Empereur avoit ſept ſortes de choſes, qui luy étoient tellement particulieres, qu'il ny avoit que lui qui les eût. La premiere eſtoit une boulle de verre, dont il ſe ſervoit pour ſe defaire de ſes Ennemis, en la jetant contre ceux, qu'il vouloit faire mourir ; laquelle étant lâchée alloit couper le col à l'ennemy, puis retournoit d'elle-meſme. La ſeconde c'étoient des eléphans & des chevaux d'une bonté & beauté extraordinaires, qui voloient avec

* C'eſt un des noms de Sommona-Codom, Ṣat, à mon avis veut dire Seigneur en Bali, comme Tcháou en Siamois, & ainſi on dit Poutì Sat, & Poutì Tcháou le mot Poutì eſt Bali.

la mefme facilité, qu'ils marchoient. La troifiéme eftoit une piéce de verre, par le moyen
de laquelle il pouvoit avoir tant d'or & d'argent qu'il vouloit: car pour cela il n'avoit qu'à
la jeter en l'air, & de la hauteur qu'elle alloit,
il croiffoit une colomne d'or ou d'argent. La
quatriéme eftoit une Dame, venuë du côté
du Nord, d'une beauté merveilleufe, qui avoit
une marmite de verre foûtenuë par trois co-
lomnes de mefme: puis quand elle vouloit faire cuire du ris, elle n'avoit qu'à y mettre tant
foit peu de ris, & le feu s'allumoit de luy-mefme, & s'éteignoit auffi de lui-mefme lors que
le ris eftoit cuit: le ris fe multiplioit tellement
en cuifant, qu'elle en pouvoit nourrir jufqu'à
500. hommes & davantage.　La cinquiéme
eftoit un homme, qui avoit foin de la maifon,
& qui avoit des yeux fi penetrans, qu'il voyoit
l'or, l'argent, & les pierreries dans le fein de
la terre. La fixiéme eftoit un grand Mandarin
d'une force & d'une valeur extraordinaires. La
derniere eftoit qu'il avoit mille enfans de la
Reyne feule, qui à la verité n'étoient pas tous
fortis de fon ventre. Un feul en eftoit forti,
& les autres s'eftoient engendrés de l'eau, du
fang, & de tout ce qui fort à l'accouchement.
Châcun de ces enfans en particulier eftant de-
venu grand, eftoit capable de terraffer, & de
vaincre tous les ennemis, que leur pére eût pû
avoir. Or il y eut un des devins, qui prenant
le pére à part, lui dit qu'affurement fon fils
aban-

abandonneroit le siécle, quitteroit la Royau-
té, & se consacreroit à la penitence en se faisant Talapoin pour pouvoir par ses bonnes œuvres arriver au Nireupan.

Ses parents au nombre de dix-mille, ayant
appris par la réponse des devins, que le domai-
ne universel de tout ce monde, ou le Nireupan estoient assurés à ce jeune Prince, resolû-
rent entr'eux de lui donner, quand il seroit
un peu avancé en âge, châcun un de leurs fils,
pour estre à sa suitte: & ils le firent ainsi. Quand
donc ce Prince, aprés la penitence de quelques sept années qu'il fit dans les bois, fut de-
venu digne du Nireupan, quantité de ces jeunes gens dont nous venons de parler qui étoient
à sa suitte, se firent Talapoins avec lui: mais
parmi cette grande troupe il y en eut six, qui
quoy qu'ils fussent ses parents, & à sa suitte ne
voulûrent pourtant point le suivre. Nous en
rapporterons les noms, à cause que dans la
suitte nous ne parlerons plus que d'eux. Le
premier s'appelle Pattia, le second Anourout,
le troisiéme Aanon, le quatriéme Packou, le
cinquiéme Quimila, le sixiéme, * Tévetat: &
c'est de ce dernier que nous écrivons l'Histoire. Un jour les péres de ces six jeunes Princes
s'estant par hazard rencontrez ensemble, aprés
avoir parlé long-temps de plusieurs choses in-
differentes, l'un d'eux fit faire reflexion aux
autres qu'aucun de leurs fils n'avoit suivy le
Prince pour se faire Talapoin: & ils disoient
en-

* Les Sia-
mois di-
sent que
Tévetat
étoit frére
de Som-
mona-
Codom,
par cette
Histoire il
n'est que
son pa-
rent.

entr'eux : est-ce que, parce qu'aucun de nos
enfans n'a voulu se faire Talapoin, nous cesserons pour cela d'estre ses parents ? Voilà
pourquoy le pére d'Anourout l'un de ces six
jeunes Princes, qui fut le successeur du Roy
Táousoutout, dit à son fils que quoy qu'il fût
de sang Royal ; cependant si Sommona-Codom vouloit le recevoir à sa compagnie pour
Talapoin, qu'il ne l'en empêcheroit pas, encore que des gens de sa condition ne suivissent
pas cet exemple.

Anourout Prince accoustumé à ses plaisirs
& à avoir tout ce qu'il souhaittoit, ne comprenoit pas ce que vouloit dire cette parole
de refus, *non*. Un jour que ces six jeunes Princes se divertissoient au jeu de boulle, & joüoient
des confitures pour la collation, Anourout
ayant perdu, envoya un homme à sa mére la prier de luy envoyer des confitures, ce
qu'elle fit : puis les ayant mangées, ils joüérent
une seconde collation, puis une troisiéme,
& une quatriéme ; & sa mére luy envoya des
confitures, jusqu'à ce qu'elles fûrent achevées : mais comme Anourout en voulut envoyer encore chercher, sa mére alors dit au
serviteur : *non, il n'y en a plus*. Ce qui ayant
esté rapporté au fils, & le fils ne concevant
pas ce que vouloient dire ces parolles, *non
il n'y en a plus*, pour ne les avoir jamais oüy
dire, crût que sa mére vouloit dire qu'elle
en avoit encore d'autres excellentes ; dont le

nom

nom devoit eftre ces mots, *non il n'y en a plus*.
Il renvoya donc fon ferviteur à fa mére pour
la prier de luy envoyer des confitures *non
il n'y en a plus*; fa mere comprenant par là
que fon fils n'entendoit pas ces mots, *non il
n'y en a plus*, refolut de les luy apprendre.
Elle prit un grand plat vuide, le couvrit d'un
autre, & le donna au ferviteur pour le
porter à fon fils. Mais alors les Génies de la
ville Koubilepat faifant reflexion à tout ce
qui fe paffoit entre le Prince Anourout & fa
mére, & fachant que le Prince n'entendoit
pas ces mots, *non il n'y en a plus* (parce qu'autrefois dans une autre generation il avoit donné aux Talapoins par aumône fa portion de
ris, & avoit demandé & fouhaité, que dans
la fuitte des temps, qu'il viendroit renaître
en ce monde, il n'entendît point ce que vouloient dire ces mots, *non il n'y en a plus*, ny
ne connût ny ne fût le lieu où croiffoit le ris)
ils fe dirent qu'il falloit vîte s'affembler avec les
autres Génies, pour voir ce qu'il y avoit à
faire, parce que fi Anourout trouvoit le plat
vuide, en punition leur tête fe briferoit en fept
morceaux. Il fut donc refolu qu'ils le rempli-
roient de confitures apportées du Ciel, ce qu'ils
firent. Le ferviteur qui portoit le plat, l'ayant pofé & mis au lieu, où ces jeunes Princes eftoient
à fe divertir. Anourout, qui n'attendoit que
celà pour payer fa debte à fes compagnons, courut au plat & le decouvrit, & le trouva à fon

*Ces Gé-
nies ne
font pas
invulne-
rables, &
leur foin
eft de re-
compen-
fer & de
punir.*

ordi-

ordinaire plein de confitures, mais si excellentes que toute la Ville fut embaumée de leur odeur : l'excellent goût qu'ils trouvoient à ces confitures, se répandit par tout leur corps. Le plat fut bien-tôt vuide, & sur cela Anourout faisant reflexion à la bonté de ces confitures se disoit à lui-mesme : il faut que ma mére ne m'ait guére aimé jusque-icy, puis qu'elle ne m'avoit encore jamais donné des confitures *non il n'y en a plus*. Etant de retour au logis il s'en alla demander à sa mére, si elle aimoit son fils. Sa mére qui l'aimoit passionnement, fut toute surprise de cette demande, & lui répondit qu'elle l'aimoit comme son cœur, & comme ses yeux. Et pourquoy, si ce que vous dites est vrai, ne m'aviez vous donc jamais donné de confitures *non il n'y en a plus*. A l'avenir je vous prie de ne m'en point donner d'autres: je suis resolu de ne plus manger que de celles-là. Sa mére étonnée d'entendre ainsi parler son fils, s'adressa au serviteur, qui avoit porté le plat, & lui demanda en secret, s'il avoit vû qu'il y eût dedans quelque chose, lequel lui répondit qu'oüy, qu'il avoit vû le plat rempli d'une espece de confitures, dont il n'avoit jamais vû auparavant: & pour lors la mére d'Anourout comprit le mystere, & jugea bien que le merite ancien de son fils lui avoit attiré ces confitures, & que les Geniés superieurs lui avoient rendu ce bon office. Dans la suite donc quand le Prince demandoit de ces confitures à sa mére, elle ne faisoit que prendre un plat vuide, le couvrir d'un autre, & le lui envoyoit, & le plat se trouvoit tousjours rempli comme j'ay dit.

Anourout n'entendoit pas aussi ce que vouloient dire ces paroles, prendre la pagne ou l'habit de Talapoin, & ayant prié un jour son frére aîné Patia de les lui expliquer, Patia lui dit ce qu'il savoit, que prendre l'habit de Talapoin, c'estoit se faire raser entierement les cheveux, & la barbe, dormir sur une claye, & s'habiller d'une pagne jaune. Ce qu'Anourout ayant entendu, il dit à son frére qu'étant accoûtumé de vivre à son aise, & d'avoir toutes choses à souhait, il auroit bien de la peine à mener cette vie : & Patia lui repliqua : puis donc mon frére que vous ne voulez pas vous résoudre à vous faire Talapoin, voilà qui est bien : mais aussi pour ne pas estre sans rien faire, apprenez à travailler, & demeurez au logis de mon pére tant qu'il vous plaira. Anourout lui demande ce qu'il vouloit dire par ce mot de *travailler*, qu'il n'entendoit point : Patia lui dit alors, comment sauriez-vous ce que c'est que travailler, puisque vous ne savez pas où le ris croît ny comment ? En effet un jour Quimila, Patia & Anourout discourant ensemble, sur le lieu où pouvoit croître le ris, Quimila répondit qu'il croissoit dans la grange : Patia, dit que non, & assûra qu'il croissoit dans la marmite : & Anourout leur dit à tous

A 4   deux

deux qu'ils n'y entendoient rien, & qu'il croiſſoit dans le plat. Le premier ayant vû un jour
qu'on tiroit du ris de la grange, crut que c'étoit
là qu'il croiſſoit. Le ſecond l'avoit vû tirer de
la marmite, & c'eſt ce qui luy donna lieu de
croire qu'il croiſſoit dans la marmite: mais le
troiſiéme qui n'en avoit jamais vû qu'au plat,
crut effectivement que le ris croiſſoit au plat,
quand on avoit envie d'en manger : & ainſi
tous trois n'en ſavoient rien.

Anourout dit enſuite aux deux autres qu'il
n'eſtoit point porté à travailler, & qu'il aimoit
encore mieux ſe faire Talapoin ; & il s'en alla
en demander la permiſſion à ſa mere. Elle la
luy refuſa deux ou trois fois : mais comme il
ne ſe rebutoit point, & qu'il la preſſoit touſ-
jours davantage, elle luy dit que ſi Patia ſe faiſoit Talapoin, elle luy permettoit de le ſuivre.
Anourout s'en alla donc ſolliciter ſes cinq autres compagnions de ſe faire Talapoins, & ils
reſolurent de le faire ſept jours aprés. Ces
ſept jours eſtant paſſez ils ſortirent de la ville, avec un grand équipage, faiſant ſemblant
de s'aller divertir à la campagne. Ils avoient
à leur ſuite quantité de Mandarins ſur des
eléphants, avec bon nombre de gens de pié.
Mais principalement ils avoient à leur ſuitte
un Barbier de Profeſſion nommé Oubbali.
Etant arrivez ſur les confins du Royaume ils
renvoyérent toute leur ſuitte hormis Oubbali :
puis ils ſe dépoüillerent de leurs habits, les

pliérent

pliérent bien proprement, & les mirent entre
les mains d'Oubbali pour luy en faire un present, luy disant qu'il s'en retournât à la ville, &
qu'il avoit dequoy vivre à son aise le reste de ses
jours. Oubbali tout triste de se séparer de ces
six Princes, & n'osant pourtant contredire à ce
qu'ils luy ordonnoient ; aprés avoir pris congé
d'eux se retira en pleurant, & prit sa routte du
côté de la ville, d'où ils étoient sortis ensemble. Mais il luy vint bien-tôt en pensée que
s'il s'en retournoit, & que les parents de ces jeunes Princes vissent les habits de leurs enfants,
ils auroient sujet de le soupçonner de leur
mort, & mesme de le faire mourir, ne voulant pas croire que ces jeunes Princes eussent
quitté des habits si precieux pour les luy donner. Sur cela il pendit ces habits à un arbre, &
s'en retourna chercher ces jeunes Seigneurs.
D'abord qu'ils le virent, ils luy demanderent
le sujet de son retour, & luy le leur ayant de-
claré, leur témoigna qu'il vouloit demeurer
auprés d'eux, & prendre l'habit de Talapoin.
Ces jeunes Princes le presenterent alors à Sommona-Codom, le priant de luy donner l'habit plûtôt qu'à eux : car se sentant encore pleins
de l'esprit du monde, & le cœur superbe, &
voulant s'humilier, ils desiroient qu'Oubbali,
qui leur estoit fort inferieur dans le monde, fût
leur ancien dans la Religion, afin d'estre obligez à le respecter, & à luy ceder en toutes
choses : la * Regle voulant qu'entre deux

A 5   Tala-

* Je croy
que c'est

Talapoins le plus ancien aye tous les honneurs, quand même le plus jeune ſeroit beaucoup plus ſavant. Sommona-Codom leur accorda leur demande, & ils prirent l'habit peu de temps aprés Oubbali. Etant donc entrez dans leur temps de penitence Pattia par ſon mérite eut le cœur, les yeux, & les oreilles céleſtes : c'eſt à dire qu'il ſavoit tout, qu'il connoiſſoit le cœur des autres, qu'il voyoit tout, & qu'il entendoit tout, malgré l'éloignement & malgré tous les obſtacles. Un jour aprés que Sommona-Codom eut prêché, Anourout fut élevé juſqu'au degré d'Ange. Dans le meſme temps Aanon Talapoin chery de Sommona-Codom alla juſqu'à *ſonda* premier degré de la perfeſtion. Packou & Quimila aprés s'eſtre bien exercez pendant long-temps à la priere & à la meditation, furent élevez juſqu'à devenir Anges. Il n'y eut que Tévetat qui n'obtint autre choſe qu'une grande puiſſance, & le pouvoir de faire des miracles. *

Sommona-Codom eſtant allé avec ſes Talapoins à la ville de Kouſampi les habitants venoient leur faire tous les jours des preſents, tantôt à Sommona-Codom, tantôt à Moglà, & à Saribout ſes deux principaux favoris, dont l'un s'aſſeyoit à ſa droite, & l'autre à ſa gauche : les uns à Kaſop & à Pattia, les autres à Quimila & à Packou, ou à Anourout, mais ce qui eſt remarquable, perſonne n'en fit à Tévetat : & on ne parloit non plus de luy que ſi

jamais

jamais il n'avoit esté au monde , dont il fut
extremement indigné. Est-ce, disoit-il, que
je ne suis pas Talapoin aussi bien que les autres? Est-ce que je ne suis pas de sang Royal
comme eux? Pourquoy personne ne m'a-t-il
fait aucun present? Il resolut donc sur l'heure de chercher quelqu'un qui luy en fit , &
de s'attirer des disciples. Le Roy de la ville
Pimpisaan estoit arrivé jusqu'au premier degré
de la perfection avec cent-dix-mille hommes,
tous disciples de Sommona-Codom: & il avoit
un fils encore jeune , & qui ne savoit ce que c'é-
toit que le mal. Tévetat songeant à aller sé-
duire ce fils , pour se servir de luy dans ses
mauvais desseins , sortit de la ville de Pinme-
san pour aller à Rachacreu , & prit , par la
puissance qu'il avoit , la figure d'un petit enfant , avec un serpent autour de châque jambe , un autre autour de son col , & un autre
autour de sa tête. Outre celà il en avoit un qui
le prenant par dessus l'épaule gauche s'en venoit
descendre dessous l'épaule droite par devant &
par derriere. En cet équipage il prit l'essor , &
s'en alla par les airs à la ville de Rachacreu. Il
descendit sur les piés d'Achatasatrou, qui étoit
ce jeune Prince fils du Roy de la ville de * Pim-   * Il vient
mepisan , & qui voyant Tévetat de cette ma-   de dire
niere , le corps tout entortillé de serpens , en   Pimpi-
eût grand'frayeur. Tout épouventé d'un cas si   saan.
étrange il demanda à Tévetat qui il estoit , &
Tévetat lui ayant dit son nom , & l'ayant en-

A 6   tiére-

tiérement rafluré reprit fa premiere forme,
c'eft à dire fon habit de Talapoin, & fes fer-
pens difparûrent.   Achatafatrou conçût ainfi
une grande eftime de Tévetat, & lui fit
de grands prefents, honneur qui acheva de
perdre Tévetat par l'orgüeil qu'il en conçût;
car dés lors il forma le deffein de fe faire le Maître & le chef de fes confreres. Il s'en alla donc
auprés de Sommona-Codom : il le trouva
qui prêchoit chez le Roy, le faliia, l'approcha,
& aprés quelques difcours il luy dit, qu'étant
déja dans un âge fort avancé, il n'eftoit pas
jufte qu'à l'avenir il prit tant de peine, mais
qu'il devoit fonger à paffer le refte de fes
jours doucement & à fon aife. Je fuis, ajoûta-t-
il, prêt à vous ayder en tout ce que je pour-
ray, & comme le foin de tant de Religieux
vous accable, vous pourrez à l'avenir vous en
décharger fur moy. C'eft le langage, que luy
mettoit à la bouche le defir extrême de fe voir
au deffus de tous. Sommona-Codom qui le
connoiffoit, refufa & méprifa fa demande, dont
Tévetat fût fi outré qu'il ne fongea plus qu'aux
moyens de s'en venger. Il s'en retourna à la
ville de Rachacreu chercher Achatafatrou fon
difciple, & luy perfuada de fe défaire de fon
pére pour monter plûtôt fur le Thrône, &
pour luy donner enfuite les moyens de faire
mourir Sommona-Codom, & de fe mettre à
fa place. Achatafatrou fit donc mettre fon pére dans une baffe foffe chargé de fers, & s'em-

para

para du Thrône. Tévetat luy en témoigna
sa joye, & le pria de se souvenir de la pro-
messe qu'il luy avoit faite. Le nouveau Roy luy
donna tout aussi-tost 500. hommes armez de
flêches, pour aller tuër Sommona-Codom.
Ils le trouverent qui se promenoit au pié d'une
montagne ; & sa seule veuë leur imprima tant
de crainte & de respect, qu'il n'y en eut aucun, qui osât jamais lâcher une fléche : ils de-
meurerent tous immobiles, châcun avec l'arc
bandé. Sommona-Codom les pria de luy dire
l'auteur de leur attentat ; & quand ils le luy
eurent dit, il leur fit une predication, à la fin
de laquelle ils parvinrent jusqu'au premier degré de perfection, & s'en retournerent chez
eux. Aussi-tost que Tévetat vit qu'ils avoient
manqué leur coup, il s'en alla luy-même sur la
montagne, & se mit à rouller des pierres en
bas, à dessein de tuër Sommona-Codom : &
quand il crut en avoir assez roullé pour le tuër,
il descendit de là, & l'appella deux ou trois
fois par son nom. Sommona-Codom qui
avoit monté la montagne par un côté, lors que
Tévetat descendoit par l'autre, respondit qu'il
estoit en haut : aussi-tost Tévetat remonta, &
en même temps Sommona-Codom, qui le
savoit sans le voir descendit sans estre vû. Tévetat remonta encore inutilement, & il en
mouroit de rage. Cependant Sommona-Codom se voyant ainsi persecuté, se disoit à luy-
même, quelle faute ay-je fait, quel crime,

quel

quel péché? Prefentement que je fuis au comble de la perfection, que j'ay fait une fi grande
penitence , que j'ay tant prefché & enfeigné
une fi fainte Doctrine , on ne ceffe pourtant
de me pourfuivre pour me faire mourir. Et
en s'examinant ainfi il fe fouvint , qu'un jour
eftant yvre , * il avoit atteint un Talapoin
d'une petite pierre qu'il luy avoit jettée , & qui
luy avoit fait fortir un peu de fang & il connut
qu'il en devoit eftre puni dans cinq cent generations de fuite , qu'il l'avoit efté déja
dans 499. & que c'eftoit icy la cinqcentiéme :
outre quoy il avoit efté long-temps en Enfer.
C'eft pourquoy fachant d'ailleurs que s'il ne
permettoit à Tévetat de luy faire quelque mal ,
il le feroit mourir de rage , & aller en Enfer
aprés fa mort, il voulut bien qu'un petit éclat
d'un caillou que luy jeta Tévetat , & qui fe
brifa contre un autre , vint le bleffer au pié
jufqu'à luy tirer un peu de fang. Ce fut même
luy qui tendit fon pié pour recevoir le coup,
& par là il modera la colere de Tévetat, qui
oublia pour quelque temps la refolution de le
tuër.

Un jour comme Sommona-Codom s'en
alloit demander l'aumône à la ville de Rachacreu, Tévetat en eftant averti fit que le Roy
luy envoya au devant fes plus méchants eléphants , pour luy faire du mal s'il ne fe reti-
roit pas. Sommona-Codom ne laiffa pas de
continuër fon chemin avec fes Talapoins ; &
                                        comme

(marginal note:) * Som-
mona-
Codom
péche, &
en eft
puni mê-
me en
Enfer.

comme ils furent prés des elephans, Aanon fe
mit au devant de fon maître, pour le garentir
de la fureur des elephans en s'y expofant, mais
ils ne firent mal à perfonne.

Au fortir de la ville Sommona-Codom fe
retira dans une Pagode, où le peuple en foulle
luy apportoit à manger. Il mangea, & précha
enfuite à toute cette multitude, qui eftoit for-
tie au nombre de dix millions de perfonnes,
pour le venir entendre : & il s'en convertit
quatre-vingt-quatre-mille, dont les uns allé-
rent jufqu'au premier degré, les autres juf-
ques au fecond, les autres jufqu'au troifiéme,
d'autres jufqu'au quatriéme degré de la perfection. Plufieurs s'étendirent fur les loüan-
ges d'Aanon ; ce qu'il aimoit affez fon maître, pour avoir expofé fa vie pour luy. Sur-
quoy Sommona-Codom leur dit que ce n'é-
toit pas là la premiere fois qu'Aanon l'avoit
fait. Une autrefois leur dit-il, que j'étois Roy
des Ong (c'eft une efpéce d'oyfeaux) Aanon
étant Ong auffi & mon cadet, il me fauva la
vie en expofant la fienne à ma place. Quand
le Roy Achatafatrou eut entendu ainfi loüer
Aanon d'avoir expofé fa vie pour fon maître,
il retira les 500. hommes, qu'il avoit donnez
à Tévetat : & ainfi Tévetat fe vit abandonné
de tout le monde. Il avoit beau demander,
perfonne ne luy donnoit, non pas même pour
vivre : réduit à l'extremité de chercher luy-
même fa vie, il retourna auprés de Som-
mona-

mona-Codom, & luy fit cinq propofitions
qu'il le pria de luy accorder. La premiere, que
s'il y avoit des Talapoins qui voulufſent s'obliger à vivre dans les bois & loin du monde
le refte de leurs jours, il le leur-permit. La
féconde que ceux qui voudroient s'engager à
ne vivre que d'aumônes, puffent s'y foumet-
tre. La troifiéme qu'il laiſſât la liberté de s'habiller pauvrement à ceux qui le defireroient
toûjours faire, & qui s'obligeroient à fe contenter toûjours de vieilles pagnes rapetaſſées &
falles. La quatriéme qu'il permît à ceux qui
le voudroient, de renoncer pour toute leur
vie, à avoir d'autre Convent ou d'autre logis,
que le defſous d'un arbre; & enfin que ceux
qui ne voudroient jamais manger ny viande ny
poiſſon, puſſent s'en ôter la liberté. Sommona-
Codom luy répondit qu'il falloit laiſſer à chacun fa volonté, & n'obliger perſonne à plus
qu'on ne voudroit, ou même qu'on ne pourroit. Tévetat fe leva aprés la réponfe de Sommona-Codom, & dit tout haut à tous les Talapoins qui eftoient prefents : que tous ceux
qui voudront eftre bien-heureux me fuivent :
& auſſi-tôt une troupe d'ignorans au nombre
de cinq-cent, deçûs par la belle apparence de
fes fauſſes intentions, fe refolûrent de le fui-
vre, & de garder exactement les 5. chofes
qu'il venoit de propofer. Ils avoient des dé-
vots qui les nourriſſoient, & qui pourvoyoient
à tous leurs befoins : quoy qu'ils fûſſent que
Téve-

Tévetat avoit, pour ainſi dire, mis la guerre entre les Talapoins en ſe ſéparant de ſon maître. Quand Sommona-Codom vit qu'il prenoit une ſi méchante conduite, il tâcha de le ramener, par diverſes predications qu'il luy fît, pour luy faire voir qu'il n'y avoit pas de plus grand crime que celuy-là. Tévetat l'écouta aſſez paiſiblement, mais ſans en faire aucun profit : car il quitta bruſquement Sommona-Codom. Il rencontra en chemin Aanon qui demandoit l'aumône de porte en porte dans la ville de Rachacreu, & luy dit qu'il venoit de quitter ſon Maître, pour vivre à l'avenir à ſa fantaiſie. Aanon le dit à Sommona-Codom, qui répondit qu'il le ſavoit bien, qu'il voyoit que Tévetat eſtoit un malheureux, qui iroit en Enfer. Voilà juſtement, ajoûta-t-il, comment font les pécheurs : ils commettent de grands crimes, & ils appellent cela faire du bien, & ce qui eſt bien ils l'appellent mal. Les hommes vertueux font le bien ſans peine, au lieu que c'eſt un ſupplice pour les méchants ; & tout au contraire le mal déplaît aux bons, & les méchants s'en font un plaiſir. Sachant donc le lieu & l'endroit, où Tévetat s'eſtoit retiré avec ſes 500. diſciples, il y envoya Moglâ & Saribout pour les luy enlever. Ils trouverent Tévetat prêchant, & lors qu'il les vit, il crût qu'ils avoient comme luy quitté leur Maître. C'eſt pourquoy aprés ſon Sermon, il leur dit : je ſay que quand vous étiez

avec

avec Sommona-Codom vous étiez ses deux
favoris, & qu'il vous faisoit asseoir l'un à sa
droite & l'autre à sa gauche, je vous prie d'ac-
cepter la même chose auprés de moy. Pour
ne le point fâcher, & pour mieux couvrir leur
dessein, ils luy dirent qu'ils le vouloient bien,
& s'assirent en effet à ses côtez. Alors il les
pria de prêcher à sa place pendant qu'il iroit
reposer. Saribout prêcha, & aprés son Sermon tous ces 500. Talapoins arriverent jusqu'à la perfection d'Ange, s'éleverent en l'air,
& disparûrent. Conkali disciple de Tévetat
courut l'éveiller & luy conter tout ce qui s'estoit
passé. Je vous avois bien dit de ne pas vous fier
à eux, luy dit-il : puis il commença à se fâcher,
& à tel point, qu'il battit Conkali jusqu'à luy
faire sortir le sang par la bouche. D'autre part
quand les Talapoins, qui estoient avec Sommona-Codom, virent revenir Moglâ & Saribout avec leur compagnie, ils allerent aussi-
tôt avertir leur Maître, & luy témoigner l'é-
tonnement où ils estoient de voir revenir
Moglâ & Saribout si bien accompagnez, aprés
les avoir vû partir seuls. Moglâ & Saribout
vinrent aussi saluër leur Maître, & les Talapoins nouveaux-venus dirent à Sommona-
Codom, que Tévetat l'imitoit en toutes choses. Vous vous trompez fort de croire leur
dit-il, qu'il fasse ce que je fais : à la verité autrefois il m'a contrefait, mais presentement
il en use de même. Pour lors ses disciples luy
dirent :

dirent : nous favons nôtre cher Maître que
Tévetat vous contrefait prefentement , mais
qu'il vous ait contrefait par le paffé nous n'en
favons rien, c'eft pourquoy nous vous prions
de nous l'expliquer. Il prit donc la parole , &
leur dit : vous faurez qu'autrefois eftant oyfeau , mais un oyfeau qui cherchoit fa vie tantôt fur les eaux, tantôt fur la terre, Tévetat
en ce même temps eftoit oyfeau de terre, &
à grands piés. Il voulut à mon exemple prendre du poiffon , mais il s'embarraffa le col
dans des herbes, fans jamais pouvoir en fortir, & il y mourut. Il me fouvient auffi que
j'étois une fois un de ces petits oyfeaux rouges , qui mangent les vers des arbres, Tévetat eftoit un oyfeau d'une autre efpéce, & il
affectoit de fe nourrir comme moy. Je cherchois les vers dans les arbres , qui ont le cœur
enfermé au milieu du tronc, & je cherchois
ces arbres dans une grande & fpacieufe forêt,
luy cherchoit les vers dans des arbres fans
cœur, mais qui ont une apparence de cœur;
& fa tête fe brifa par punition. Une autrefois
j'étois né Rachafi, & luy eftoit né chien Sau-
vage. Or les Rachafi ne vivent que des elephans, qu'ils tuënt dans les forêts : & le chien
des bois voulut faire comme moy , mais il
luy en prit mal : car les elephans le foulerent
aux piés & l'écraferent.

Quelqu'autre jour Sommona-Codom prêchant à fes difciples leur parla de Tévetat, &
leur

leur dit. Une fois j'êtois un de ces grands oyfeaux terreftres à grands piés, & luy eftoit Rachafi.   En mangeant de la viande il voulut
avaller un os, qui luy eftant demeuré au gozier
l'étrangloit. J'eus compaffion de luy, je luy
tiray l'os de la gorge à la priere qu'il m'en fit, en
avoüant que quelque force qu'il eût, il ne pouvoit pourtant fe fecourir. J'entray donc dans
fa grande gueule, qu'il ouvrit, & luy ôtay cet os
avec mon bec: & comme il m'avoit promis re-
compenfe, je luy demandai feulement quelque chofe à manger, mais il me refpondit que
m'ayant laiffé entrer dans fa gueule, & en fortir fain & fauf, c'eftoit la plus grande grace qu'il
pouvoit me faire. J'êtois une autrefois un cerf,
& Tévetat un chaffeur. Etant allé un jour à la
chaffe il monta fur un arbre, qui porte de petits fruits que mangent les cerfs, & s'y fit comme une petite maifon, pour fe tenir à l'affu, &
caché en attendant fa proye: & comme le cerf
* Poutifat fut arrivé fort prés de l'arbre, Tévetat luy jeta des fruits pour le faire approcher
davantage : mais le cerf Poutifat voyant ces
fruits tomber de côté & d'autre, fe douta de
l'affaire, & remarqua le chaffeur fur l'arbre,
auquel il dit de ne plus l'attendre, qu'il n'iroit
pas le chercher plus prés. C'eft ainfi que Tévetat defire beaucoup. Une autrefois Tévetat eftoit pefcheur: ayant un jour jeté fa ligne,
l'hameçon fe prit à un arbre tombé dans l'eau:
luy croyoit que l'hameçon tint à un gros poif-
ſon,

* C'eſt un
des noms
de Som-
mona-
Codom.

fon , & fongeant déja qu'il en devroit faire
part à fes amis, il en fut fâché, parçe que ces
prefens luy en ofteroient la meilleure partie.
Pour prevenir cet inconvenient il envoya fon
fils qu'il avoit avec luy , porter à fa femme la
nouvelle de la prife qu'il croyoit tenir , &
ordre de s'en aller fur le champ faire querelle
à tous fes voifins. Elle prit donc fon petit
chien , & s'en alla fur l'heure chez le plus
proche , monta chez luy , & commença à
luy chanter poüille & à fa femme : de là elle
s'en alla chez un autre , & enfin chez tous.
Tévetat eftoit cependant aprés fa ligne qu'il
ne pouvoit retirer, de forte que pour l'avoir
il fe dépoüilla , mit fes habits fur le bord de
l'eau, fe jeta dans l'eau, & donna contre l'arbre un fi malheureux coup, qu'il fe creva les
deux yeux. Les paffants luy déroberent fes
habits : & là querelle de fa femme avec fes voifins luy coûta tout le peu d'argent qu'il avoit,
par un procez qu'ils luy firent pour cette injure.
Aprés celà Sommona-Codom fortit de la ville
de Rachacreu pour aller à Savati : il y fût malade dans un convent où il fe logea : & en même temps Tévetat fût auffi malade d'une ma-
ladie, qui le tint neuf mois. Il avoit une extreme paffion de revoir Sommona-Codom
fon Maître, & il le témoigna à fes difciples, les
priant de luy faire la grace de le porter vers
luy. Ils luy demanderent comment il y ofoit
penfer, & quel bien & quel fecours il ofoit attendre

les cinq commandements des Siamois.

toute forte d'impureté : il auroit esté menteur & imposteur : on l'auroit veu toûjours yvre comme une bête : & enfin il n'auroit fait aucun bien, & n'auroit jamais songé à l'avenir. Voilà pourquoy je l'ay reçû. Aprés cela Sommona-Codom prophetisa qu'aprés cent mille * Kan Tévetat seroit Dieu & se nommeroit Attisaripethiequepout. Cependant Tévetat fut enseveli dans la terre, & jusqu'aux enfers, où il est sans pouvoir se remuer, faute d'avoir aimé Sommona-Codom. Son corps est haut d'un Jod, c'est à dire de huit mille brasses : il est dans l'enfer Avethi grand de 650. lieües : il a sur sa tête comme une grande marmite de fer toute rouge de feu, & qui luy vient jusques sur les épaules : il à ses piés enfoncez dans la terre jusqu'à la cheville ; & tout enflamez. De plus une grande broche de fer qui passe du couchant au levant, luy entre par les epaules & luy sort par la poitrine ; une autre le perce par les côtez, qui sort du Midy & s'en va au Nord, & traverse tout l'enfer ; & une autre luy entre par la tête & le perce jusqu'au pié. Or toutes ces broches tiennent des deux bouts, & sont bien enfoncées dans la terre. Il est debout sans pouvoir se coucher, ny se remuer. Les disciples de Sommona-Codom parloient entre-eux du pauvre Tévetat, disant qu'il n'avoit pu venir que jusqu'à l'étang Bukoreni & non jusqu'au convent, qui en est proche : & Sommona-Codom prenant la parole leur

dit

* Peut-être y faut il *Lan*, c'est-à-dire dix millions, pour dire dix millions d'années : comme en d'autres endroits des Indes *Lac* se prend pour cent mille années, quoy que *Lac* signifie simplement cent-mille. On void par cet endroit comment ils prétendent que les ames des méchants se peuvent purifier à

dit que ce n'eftoit pas la premiere fois, qu'il eftoit arrivé un femblable châtiment à Téve-tat, d'eftre englouti & enfeveli dans les enfers. Il me fouvient, pourfuivit-il, que Tévetat dans une de fes generations eftoit chaffeur, & que pour lors j'eftois eléphant des bois. Comme donc un jour il eftoit à la chaffe, & qu'il fe fut egaré & perdu ne fachant où il eftoit, moy le voyant dans une fi grande affliction, j'eus pitié de luy, je le mis fur mon dos, le tiray hors des bois, le rendis prés de chez luy, & puis m'en revins. Etant retourné une autrefois à la chaffe, comme il me vit avec de fi bel-les dents, il luy vint en penfée que s'il en avoit de femblables, il les vendroit fort bien, & fur cela il m'en coupa les deux bouts. Ayant mangé l'argent qu'il en avoit eu, il revint m'en couper autant, & une troifiéme fois il ache-va de couper ce qui m'en reftoit. J'en fus ex-tremement affligé, & en témoignay tout le reffentiment dont j'eftois capable : mais il ne porta pas loin fa faute, car comme il m'eut laif-fé, la terre s'ouvrit & l'engloutit, fans luy don-ner le temps de demander pardon. A ces mots de Sommona-Codom, tout le monde fe réjoüit de la mort de Tévetat : & Sommona-Codom dit encore. Je me fouviens qu'ancien-nement Tévetat eftoit né Roy de la ville de Pa-ranafi. Il avoit nom Pingqueleracha. Il tour-mentoit tellement fes fujets qu'il n'y en avoit pas un feul qui l'aimât : au contraire tous l'au-

force de tranfmi-grations. On void auffi que le mot *Pout* qui veut dire, Mercure entre dans ce nom de Dieu, & je ne doute pas que l'adjectif bali *Pouti* ne vienne de *Pout*, quoy que j'aye vû les Sia-mois écri-re ces deux mots par des lettres différen-tes ; mais ils font peu exacts dans leur Ortho-graphe.

roient voulu voir mort : & sa mort arriva lors
qu'il s'y attendoit le moins. On en fit des réjoüissances publiques, hormis le Portier de la
ville, qui pleuroit de tout son cœur: & comme on luy en demanda la raison : ah ! dit - il,
je pleure, parce que ce malheureux, méchant
comme il est, tourmentera les Diables, comme
il nous a tourmentez, & les Diables ne le pouvant souffrir, nous le rendront, & nous serons
aussi miserables qu'auparavant. Voilà le sujet
de mes pleurs.

Sommona - Codom ayant cessé de parler,
les Talapoins le priérent de leur dire où estoit
alors Tévetat, & dans quel lieu il estoit allé renaître : & il leur dit qu'il estoit allé renaître
dans le grand Enfer Avethi : mais, luy dirent-
ils, est-ce qu'aprés avoir tant souffert en cette vie, il est encore allé souffrir en Enfer ?
oüy, leur répondit Sommona-Codom, car
vous devez savoir que tous les pécheurs, quels
qu'ils soient, & de quelque condition qu'ils
puissent estre, soit Talapoins, soit laïques,
aprés toutes les souffrances de ce monde-cy,
en auront d'autres incomparablement plus
grandes & plus fâcheuses.

Fin de la Vie de Tévetat.

*On me donna cette Vie de Tévetat au mo-
ment que je partois pour mon retour ; & je la reçûs sans avoir le temps d'y regarder. J'ay trouvé*

an

au bout, le commencement d'un autre Ouvrage, sur lequel je n'ay pû interroger personne. Je donne ce que j'en ay.

Explication du Patimouc, ou du Texte du Vinac.

VOicy quatre choses, que l'on doit faire avant que d'entrer dans l'explication du Patimouc, selon ce que Sommona-Codom a enseigné. 1°. Il faut balayer la salle où l'on s'assemble. 2°. Il faut allumer les lampes ou les bougies. 3°. L'on doit preparer de l'eau dans des gargoulettes, ou dans d'autres vases destinez à cela, pour ceux, qui auront soif. 4°. L'on doit estendre des nattes pour s'asseoir, ou des tapis. Aprés donc que les disciples ont balayé, ils le vont dire au Maître, qui leur répond qu'ils ont bien fait : puis ils luy disent qu'ils ont allumé les lampes, & le Maître leur dit qu'il n'estoit pas necessaire puisque le Soleil luit, & qu'il fait grand jour. Ensuite les disciples luy disent qu'ils ont apporté de l'eau & estendu les nattes: bon, leur dit le Maître, voilà qui est bien. Voilà donc, disent les disciples au Maître, ces quatre choses que Sommona-Codom a enseignées & ordonnées avant que de commencer la lecture du Vinac. Oüy, répond le Maître. *Le Disciple.* Quelles sont les quatre choses qu'il faut encore faire aprés celles

dont

dont nous venons de parler, & lesquelles Sommona-Codom a aussi prescrites? ne sont-ce pas celles-cy, 1º. Quand il arrive quelques nouveaux Talapoins aprés l'explication commencée, s'ils sont moindres en nombre que les auditeurs, ils sont obligez de dire qu'ils croyent & reçoivent de tout leur cœur ce que l'on a déja expliqué: que si au contraire ceux qui arrivent sont en plus grand nombre que les premiers, il faut recommencer tout de nouveau ce que l'on a déja lû, 2º. Il faut savoir & dire dans quelle saison de l'année l'on est, 3º. conter le nombre des auditeurs, 4º. enseigner. Commencez donc, s'il vous plaît, par la premiere de ces quatre choses.

Fin du Fragment.

Les principales Maximes des Talapoins de Siam, traduites du Siamois.

NE tuëz point les hommes. *Non seulement les Talapoins ne tuënt pas, mais ils ne frappent jamais personne.*

Ne dérobez point.

Ne commettez point le péché de la chair.

Ne vous glorifiez pas disant que vous estes arrivé à la sainteté. *Tout homme qui n'est pas Talapoin, ne sauroit devenir saint, c'est à dire qu'il ne sauroit parvenir à un certain degré de merite.*

Ne

Ne cteusez point la terre. *C'est par respect*
pour cet element.

Ne faites mourir aucun arbre. *Il leur est de-*
fendu d'en couper aucune branche.

Ne tuëz aucun animal.

Ne bûvez aucune liqueur, qui enyvre.

Ne mangez point de ris aprés midy. *Ils peu-*
vent manger des fruits le soir, & mascher du
bétel tout le long du jour.

Ne regardez point les chants, les danses, ny
les joüeurs d'instruments.

Ne vous servez point de senteurs sur vous.

Ne vous asseyez, ny ne dormiez dans un lieu
aussi élevé, que celuy de vôtre Superieur.

Ne gardez ny or, ny argent. *Il leur est mes-*
me defendu d'en toucher ; mais ils observent
mal cette regle. Le métier de Talapoin est un
métier à devenir riche, & quand ils le sont as-
sez, ils quittent le cloître & se marient.

Ne vous entretenez pas de choses, qui ne
regardent pas la Religion.

Ne faites pas d'ouvrage, qui ne soit ouvrage
de Religion.

Ne donnez point de fleurs à des femmes.

Ne puisez pas de l'eau en un lieu, où il s'en-
gendre des vers.

Un Talapoin qui va faire ses necessitez, &
qui n'a pas auparavant puisé de l'eau pour se laver, péche. *Les saletez naturelles leur parois-*
sent des fautes.

Ne faites point amitié avec les seculiers,

en

en vuë de recevoir des aumônes d'eux.

N'empruntez rien des seculiers.

Ne prêtez point à usure, quand ce ne seroit qu'un seul cory.

Ne gardez ny lance, ny épée, ny aucune arme de guerre.

Ne mangez pas avec excez.

Ne dormez pas beaucoup.

Ne chantez point de chansons mondaines.

Ne joüez d'aucun instrument, & évitez toute sorte de jeux & de divertissements.

Ne jugez point vôtre prochain, ne dites pas : celuy-cy est bon, celuy là est méchant.

Ne brandillez pas les bras en marchant. *Ils observent peu ce precepte.*

Ne montez pas sur les arbres. *C'est de peur d'en casser quelque branche.*

Ne cuisez point de tuile, ny ne brûlez le bois. *C'est par respect pour la terre & pour le bois. Il est aussi mal fait de cuire la terre que le riz, & il est mal fait de détruire le bois.*

Ne clignez pas les yeux en parlant, & ne regardez pas de travers avec mépris.

Ne travaillez pas pour de l'argent. *Ils doivent vivre d'aumône, & non du travail de leurs mains.*

Ne donnez pas de medecines fortes aux femmes enceintes. *De peur de faire mourir l'enfant.*

Ne regardez pas les femmes pour contenter vos yeux.

Ne

Ne faites aucunes incisions, qui faffent fortir du sang.

Ne vendez, ny n'achetez aucune chose.

En mangeant ne faites point *tchibé tchibé, tchiabe tchiabe*, comme font les chiens. *C'eſt le bruit defagreable que font certaines gents en maſchant lentement & mollement. Les Siameis ont grand ſoin des décences.*

Ne dormez point dans un lieu expoſé à la vûë.

Ne donnez point de medecine où il entre du poiſon. *A cauſe du peril de tuër. L'art de la Medecine ne leur eſt pas défendu : ils s'en meſlent beaucoup. C'eſt pourquoi bien loin que les Siameis ſe ſcandaliſent de voir les Miſ-ſonnaires exercer la Medecine , c'eſt par là principalement qu'ils les ſouffrent , & qu'ils les aiment. Il faut que les Miſſonnaires guëriſ-ſent gratuitement les malades, ou par l'art de la Medecine, ou par Miracle.*

Un Talapoin péche, ſi en marchant dans les ruës il n'a pas ſes ſens recuëillis.

Un Talapoin qui ne raſe pas ſa barbe, ſes cheveux & ſes ſourcils, & qui ne fait pas ſes on-gles, péche. *Je ne ſay ſi cela a d'autre fonde-ment qu'un excés de propreté.*

Un Talapoin qui eſtant aſſis , a ſes piés éten-dus ou ſuſpendus, péche. *La modeſtie veut , à leur avis , que les jambes ſoient croiſées, & les piés placez prés des genoux.*

Aprés que vous avez mangé ne recüeillez

point les reftes pour le lendemain. *Ils les don-*
nent aux bêtes.

N'ayez pas plufieurs vêtemens. *Le peuple*
leur en donne fouvent par aumône, & ils en font
part à leur famille.

Un Talapoin qui aime les petits Talapoins,
& les careffe comme fi c'eftoient des femmes,
pêche.

Un Talapoin qui fait femblant d'eftre auffi
auftere qu'un Talapoin des bois, & de garder la
regle plus exactement qu'un autre, qui fait la
meditation pour eftre vû, & qui eftant feul
n'obferve rien de tout cela, il pêche.

Un Talapoin qui a reçû une aumône, & qui
va auffi-tôt la donner à un autre, pêche.

Un Talapoin qui parle à une femme en lieu
fecret, pêche.

Un Talapoin qui fe mêle dans les affaires
du Roy, qui ne font pas de la Religion, pêche.

Un Talapoin qui cultive la terre, ou qui éle-
ve des canards, des poules, des vaches, des buf-
fles, des eléphants, des chevaux, des co-
chons, des chiens à la façon des feculiers, pêche. *Ne pas cultiver la terre, eft un refpect*
pour cet element: le refte fent purement la pau-
vreté Monaftique.

Un Talapoin qui en prêchant ne parle
pas Bali, pêche. *Cette maxime n'eft pas*
bien rendue par le traducteur. Leur maniere
de prêcher eft de lire du Baly, où ils ne doi-
vent rien changer, mais ils doivent le commen-
cer

ser en Siamois, & ne rien dire qui ne soit dans le *Baly.*

Un Talapoin qui parle d'une façon & pense d'une autre, péche.

Un Talapoin qui dit du mal d'autruy, péche.

Un Talapoin qui estant éveillé ne se léve pas aussi-tôt, & se tourne d'un côté & d'autre, péche. *Il faut pourtant qu'il soit heure de se lever, c'est à dire qu'ils puissent discerner les veines de leurs mains.*

Un Talapoin qui s'assied sur une mesme natte avec une femme, péche.

Un Talapoin qui embrasse une femme, péche.

Un Talapoin qui fait cuire du ris, péche. *Parce que c'est faire mourir cette semence.*

Un Talapoin qui mange quelque chose, qui ne luy a pas esté offert les mains jointes, péche. *C'est vanité, car le respect veut en ce Païs-là qu'on donne tout à deux mains. Les Talapoins se croyant saints, sont fort vains à l'égard des seculiers, qu'ils croyent chargez de péchez. Ils ne saluënt personne, non pas mesme le Roy, & quand le Sancrat prêche ou parle au Roy, le Roy est derriere un voile pour mettre à couvert la Majesté : mais quand ce Prince ne peut éviter un Talapoin, il le saluë, & le Talapoin ne saluë pas le Prince.*

Un Talapoin qui songe en dormant qu'il void une femme, en sorte que l'effet du songe

l'éveille, péche. *Quoy que tout cela soit invo-*
lontaire.

Un Talapoin qui desire le bien d'autruy,
péche.

Un Talapoin qui urine sur le feu, sur la terre,
ou dans l'eau, péche. *Ce seroit éteindre le feu,*
& corrompre ces deux autres elements. Man-
delslo rapporte qu'il est defendu aux Banianes
d'uriner à terre. Il n'a pas su le precepte entier ;
& il a esté trompé, quand il l'a cru fondé sur
la crainte de tuër quelque insecte. Si cela estoit
il seroit defendu aux Banianes de répandre au-
cune liqueur, & d'ailleurs ils ne croyent aucun
insecte dans le feu. Pythagore defendoit d'uri-
ner contre le Soleil.

Un Talapoin qui dit des injures à la terre,
au vent, au feu, à l'eau, ou à quelque autre chose que ce soit, péche.

Un Talapoin qui excite les gents à rompre
ensemble, péche.

Un Talapoin qui va sur un cheval, sur un
eléphant, ou en Palenquin, péche. *Il ne doit*
charger ny homme ny bête ny arbre.

Un Talapoin qui est habillé avec des vête-
ments precieux, péche.

Un Talapoin qui se frotte le corps contre
quelque chose, péche.

Un Talapoin qui se met des fleurs aux oreilles, péche.

Un Talapoin qui se sert de souliers, qui ca-
chent ses talons, péche.

                                              Un

Un Talapoin qui plante des fleurs, ou des arbres, péche. *Ils n'est tment pas permis de faire des creux en terre.*

Un Talapoin qui reçoit quelque chofe de la main d'une femme, péche. *La femme pofe quelque part l'aumône qu'elle fait au Talapoin, & le Talapoin la prend où la femme l'a pofée.*

Un Talapoin qui n'aime pas tout le monde également, péche. *Ce n'est pas dire qu'il faille aimer autruy autant que foy-même.*

Un Talapoin qui mange quelque chofe qui ait vie, comme par exemple des grains qui peuvent encore porter fruit, péche. *Ils ne défendent pas de manger une chofe, qui ait eu vie.*

Un Talapoin qui coupe ou arrache quelque chofe, qui ait encore vie, péche.

Un Talapoin qui fait une Idole, péche. *C'est, difent-ils, parce que l'Idole est au deffus de l'homme, & qu'il y a de l'incongruité que l'Idole foit l'ouvrage de l'homme, d'autant que dans la juftice l'ouvrage est au deffous de l'ouvrier. Le feculier donc qui fait l'Idole, péche auffi, mais felon eux, le peché est inévitable aux feculiers. Au refte les Particuliers n'ont point d'Idole chez eux, & les Siamois n'en font ny n'en vendent, que pour mettre dans les Temples.*

Un Talapoin qui ne remplit pas une foffe qu'il a faite, péche. *Il péche en faifant la foffe, & il péche en ne reparant pas le mal qu'il a fait.*

Un

Un Talapoin qui n'ayant point de travail à faire, retrousse la queuë de sa pagne, péche.

Un Talapoin qui mange dans de l'or ou de l'argent, péche.

Un Talapoin qui dort aprés avoir mangé, au lieu de faire le service de la Religion, péche.

Un Talapoin qui aprés avoir mangé ce qu'on luy aura donné d'aumône, se plaît à dire, cela estoit bon, ou cela n'estoit pas bon, péche. *Ces discours sentent la sensualité, & non la mortification.*

Un Talapoin qui se glorifie, disant : je suis fils d'un Mandarin , ma mére est riche, péche.

Un Talapoin qui porte des pagnes rouges, noires, vertes, ou blanches, péche. *Ils comprennent sous ces quatre couleurs & sous la jaune, toutes les autres couleurs, horsmis les couleurs des animaux, qui ont souvent des noms particuliers. Le jaune & le feüille-morte, par exemple, ont un mesme nom, le bleu & le verd de mesme : ils appellent le bleu petit verd.*

Un Talapoin qui en riant éléve sa voix, péche.

Un Talapoin qui en prêchant change quelque chose au texte Baly pour plaire, péche.

Un Talapoin qui donne des charmes pour rendre invulnerable, péche. *Ils croyent que l'on peut se rendre invulnerable mesme aux coups des bourreaux en execution de justice.*

Un

Un Talapoin qui se vante d'estre plus savant que les autres, péche.

Un Talapoin qui desire de l'or ou de l'argent, disant : quand je sortirai du convent je me marierai , & je ferai de la dépense, péche.

Un Talapoin qui s'attriste de perdre ses parents par la mort, péche. *Il n'est pas permis aux* Creng, *c'est à dire aux Saints de pleurer les* Cahat, *c'est à dire les Séculiers.*

Un Talapoin qui sort le soir pour aller voir d'autres que son pere, ou sa mere, ou ses sœurs, ou ses freres, & qui sans y penser s'amuse à causer dans le chemin, péche.

Un Talapoin qui donne des pagnes ,.de l'or, ou de l'argent à d'autres qu'à ses pere & mere, freres & sœurs, péche.

Un Talapoin qui court hors du convent, pour attraper des pagnes, ou de l'or, ou de l'argent, qu'il croit que l'on a volé, péche.

Un Talapoin qui s'assied sur un tapis tissû d'or ou d'argent, qui ne luy aura pas esté donné, mais que luy-même aura fait faire, péche.

Un Talapoin qui s'assied sans prendre une pagne , qu'ils ont pour s'asseoir dessus, péche. *Cette pagne s'appelle santat , & sert à élever le Talapoin, quand il est assis. Quelquefois ils se servent pour cela d'une peau de buffle pliée en plusieurs doubles.*

Un Talapoin qui marchant dans les ruës n'a pas boutonné un bouton qu'ils ont à leur habit,

bit, péche : & si allant dans un balon il n'a pas déboutonné ce même bouton, il péche aussi. *C'est le bouton de l'Aug sa. Je ne say pas la raison du précepte.*

Un Talapoin qui voyant une troupe de filles assises, tousse, ou fait du bruit pour leur faire tourner la tête, péche.

Un Talapoin qui n'a pas la pagne de dessous bordée, péche : & si celle qu'il a sur l'épaule n'est pas de plusieurs piéces, il péche aussi.

Un Talapoin qui ne prend pas ses vêtemens dés le grand matin, péche.

Un Talapoin qui court dans les ruës, comme si on couroit aprés luy, péche.

Un Talapoin qui aprés avoir lavé ses piés, fait du bruit avec ses piés, soit sur du bois, soit sur de la pierre, puis monte au logis d'un séculier, péche. *Ce bruit est pour faire remarquer la propreté de ses piés.*

Un Talapoin qui n'a pas appris de certains nombres, ou calculs, péche. *Ce sont des nombres superstitieux.* Le P. Martini dans son Histoire de la Chine, p. 16. nous apprend que les Chinois sont aussi extremement superstitieux sur les nombres, & qu'ils croyent entre autres choses le nombre 9. le plus parfait & le plus heureux de tous, & celuy de 10. le plus imparfait, & le plus malheureux. Par cette raison, le Roy de la Chine a pour le service de son Palais 9999. barques & non pas 10000,

                      & dans

& dans quelqu'une de ses Provinces il a 999. reservoirs, ou viviers, & non pas 1000. Il prefere le nombre heureux & bizarre, au nombre rond & malheureux. Quand les Chinois le saluënt c'est par neuf prosternations.

Un Talapoin qui montant au logis de quelqu'un fait du bruit avec ses piés, & marche pesamment, péche. *En plusieurs de ces régles on découvre plusieurs choses, où les Siamois mettent en partie la politesse, car ils la veulent extrême dans les Talapoins.*

Un Talapoin qui léve sa pagne pour passer l'eau, péche.

Un Talapoin qui léve sa pagne en marchant dans les ruës, péche.

Un Talapoin qui juge des gents qu'il void, disant : celuy-cy a bien fait, celuy-là a mal fait, péche.

Un Talapoin qui regarde les gents fierement, péche.

Un Talapoin qui se mocque de quelqu'un, ou qui le raille, péche.

Un Talapoin qui dort sur quelque chose d'élevé, péche. *Ils n'ont point d'autre bois de lit, qu'une claye.*

Un Talapoin se nettoyant les dents avec un certain bois ordinaire pour celà, si le bois est long, ou s'il les nettoye en parlant avec d'autres, il péche.

Un Talapoin qui mange, & qui en même temps cause avec quelqu'un, péche.

Un

Un Talapoin qui en mangeant fait tomber du ris d'un côté & d'autre, péche.

Un Talapoin qui aprés avoir mangé, & aprés avoir lavé sa bouche, cure ses dents, & puis siffle des levres en presence des seculiers, péche.

Un Talapoin qui ceint sa pagne au dessous du nombril, péche.

Un Talapoin qui prend les vêtemens d'un mort, lesquels ne sont pas encore percez, péche. *Ils prennent volontiers chez un homme, qui vient de mourir.*

Un Talapoin qui menace quelqu'un de le faire lier, ou de le faire mettre à la cangue, ou de luy faire donner des coups de coude, ou qui le menace de quelque autre supplice, ou de parler au Roy, ou à quelque Grand contre luy, ce Talapoin qui en use ainsi pour se faire craindre, péche.

Un Talapoin qui allant quelque part que ce soit, ne pense pas à garder les commandemens, péche.

Un Talapoin qui se lave le corps, & prend le courant de l'eau au dessus d'un autre Talapoin plus ancien que luy, péche.

Un Talapoin qui forge du fer, péche. *Cela ne se fait pas sans éteindre le feu dont le fer est rouge.*

Un Talapoin qui pensant aux choses de la Religion, doute de quelque chose, qu'il n'entend pas clairement; & qui par vanité ne veut

pas

pas interroger un autre ; qui pourroit l'éclaircir, péche.

Un Talapoin qui ne connoît pas les trois saisons de l'année, & combien il se doit faire de conferences en châque saison, péche. *J'ay dit en parlant des saisons, que les Siamois n'en ont que trois, l'hyver, le petit esté, & le grand esté.*

Un Talapoin qui soit qu'un autre Talapoin doit de l'argent à quelqu'un, & qui cependant entre dans le Temple avec ce Talapoin, péche. *Nous avons vû cy-dessus une regle qui leur défend d'emprunter des Seculiers.*

Un Talapoin qui est en inimitié ou en colere avec un autre Talapoin, & qui néanmoins vient avec ce Talapoin aux conferences, qui se font des choses de la Religion, péche.

Un Talapoin qui fait peur à quelqu'un, péche.

Un Talapoin qui fait prendre quelqu'un, qu'il fait qui perd de l'argent, si c'est moins d'un tical, péche ; si c'est plus d'un tical, ce Talapoin doit estre chassé de la Religion.

Un Talapoin qui donne des medecines à un homme, qui n'est pas malade, péche. *Ils ne veulent point de medecines de precaution.*

Un Talapoin qui siffle avec sa bouche pour se divertir, péche. *Ce precepte est general. Il est défendu aux Talapoins de siffler pour quelque raison que ce soit, & de joüer d'aucun instrument ; de sorte que ces mots, avec la bouche*

che pour se divertir , *qui sont dans ce pré-*
cepte, ne sont pas pour en rétraissir la significa-
tion, mais seulement parce que la langue Sia-
moise aime à exprimer la maniere des choses,
qu'elle exprime. La langue Hebraïque est du
même genie, mulier si suscepto semine pepe-
rerit filium, &c. *Et cette même remarque se*
peut appliquer à quelques autres de ces maxi-
mes des Talapoins.

Un Talapoin qui crie comme les voleurs ,
péche.

Un Talapoin qui a coûtume d'avoir de
l'envie contre quelqu'un, péche. *On diroit*
que, selon eux, un acte d'envie n'est pas pé-
ché, mais il peut estre qu'en celà la traduction
ne respond pas bien au sens naturel du pré-
cepte.

Un Talapoin qui fait luy-même du feu, ou
qui le couvre, péche. *Il n'est pas permis d'allu-*
mer du feu, parce que c'est détruire ce qui se
brûle, ny de couvrir le feu, de peur de l'étein-
dre. Pythagore défendoit de donner un coup
d'épée dans la flamme.

Un Talapoin qui mange du fruit hors de
la saison de ce fruit, péche. *Je suis persuadé*
que ces mots hors de la saison se doivent enten-
dre avant la saison, parce que c'est tuër la se-
mence qui est dans le fruit, faute de la laisser
mûrir.

Un Talapoin qui mange d'une de ces huit
chairs, savoir d'homme, d'elephant, de che-

val,

val, de serpent, de tygre, de crocodille, de chien, ou de chat, péche.

Un Talapoin qui va tous les jours demander l'aumône à un même endroit, péche.

Un Talapoin qui fait faire un bandége ou baffin d'or ou d'argent, pour y recevoir les aumônes, péche. *Ils reçoivent les aumônes dans un bandége de fer.*

Un Talapoin qui dort dans un même lit avec ses disciples, ou autres personnes que ce soit, péche.

Un Talapoin qui met la main dans la marmite, péche. *C'est pour cette raison que l'injure de culiere à pot est la plus grande, qu'on puisse dire à un Siamois.*

Un Talapoin qui luy-même pile du ris, le vanne, & le nettoye, ou qui prise de l'eau pour le cuire, péche. Servir au péché est péché.

Un Talapoin qui en mangeant se barboüille autour de la bouche comme un petit enfant, péche.

Un Talapoin qui demande l'aumône, & qui en prend plus qu'il n'en peut manger en un jour, péche.

Un Talapoin qui va faire ses necessitez en lieu découvert, péche.

Un Talapoin qui prend du bois, ou autre chose pour faire du feu, en un lieu où quelque animal a coûtume de prendre son repos, péche. *Il y a encore dans l'expression de ce précepte*

septe quelque chose du génie de la langue Siamoise, car ce précepte ne veut pas dire que
le Talapoin puisse pour quelque raison que ce
soit prendre du bois en un lieu, où quelque
animal a coûtume de prendre son repos, ny
qu'il puisse faire du feu de quelque bois que ce
puisse estre : mais le sens du précepte est, que
c'est une double faute de faire du feu, & de
prendre du bois en un lieu, où quelque animal
a choisi son gîte.

Un Talapoin, qui allant demander l'aumône tousse, afin qu'on le voye, péche. *Il
péche tout de même toutes les fois qu'il tousse
pour attirer les regards des autres, quand ce ne
seroit pas en allant demander l'aumône.*

Un Talapoin qui allant dans les ruës se couvre la tête avec sa pagne, ou met un chapeau,
comme font quelquefois les seculiers, péche.
*Les Talapoins se couvrent du soleil avec leur
éventail en forme d'écran, qu'ils appellent
Talapat.*

Un Talapoin qui ôte sa pagne, afin que
quelqu'un voye son corps, péche.

Un Talapoin qui va chanter, ou plûtost
réciter, chez un mort, péche, s'il ne fait reflexion sur la mort, sur ce que tout le monde
doit mourir, sur l'instabilité des choses humai-
nes, sur la fragilité de la vie de l'homme. *C'est
en partie la matiere de leur chant auprés des
corps morts.*

Un Talapoin qui en mangeant n'a pas les
jam-

Jambes croisées, péche. *En general ils ne peuvent s'asseoir autrement en nulle occasion.*

Un Talapoin qui dort dans un lieu, où d'autres ont couché ensemble, péche.

Un Talapoin qui estant avec d'autres seculiers, & causant avec eux étend ses piés, péche. *La modestie veut qu'ils croisent leurs jambes.*

Memoire des frais de Justice, traduit du Siamois.

QUand le Juge reçoit la premiere requête, pour ce 1. livr.

Le Juge, ou *Tcháou-Meüang* fait conter les lignes & les ratures, & fait mettre son sceau à la requête, pour ce 3. livr.

Le *Tcháou-Meüang* envoye la requête à examiner à l'un des Conseillers, tel qu'il luy plaît, mais ordinairement au Náï des Parties, & pour montrer le logis des deux cautions des Parties 1. livr.

Pour celuy qui va sommer les deux Parties de venir à la Salle de Justice. 3. livr.

Quand il faut dormir une nuit en chemin, 4. livr.

Pour avoir la liberté de donner châcun une caution, pour le Juge 16. livres pour le Greffier qui écrit. 3. livres c'est l'acceptation des cautions

Pour

Pour copier les raifons des deux parties pour prefenter au Juge, au Greffier 3. livres, au Juge 3. livres.

Pour le Greffier qui va oüir les témoins. 3. livr. Et s'il y a un jour & une nuit de chemin 4. livr. *En ce païs-là on va chercher les témoins chez eux pour recevoir leur dépofition, & on ne députe à cela qu'un Greffier. La loy ne preferit ny recollement ny confrontation de témoins, quoy que les Juges ne laissent pas quelquefois de confronter, au moins l'accufateur avec l'accufé. Les reproches contre les témoins n'y font pas aussi en ufage, & fouvent l'accufé ignore qui font les témoins qui dépofent contre luy.*

Si les Parties font oüir plufieurs témoins, on prend pour châque témoin 1. livr.

Pour copier les dires ou productions des deux Parties, & les mettre en eftat d'eftre prefentées au Juge pour juger. 4. livr. tant au Confeiller qu'au Greffier.

Pour le Gouverneur ou Juge pour feoir en la Salle de Juftice. 5. livr.

Quand il y a des *Oc - Prá* pour *Second* ou *Belat*, & pour *Confeillers*, à chacun 5. livr. aux Oc-Loüang 3. livr.

Quand le procés eft jugé, pour celuy qui le garde 3. livr.

Collation ou repas des Confeillers, 3. livr.

Quand il eft dit & jugé de voir la loy du Païs, qu'ils appellent, *Prá Rayja cit di cná ajat*

ajat caan ; pour le Conseiller qui la lit, qu'ils appellent *Peng*, 3. livr. Plus une toile blanche d'environ quatre aunes, plus environ cinq livres pesant de ris, plus une bougie de cire jaune, plus cinq bouchées d'arek & de bétel, plus une poule, plus deux pots d'arak, plus des fleurs & une natte pour mettre sous les livres. Dequoy les deux Parties payent autant l'une que l'autre.

De Mesures, des Poids & des Mon-noyes de Siam.

I. Les Me-sures.

LEs mesures Siamoises se forment ou se composent de cette sorte. *Peet met caok pleüác*, c'est à dire, *huit grains de ris entier*, dont la premiere envelope n'a pas esté brisée au moulin, valent un *doit*, en Siamois *niou*.

Douze *doits* valent *un keub*, c'est à dire *une paulme*, ou l'ouverture du pouce & du doit moyen.

Deux *Keub* valent un *sok*, c'est à dire depuis le coude jusqu'aux bouts des doits.

Deux *Sok* valent un *ken*, c'est à dire une coudée, depuis le bout des doits jusqu'au milieu de la poitrine.

Deux *Ken* valent une brasse qu'ils appellent *Voüa*, & qui vaut à peu prés un pouce moins que nôtre toise : si bien qu'il s'en faut tres-peu de chose que leurs huit grains de ris, qui font leur

leur *doit*, ne vaillent 9. de nos *lignes* que nous eſtimons égales à 9. grains d'orge.

Vint *Voüa* font une corde qu'ils appellent *ſen.*

Et cent *ſen*, c'eſt à dire cent cordes font une de leurs lieuës, qui revient à deux mille *braſſes*. Ils appellent leur lieuë *róë neng*, c'eſt à dire, un *cent*, *róë* veut dire *cent*, & *neng* veut dire *un*. Ainſi les Italiens diſent un mille.

Enfin quatre de leurs lieuës, ou 8000. *voüa* ou *braſſes*, font un *Iod*. Et ce font là toutes leurs meſures des longueurs.

11.
Poids, &
mon-
noyes.

Voicy les noms & les valeurs des poids & des monnoyes tout-enſemble. Il eſt vray que quelques-uns de ces noms ne ſignifient pas des monnoyes, mais des valeurs ou des ſommes, comme en France le mot de *livre* ne ſignifie pas une monnoye, mais la valeur d'une livre peſant de cuivre, qui eſt une ſomme de vingt ſols.

Le *pic* vaut cinquante *Catis*.

Le *cati* vaut vint *teils*.

Le *teil* quatre *ticals*.

Le *tical* eſt une monnoye d'argent, & vaut quatre *mayons*, & c'eſt le poids d'une demie once, à raiſon de quoy le *cati* péſe deux livres & demie.

Le *mayon* eſt une monnoye d'argent, & vaut deux *foüangs*.

Le *foüang* eſt auſſi une monnoye d'argent, & vaut quatre *payes*.

La

La paye n'eſt pas une monnoye, & elle vaut deux *clams.* Mais la *ſong-paye* , c'eſt à dire *les deux payes* ſont une monnoye d'argent , qui vaut la moitié d'un *foüang.*

Le *clam* auſſi n'eſt pas une monnoye, mais il eſt cenſé peſer douze grains de ris. Voilà ce que l'on m'a dit, & ſur ce pié là le *tical* peſeroit 768. grains de ris entier. Ce que je n'ay point éprouvé.

Tous ces noms-là ne ſont pas Siamois, mais vulgaires parmy les Européans qui ſont à Siam. Je ne ſay de quelle langue eſt le mot de *pic*. Il ſignifie aux Echelles du Levant une ſorte d'aune, dont les neuf en valent cinq de Paris : à Siam c'eſt le poids de cent vingt-cinq livres de ſeize onces.

Le mot de *cati* eſt Chinois , & s'appelle *ſchang* en Siamois ; mais le *cati* Chinois vaut deux *catis* Siamois.

Teil , où comme d'autres écrivent *tael* , eſt auſſi un mot Chinois, qui ſe dit *tamling* en Siamois , mais le *cati* Siamois ne vaut que huit *taels* Chinois, au lieu qu'il en vaut vint Siamois, comme j'ay dit.

Tical & *mayon* ſont des mots dont j'ignore l'origine , & que les Siamois appellent *baat* & *ſeling*. *Foüang* , *paye* & *clam* ſont du langage Siamois.

Quant au rapport de cette monnoye à la nôtre, à le prendre vulgairement, & ſans cette preciſion qui n'eſt pas neceſſaire au commerce,

Tom. II.   C   *un*

un baat ou *tical*, quoy qu'il ne pése qu'un de-my écu, vaut neanmoins trentesept sols & de-my de nôtre monnoye, à raison dequoy un caté vaut cinquante écus.

Liste des Meubles, des Armes, & des Habits des Siamois, & des par-ties de leurs Maisons.

I.
Instru-mens communs à tous.

P *Ra*, gros couperet qui leur tient lieu de hache.

Ciou, ciseau de Menuisier.

Leüaï, sie.

Kob, rabot.

Kabila, virebrequin.

Quieb, une besche.

Reüan, maison.

II.
Parties d'une maison.

Sáou, piliers de bambou, qui portent la maison, quatre ou six en nombre, plantez à égales distances sur deux rangs: ils ont douze ou treize piés sur terre.

Root, les deux bambous gisants ou posez en travers, comme des poutres sur les piliers, le long de la face, & le long du derriere de la maison.

Runieng, les autres bambous gisants ou cou-chez sur les piliers, deux ou trois en nombre, le long des deux côtez de la maison, & sur les deux piliers du milieu, lors que la maison est assise sur six piliers.

Proüang,

Preüing, clayes servant de plancher bas, ou de premier plancher.

Fak, bâtons plats & liez parallelement ensemble, pour mettre sur le plancher, au lieu de carreau, ou de parquet : on en met aussi sur les clayes qui servent de mur, au lieu de lambris.

Mé fa, mére-muraille, ce sont les clayes ou la ménuiserie, qui servent de mur exterieur.

Fa, les clayes qui font les principales cloisons.

Louk fa, fils de cloisons, c'est à dire les moindres cloisons.

Pak-toü, bouche de devant, c'est à dire la porte du logis. *Pak* veut dire bouche.

Nâ-tang, garde-visage ou fenestre, ce sont des manieres d'auvent que l'on hausse, & que l'on soûtient avec un bâton, & qu'on laisse retomber quand on veut fermer la fenêtre. Il n'y a nulles vitres. *Nâ* veut dire visage, *tang*, garder.

Keü, la claye qui sert de plancher d'enhaut, ou de plat-fond.

Dang, les deux piliers de bambou pour porter le comble.

Okkaï, le bambou gisant ou couché sur ces deux piliers, pour faire le dos d'âne du comble.

Cloon, les clayes du comble mises en pente des deux côtez de l'Okkaï.

Kiak, feüillages qui servent de chaume.

Krabouang, les tuiles : mais les maisons des

particuliers n'en ont pas, si elles ne sont de briques : auquel cas elles appartiennent aux Européans, aux Chinois, ou aux Mores.

Pê, le comble.

Hong, chambre.

Gadaï, l'échelle de la maison.

Tong, les deux bambous qui font les deux côtez de l'échelle.

Kan-gadaï, les échelons.

Seüä, natte de jonc.

III.
Les Meubles.
Tî-nôn, la place où l'on met la natte pour se coucher, quand on n'a point de bois de lit. *Nôn* veut dire *dormir*. *Tî* veut dire *lieu*.

Tiang-nôn, un bois de lit sans quenoüilles ny dossier, mais avec quatre ou six piés, qui ne sont pas joints par des traverses. Le fond de ce bois de lit est un treillis de gros jonc, comme en ont ces chaises, qui nous viennent d'Angleterre, & dont les Anglois envoyent le bois aux Indes, pour l'y faire garnir de jonc.

Crê, un pareil bois de lit, mais sans piés. Tous ces bois de lit sont fort étroits, parce qu'ils ne servent qu'à une seule personne. Il n'y a que les gens du peuple, qui couchent en un même lit avec leurs femmes ; & ils n'ont point de bois de lit. Parmy les gens riches, chacun a son lit & sa chambre à part, mais en petit.

Fouk-rong-nôn, matelas, ou plûtôt lit de *capoc*, espéce d'oüette au lieu de plume. Ils ne font
point

point piquez, *rong* veut dire *deſſous*, *nôn*, dormir.

Pa-pou-nôn, toile de deſſous à dormir, ou drap de lit. Ils n'ont point de ſecond drap de lit, qui ſoit autre que la couverture.

Pa-houm-nôn, toile de deſſus à dormir, c'eſt à dire la couverture. Ce ne ſont que de ſimples toiles de coton.

Môn, oreiller un peu long, mais lors même qu'ils couchent enſemble, chacun a le ſien, comme en Eſpagne. *Môn* veut dire auſſi un carreau à s'appuyer, car ils ne s'aſſeyent jamais deſſus.

Man-can-ti-nôn, rideau de devant le lieu à dormir. *Man* veut dire rideau ou tapiſſerie. *Can* veut dire devant. Ils mettent un rideau devant leur lit pour n'être pas vûs, parce que d'une chambre à l'autre il n'y a point de porte qui ferme.

Man-can-fak-reüän, tapiſſerie de toile. *Man* rideau ou tapiſſerie; *can* devant, *fak* les bâtons plats liez parallélement pour ſervir de lambris, & *reüän* veut dire maiſon.

Prom, tapis de pié.

Kiam, c'eſt la même choſe.

Tloum, tables à rebord & ſans pié, appelées autrement *bandéges*, & par nos Marchands *platteaux*. Quand ils mangent enſemble, châcun a ſa table à Siam, comme à la Chine. Ils n'ont ny nappe ny ſerviettes, mais le bois verni de leurs tables ſe nettoye fort aiſément

C 3   avec

avec de l'eau chaude: & ainfi ils fe paffent aifément de nappe.

Hip, coffre.

Hip, chipoün, coffre du Japon.

Hip-lin, cabinet à tiroüers.

Tad, un plat de cuivre, ils y fervent d'ordinaire leur poiffon.

Mê-can, pot à mettre de l'eau, *can* veut dire
pot, *mê* veut dire *mere.*

Can-nam, bouli de cuivre à faire boüillir de
l'eau pour le Thé, *nam* veut dire de l'eau.

Can nam nói petit cannam. C'eft un gobelet artondy par le bas & fans patte.

Kon thoo, pot à biberon.

Kon thii, bouli de cuivre pour le thé.

Tioc noy, petite taffe à thé.

Tioc yái, taffe plus grande.

Taboi tong kin nam, culiere de cuivre pour
boire de l'eau. Ils en ont auffi de coco pour
cet ufage: ils perfent une taffe de coco de part
en part, & pouffent un bâton dans les deux
trous, qui travorfe le coco & fert de manche.
Tong veut dire également de l'or & du cuivre
jaune, *Tong di,* or bon, *Tong, leüang,* or faux
ou léton. *Kin* veut dire également manger &
boire, felon qu'il fe dit d'une chofe folide ou
liquide. Ainfi les mots de prendre & d'avaller
font communs en nôtre langue, aux aliments
folides & aux liqueurs.

Tapüac, culiere à pot. C'eft la plus grande injure qu'on puiffe dire à quelqu'un, comme

　　　　　　　　　　　　　　　fi on

ſi on le taxoit d'eſtre aſſez gourmand pour prendre de ſa propre main au pot, & ſans attendre que le pot ſoit vuidé dans le plat. Il n'y a que les eſclaves qui faſſent les culiéres à pot, ou qui les touchent.

Toüai, aſſiette, ou plat de porcelaine.

Tcham, jatte de porcelaine à mettre du ris. Ils uſent beaucoup de porcelaine, parce qu'il y en a de fort groſſiére & à tres-vil prix.

Tian, petite ſoſcoupe à mettre ſous la taſſe à prendre du thé.

Mo cáon, poëſlon à cuire le ris, *mo* eſpece de pot ou de poëſlon, *cáon*, ris.

Quion, cüiller. Ils n'en uſent que pour prendre des confitures, dont on ſert toûjours dans de petites ſoſcoupes de porcelaine avec le thé. Ils n'ont point de fourchette, ny de ſaliére. Ils ne ſervent point de ſel à table.

Mid, couteau, ils en ont châcun un petit pour fendre l'arek, ils ne s'en ſervent pas comme nous, en tenant ce qu'ils veulent couper entre le pouce & le trenchant du couteau, mais ils mettent toûjours le pouce ſur le dos du couteau, & ils en guident le trenchant avec l'index de la main droite qu'ils tiennent étendu.

Mid coüme, raſoüer ou couteau à raſer. Leurs raſoüers ſont de cuivre, *coüme* veut dire raſer.

Tin quian, chandelier. *Tin* veut dire pié, *quian* eſt une bougie de cire jaune. Ils ne ſavent pas blanchir la cire, dont ils ont en abon dance : & comme ils n'ont point de boucherie, ils n'ont point de fuif, & le fuif feroit en ce Pais-là d'un méchant ufage, il fondroit trop à caufe du chaud.

Pen, une autre forte de couteau plus grand, qu'ils portent fur eux pour leur ufage, & qui pourroit leur fervir d'arme en cas de befoin.

Mid-tok, forte de couteau à travailler le bois, avec lequel ils attachent le feüillage qui leur fert de chaume.

Krob, boîte d'or ou d'argent pour l'arek & le bétel. Le Roy les donne, mais ce n'eft qu'à certains Officiers confidérables. Elles font groffes & couvertes, & fort legéres : ils les ont devant eux chez leur Roy, & dans toutes les cérémonies.

Tiab, autre boîte pour le même ufage, mais fans couvercle, & qui demeure au logis. C'eft comme un grand gobelet, quelquefois de bois verni ; & plus la tige en eft haute, plus il eft honorable. Pour l'ufage ordinaire ils portent fur eux une bourfe, où ils mettent leur arek & leur bétel, leur petite taffe de chaux rouge, & leur petit couteau. Les Portugais appellent une bourfe *boffeta*, & ils ont donné ce nom aux *Krob*, dont je viens de parler, & aprés eux nous les avons appellez *boffettes*.

Ca-tôn, crachoir, dont ils ufent tous à caufe du bétel, qui les fait fort cracher.

Reüà,

Rëüà, balon ou batteau étroit & long pour un Officier seul.

- *Creu*, balon pour une famille entiére.

Moung, moscadiere, c'est un ciel & un tour de lit de gaze, dont les seuls Talapoins se servent pour n'être pas incommodez des cousins, & ne se mettre pas dans la nécessité d'en tüer. Les séculiers n'ont point de ces moscadieres, mais ils tüent les cousins sans scrupule.

Káou-i, fauteüil. Il n'y a que le Roy, & les Talapoins, qui en ayent, pour s'asseoir plus haut que les autres gens. Les Talapoins se croyent fort au dessus des autres hommes.

Monámout, pot de chambre. Les seuls Talapoins en usent, parce qu'il leur est défendu d'uriner ny sur la terre, ny dans l'eau, ny dans le feu.

Lom-pok, bonnet de ceremonie. *Lom* veut dire bonnet, *pok* veut dire haut. Il est blanc d'ordinaire, mais à la chasse & à la guerre il est rouge.

IV.
Les habits.

Pa-noung, toile-autour. C'est la pagne, qu'ils portent autour des reins & des cuisses. Le Roy donne les plus fines, qu'on appelle *Pasompac*, & on n'en peut porter de cette finesse, qu'il ne les donne.

Sëüà-káou, la chemise de mousseline, qui est leur véritable habit. Le mot de *sëüà* veut dire aussi *natte*, mais alors il a un autre accent, & les Siamois l'écrivent avec d'autres caractéres.

C 5

Tchet-

Tchet-nâ, mouchoir. Les Seigneurs le font porter par leurs esclaves, & ne s'en chargent qu'en entrant dans le Palais : mais ils n'oseroient se moucher devant le Roy : la pluspart font sans mouchoir.

Pa-houm, *toile de deſſus.* C'eſt cette toile, qu'ils portent en maniére de manteau contre le froid, ou en écharpe ſur les épaules & autour des bras.

Rat-ſa-ioü, ceinture dans laquelle ils paſſent leur poignard. Ils la mettent auſſi comme une écharpe ſur le juſt-au-corps de guerre.

Paſabáng, écharpe de femme.

Seüa creüang, veſte à mettre ſous la chemiſe de mouſſeline.

Seüa houm, juſt-au-corps ou chemiſe rouge pour la guerre, & pour la chaſſe.

Moak, chapeau. Ils les aiment de toutes couleurs, hauts, pointus, & d'un doigt de bord.

V.
Armes. *Peun-nok-ſap*, mouſquet ou fuſil. *Peun* veut dire canon. *Peun yái* canon grand, pour dire le gros canon.

Toñan, lance à la Siamoiſe.

Stok, zagaye, ou lance à la Moreſque, c'eſt comme une lame de ſabre au bout d'un bâton.

Dab, ſabre. Ils le font porter par un eſclave, qui le tient par reſpect ſur l'épaule droite, comme nous portons le mouſquet ſur la gauche.

Krid, poignard que le Roy donne aux

Man-

Mandarins. Ils le portent passé dans une ceinture au côté gauche, mais beaucoup sur le devant. Les Européans l'appellent *crist* par corruption.

Kaztar, arc.

Lô, rondasche.

Na-máï, arbaleste, *máï* veut dire baston.

Lan, dard, c'est un bambou ferré.

Láou, dard de bambou durci au feu sans être
ferré. *Láou* écrit d'une autre sorte veut dire
toute liqueur, qui peut enyvrer.

Máï-taboug, masse d'armes.

Máï-táou, bâton à s'appuyer.

Les Noms des Jours des Mois & des Années des Siamois.

VAn en Siamois veut dire jour. Les noms
des jours sont.

Van Athit, jour du Soleil, ou Dimanche.

Van Tchan, jour de la Lune, ou Lundy.

Van Angkaan, jour de Mars, ou Mardy.

Van Pont, jour de Mercure, ou Mercredy.

Van Prahaat, jour de Jupiter, ou Jeudy.

Van Souc, jour de Vénus, ou Vendredy.

Van Sáou, jour de Saturne, ou Samedy.

Les noms des Planetes sont donc Athit,
Tchan, Angkaan, &c. Il est vray qu'ils ne nomment pas les Planetes hors des noms des jours,
sans leur donner le titre de *Prá*, lequel, ainsi

que je l'ay dit plusieurs fois, marque une tres-
grande excellence. Ainsi *Prá Atbit* veut dire le
Soleil, *Prá Tchau* veut dire la Lune, *Prá Prahaat* veut dire Jupiter : mais le mot *Prá* s'écrit
avec un P. plus fort que celuy qui est dans la
première syllabe du mot *Prabaat*. Tous ces
noms au reste sont de la Langue Balie. Le Soleil s'appelle *Tavan* en Siamois, & la Lune
Doën. Abraham Roger dans son Histoire *des
Mœurs des Bramines* nous a donné les noms
des jours en *Samscortam*, qui est, dit-il, la Langue savante des Bramines de Paliacate sur la
Côte de Coromandel. Ils sont pris aussi des Planetes. *Suriawaram* Dimanche, *Jendrawaram*
Lundy, *Angaracawaram*, Mardy, *Buttawa-
ram* Mercredy, *Brahaspitawaram* Jeudy, *Suc-
crawaram* Vendredy, *Senniwaram* Samedy.
Il est évident que *Waram* veut dire jour, que
Suria est le nom du Soleil, peut-être avec quelque inflexion pour marquer le génitif; & que
Jendra est le nom de la Lune peut-être aussi
avec quelque inflexion, laquelle étant ôtée lais-
seroit quelque ressemblance entre ce mot, & le
bali *Tchan*. Quant aux autres noms, *Angaraca*
tient assez d'*Angkaan* : *Butta*, qu'il faut prononcer *Boutta*, n'est autre chose que *Pout* :
Prabat convient avec le commencement de
Brahaspita, & *succra* & *souc* sont un mesme
mot. *Senni* & *Sáou* paroissent plus éloignés, &
Suria & *Atbit* n'ont rien de commun : mais ce
que le même Auteur ajoûte, est remarquable,
que

que le Dimanche eſt appelé *Aditaivaram*
dans la langue vulgaire de Paliacate : car c'eſt
là que nous retrouvons le mot bali Athit.

Les Chinois, ſelon le P. Martini dans ſon
Hiſtoria Sinica, p. 311. ne nomment pas les
jours par les Planetes , mais par les ſoixante
noms, qu'ils donnent aux ſoixante années de
châque Cycle : de ſorte que leur ſemaine,
pour m'expliquer ainſi, eſt une revolution de
ſoixante jours.

Les Siamois nomment les mois par leur
ordre.

II.
Les mois.

Deüan, veut dire mois.
Deüan ái, mois premier.
Deüan Tgii, mois ſecond.
Deüan Sam, mois troiſiéme.
Deüan ſi, mois quatriéme.
Deüan haa, mois cinquiéme.
Deüan houk, mois ſixiéme.
Deüan ket, mois ſeptiéme.
Deüan peet, mois huitiéme.
Deüan chou, mois neuviéme.
Deüan ſib, mois dixiéme.
Deüan ſib-et, mois onziéme.
Deüan ſib-ſong, mois douziéme.

Le Peuple Siamois n'entend pas les mots *ái*
& *Tgii*, qui ſont les noms des deux premiers
mois ; mais il y a apparence que ce ſont deux
vieux mots numeriques, qui veulent dire *un*
& *deux* : & cela eſt même évident du mot
Tgii parce que les Siamois diſent *Tgii-ſib*

C 7 pour

pour dire *vint*, ce qui est mot à mot *dessus-
dix*. Tous les autres noms de mois sont encore en usage pour signifier des nombres, avec
cette difference que quand ils sont mis devant le substantif ils signifient de purs nombres, & que quand ils sont après, ils deviennent des noms qui marquent l'ordre. Ainsi
Sam Deüan veut dire trois mois, & *Deüan
Sam*, mois troisiéme.

III.
Les an-
nées.

Pii veut dire année. Les douze noms des
années sont.

Pii ma mia, l'année de la petite Jument.
Pii ma mê, l'année de la grande Jument.
Pii vok, l'année du singe.
Pii Rakaa, l'année de la corneille.
Pii Tchiò, l'année du Mouton.
Pii Counne, l'année du Cochon.
Pii Choüat, l'année du Lapin.
Pii Tchlou, l'année du Lezard.
Pii Kan, l'année des Poules.
Pii Thô, l'année du Bouc.
Pii ma Rang, l'année de la Canne de mer.
Pii ma seng, l'année du grand Serpent.

La plûpart de ces noms sont aussi de la langue Balie. Or comme les Siamois se servent
du Cycle de soixante années, ils devroient
avoir soixante noms, pour nommer les soixante années de châque cycle ; & pourtant les
personnes, que j'ay pû consulter, ne m'en
ont sû donner que douze, qui se repetent cinq
fois en chaque cycle, pour parvenir au nombre

bre de foixante ;. mais je ne doute point que
ce ne foit avec quelques additions qui en font
les differences ; & je croy en avoir trouvé la
preuve en deux dates de lettres Siamoifes, que
j'ay prifes avec foin fur les originaux. La premiere eft telle. *Dans le premier mois, le*
9me. jour depuis la pleine Lune dans l'Ere
2229. l'année Tchlou fapfoc. Et la feconde eft
ainfi. *Le huitiéme mois, & le premier jour*
du décours de la Lune de l'année Pii Tho fap-
foc de l'Ere 2231. Le mot d'*Ere* dans ces deux
dates veut dire fimplement année , felon le
langage Efpagnol, de forte que c'eft tout un
de dire l'Ere 2229. & de dire l'année Tchlou
fapfoc: de dire l'Ere 2231. & de dire l'année
Pii tho fapfoc. D'ailleurs comme le mot *Pii*
veut dire année , ils pouvoient mettre Tho
fapfoc au lieu de Pii tho fapfoc , comme ils
ont mis Tchlou fapfoc, & non pas Pii
Tchlou fapfoc. Or ces deux années qui font
celles de 1685. & 1687. de JESUS-CHRIST,
ne font pas fimplement nommés ou par *Tchlou*
& *Tho*, c'eft à dire du *Lezard* & du *Bouc*;
mais on a ajoûté aux mots de *Tchlou* & de
Tho le mot de *Sapfoc* que je n'entens pas, &
qui s'ajoûtoit aux noms de la douzaine d'années, qui couroit alors, pour la diftinguer des
quatre autres douzaines d'années du même
cycle.

Des

Des *Mouçons & des Marées du Golphe de Siam.*

NOus éprouvons fur nos Mers, que quoy que les vents y foient fort changeants, ils changent pourtant avec cette regle prefque infaillible, de ne paffer du Nord au Midy, que par le Levant; ny du Midy au Nord, que par le Couchant; ny du Levant au Couchant, que par le Midy; ny du Couchant au Levant, que par le Nord. De forte que le vent fait toûjours ainfi le tour du Ciel, paffant du Nord vers le Levant, & du Levant vers le Midy, & du Midy vers le Couchant, & du Couchant vers le Nord, & prefque jamais en un fens contraire, que les Pilotes appellent *à contre*. Cependant dans la Zone Temperée, qui eft au Midy de la Ligne, lorfque nous naviguions ces Mers, qui font au Levant de l'Affrique, nous avons à nôtre retour de Siam éprouvé que les vents alloient toûjours à contre; mais pour affûrer que cela doive eftre toûjours ainfi, il faudroit plus d'une épreuve. Quoy qu'il en foit le vent ne va point à contre dans le Golphe de Siam, mais il n'y fait le tour du Ciel qu'en un an; au lieu que fur nos Mers il le fait en un petit nombre de jours, & quelquefois en un jour. Lorfque dans les Indes le vent fait le tour du Ciel en un

jour,

jour , il eft orageux : c'eft ce qu'on appelle
proprement un ouragan.

Dans les mois de Mars, d'Avril, & de May
le vent du Midy regne à Siam , le Ciel s'y
broüille, les pluyes commencent ; & font déja
affez frequentes en Avril. En Juin elles font
prefque continuëlles, & les vents tournent au
Couchant, c'eft à dire tiennent du Couchant
& du Midy. En Juillet, Aouft & Septembre
les vents font au Couchant ou prefque au Couchant, & toûjours accompagnez de pluyes,
les eaux inondant les terres à la largeur de neuf
ou dix lieües , & à plus de cent cinquante
lieües au Nord du Golphe.

Pendant tout ce temps - là , & principalement vers la my-Juillet, les Marées font fi fort-
tes , qu'elles montent jufqu'au deffus de Siam,
& quelquefois jufqu'à Louvò ; & elles décroif-
fent en vingt-quatre heures avec cette mefure,
que l'eau ne redevient douce devant Bancok
que pendant une heure ; quoy que Bancok
foit à fept lieües de l'embouchure de la riviere :
encore l'eau y eft-elle toûjours un peu fau-
maftre.

En Octobre les vents tiennent du Couchant
& du Nord, & les pluyes ceffent. En Novembre & en Decembre les vents font Nord,
nettoyent le Ciel, & femblent abbatre fi fort
la Mer, qu'elle reçoit en peu de jours toutes
les eaux de l'inondation. Alors les Marées font
fi peu fenfibles , que l'eau eft toûjours douce à
deux

deux ou trois lieuës dans la Riviere , & qu'à
certaines heures du jour , elle l'est même à
une lieuë dans la Rade: Mais en tout temps
il n'y a à Siam, qu'un flux , & qu'un reflux
en 24. heures. En Janvier les vents ont déja
tourné au Levant, & en Fevrier ils tiennent du
Levant & du Midy.

C'est une circonstance considerable , que
dans le temps que les vents sont au Couchant
ou qu'ils tiennent du Couchant, les courants
du Golphe portent rapidement les Vaisseaux
sur la côte Orientale , qui est celle de Camboya , & les empêchent de s'en relever ; &
que dans le temps que les vents sont au Levant, ou qu'ils tiennent du Levant , les courants portent sur la côte Occidentale , de sorte
qu'alors il faut craindre en Naviguant de s'y
affaler , comme disent les Pilotes, c'est à dire
de s'y abbattre. Or cela prouve, ce me semble , que les vents ont beaucoup de part aux
mouvements de la Mer, d'autant plus qu'on
a éprouvé , que ces courants ne sont qu'en la
partie superieure des eaux , & qu'au dessous
elles ont un courant tout contraire , parce que
l'eau superieure estant continuellement roul-
lée sur le rivage , s'en retourne par dessous vers
le côté d'où elle est venuë: De même il semble que ce sont les vents de Midy , qui pous-
sent le flux , & le soûtiennent pendant six
mois bien avant dans la Riviere , & que ce
sont les vents de Nord , qui luy défendent
pres-

le Bananier

Grappe de Bananes.

presque l'entrée de la Riviere pendant les six autres mois.

Description des principaux Fruits de Siam.

LEs figues d'Inde, que les Siamois appellent Trompes-d'Elephant, *Cloüey-ngoüan-tchang*, n'ont point du tout le goût de nos figues, & selon moy elles n'en ont pas le mérite. Ainsi les melons de Siam ne sont pas de vrais melons, mais le fruit d'un arbre connu dans les Isles de l'Amerique sous le nom de Papayer. Je n'ay point mangé de ce fruit là. Mais pour revenir à la figue, elle est de la grandeur & de la figure d'un cervelat. Sa peau verte, qui devient jaune & tâchetée de noir dans la maturité, se separe aisément de sa chair molle & pâteuse; & c'est ce qui luy a fait donner le nom de figue: mais dans le milieu de sa chair il n'y a point de vuide, ny de ces pepins, qui font comme un petit gravier dans nos figues, lors qu'elles sont un peu sêches. Son goût est fort, & il a quelque chose d'aigret & de douceâtre tout ensemble.

La banane, que les Siamois appellent dent-d'Elephant, *Cloüey-ngaa-tchang*, est à peu prés la même chose que la figue, sinon qu'elle est plus verte & un peu plus longue, & qu'elle a des angles, & des faces ou côtes plattes, qui se

se réünissent en pointe par les deux bouts. Ces
fruits pendent par bouquets, ou plûtost par
grosses grappes du haut du tronc des arbres
qui les portent. Les figues se durcissent à la
braise, les bananes qui ne sont pas tout-à-fait
si delicates crües, s'y ramollissent, y perdent
ce qu'elles ont de douceâtre, & y acquiérent
le goût de nos pommes de reynette cuittes au
pommier.

La goyave (en Siamois *Louc-Kiac*, *louc*
veut dire fils, *Kiac* est le nom du Goyavier)
est de la grosseur d'une pomme médiocre. Sa
peau est d'un verd grisâtre, comme celle de
certaines poires : sous cette peau est une chair
de la consistence de celle du citron, mais pas
si blanche. Quand on la met dans la bouche
elle sent la fraise ; mais bien-tost ce goût de
fraise se perd, parce qu'il devient trop fort.
Cette chair qui n'est que de l'épaisseur d'un
écu contient une substance liquide comme de
la boüillie, mais grisâtre, & qui ne seroit pas
moins agréable à manger que la chair, si elle
n'estoit mêlée d'un nombre innombrable de
petits pepins si durs, qu'on les peut difficilement mâcher.

Les Jacques, en Siamois *Ca-noun*, sont de
la figure d'un gros melon mal arrondy. Ils ont
sous une peau grise & façonnée comme du
chagrin, un assez grand nombre de pepins ou
noyaux : noyaux si l'on prend garde à leur
grosseur, qui est presque comme d'un œuf de
pigeon ;

le Jacquier

Arbre qui porte
les Durions.

pigeon, pepins par le bois mince & poli qui les renferme. Ces noyaux donc ou pepins estant grillez ou boüillis ne different de nos marrons ny par le goût, ny par la consistence, sinon en ce qu'ils sont, ce me semble, plus delicats. Ils tiennent par un bout à une pulpe qui les enveloppe tous, & les separe les uns des autres. Elle se déchire aisément selon le sens de ses fibres : elle est jaune, succulente, pâteuse, & même gluante, d'un goût douceâtre & d'une odeur forte. On ne sauroit la mâcher, on ne fait que la sucer.

Ils nous servirent un fruit semblable à des prunes, & nous fûmes trompez à l'apparence. Il avoit la chair & le goût de la nefle, & tantost deux, tantost trois noyaux, mais plus gros, plus plats & plus lices, que la nefle ne les a. Ce fruit s'appelle *mouffida* en Siamois.

Le cœur-de-bœuf a esté ainsi nommé à cause de sa grosseur & de sa figure. La peau en est mince, & ce fruit est mol, parce que ce n'est au dedans qu'une espéce de cresme blanche, & d'un goût assez agréable. Les Siamois l'appellent *Mancout.*

Le Durion, en Siamois *Tourrien*, qui est un fruit fort estimé aux Indes, m'a paru insupportable par sa mauvaise odeur. Ce fruit est de la grosseur de nos melons couvert d'une robe épineuse comme nos châtaignes. Il a même, comme les Jaques, plusieurs coques, mais gros-

grosses comme des œufs, dans lesquelles est
contenu ce que l'on mange, au dedans dequoy
il y a encore un noyau. Moins il y a de ces
coques dans un même Durion, plus le
fruit est agréable. Il n'y en a jamais moins de
trois.

La Mangue, en Siamois *Ma-moüan*, tient
d'abord du goût de la pesche & de l'abricot :
sur la fin ce goût-là devient un peu plus fort,
& moins agréable. Les Mangues sont fort esti-
mées, j'en ay vû de grandes comme la main
d'un enfant, elles sont plattes & en ovale,
mais pointuës par les deux bouts, à peu prés
comme nos amandes. Leur peau est de la
consistence de celle de nos pavies, de couleur
tirant sur le jaune ; mais leur chair n'est qu'une
pulpe qu'il faut succer, & qui ne quitte pas un
grand noyau plat qu'elle enveloppe.

Je n'ay point vû le Mangoustan qu'on dit
estre encore meilleur que les Mangues.

Les Siamois ont des fruits aigrelets qui
desalterent, & qui pour cela me paroissoient
les plus agréables de tous. Ils sont petits comme des prunes, & ont un noyau entouré
d'une chair blanche qui fond aisément dans la
bouche.

Le Tamarin est aussi aigret. C'est un fruit
enfermé dans un bois comme une amande, &
puis plusieurs de ces fruits sont encore enfer-
mez dans une gousse. J'en fis confire, & j'en
trouvay le sirop fort agréable pendant mon
retour :

le Manguier

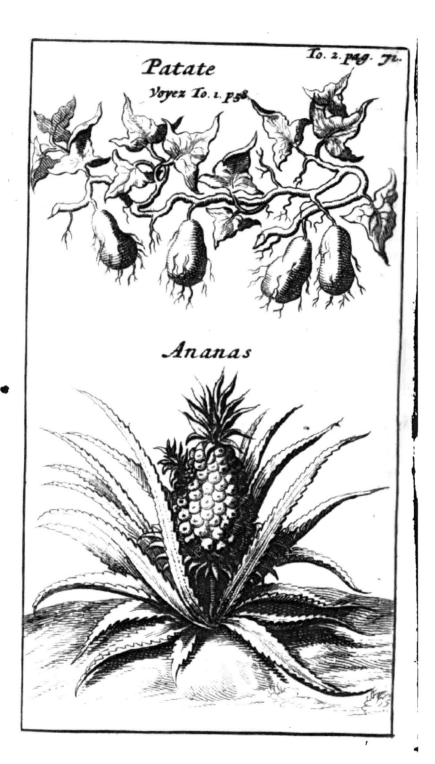

Patate

Voyez To. 1. p58

Ananas

retour, mais peu à peu il perdit sa petite aigreur, & il ne luy resta plus que le goût de la
pimprenelle. Aussi l'arbre qui le porte & qui
est fort grand , a-t-il la feüille semblable à la
pimprenelle.

J'ay apporté de ce païs-là plusieurs sortes de
confitures liquides qui estoient venuës de la
Chine à Siam , il y avoit deux ans , & elles
n'ont pas laissé de se conserver assez bien jusqu'à Paris. Le sirop sur tout en estoit fort
beau & n'avoit rien de candi , malgré la chaleur des climats par lesquels il avoit passé. Ces
confitures avoient peut-estre esté faites avec
du sucre candi, qui est le seul purifié , qu'ayent
les Orientaux. Je m'en rapporte aux Confi-
turiers.

Je ne parle point des cannes de sucre dont
Siam abonde, ny du poivre , parce que je n'y
en ay pas vû. Le Roy de Siam en a, dit-on, fait
planter cent-mille piés. C'est une plante qui
a besoin d'appuy comme la vigne, & le poivre
y pend aussi par petites grappes pareilles à celles des groseilles.

L'Ananas, en Siamois, *Saparat*, a la chair
blanche & le goût de nos pavies. Sa chair est
mêlée d'un peu de bois , non pas d'un bois
qui en soit separé, comme il y en a dans nos
noix, mais d'un bois qui y tient , & qui n'est
que la chair même trop durcie , & c'est par le
centre qu'elle commence à se durcir. On croit
l'Ananas mal sain , parce que son jus , dit-on ,

ronge

ronge le fer. Il jaunit quand il eſt mûr, &
alors à le ſentir ſans l'ouvrir, il a l'odeur d'une
pomme cuitte. Sa figure eſt comme d'une
groſſe pomme de pin, il a de petites pellicu-
les bien arrangées, ſous leſquelles, à les voir,
on croiroit que ſont les pignons. La plante
qui le donne le porte au ſommet de ſa tige,
qui n'a pas trois piés de haut. L'Ananas y tient
tout droit ſur le petit bout, & il a au gros bout
une touffe de feüilles, comme de petits
glayeuls, courtes, recourbées en dehors, &
dentelées. Quelquefois du corps de ce fruit,
& par les côtez, il ſort en maniere de loupes,
un ou deux autres petits ananas qui ont auſſi
leurs touffes. Or toute touffe coupée & miſe
en terre peut donner un autre ananas, mais
châque plante n'en porte qu'un, & ne porte
qu'une fois.

Le coco, en Siamois, *ma-práou* eſt une
eſpéce de noiſette, mais bien groſſe à la verité
pour une noiſette, comme on peut voir par
ces taſſes de coco que l'on nous vend. C'en
eſt le bois qui eſt naturellement revêtu, comme celuy de nos nois, d'un brou ou écorce
verte épaiſſe de plus d'un pouce, & pleine de
fibres, dequoy on peut faire des cordages.
Dans le bois du coco eſt une liqueur tres-
agréable, & le bois en eſt ſi plein, qu'elle jaillit
aſſez loin quand on le perſe. A meſure que ce
fruit mûrit, cette liqueur ſe congéle aux ex-
trémitez; c'eſt à dire auprés du bois, & y
forme

le Cocotier

forme une chair de noisette fort blanche &
d'un fort bon goût ; l'eau qui n'est pas encore
congelée demeure toûjours au centre du fruit,
& à la longue elle se congéle toute.

De la Langue Siamoise, & de la Balie.

LA langue Siamoise a trente-sept lettres, &
la Balie trente-trois, mais ce sont toutes
consonnes. Quant aux voyéles & aux diphtongues, dont il y a un grand nombre dans
l'une & l'autre langue, elles ont à la verité des
caractéres particuliers, dont on fait d'autres
alphabets : mais de ces caractéres quelques-uns
se placent toûjours devant la consonne, quel-
ques-autres toûjours aprés, d'autres dessus,
d'autres dessous : & neanmoins toutes ces voyéles & toutes ces diphtongues ainsi diversement
situées à l'égard de la consonne, ne se doivent
prononcer qu'aprés elle.

Que si dans la prononciation la syllabe commence par une voyéle, ou par une diphtongue,
ou si elle n'est qu'une pure voyéle, ou une pure diphtongue, alors ils ont un caractére muët,
qui tient la place d'une consonne, & qui ne se
doit pas prononcer.

Ce caractére muët est le dernier dans les
deux alphabets Siamois & Bali. Dans le Siamois il a la figure de nôtre *o*, & il vaut en effet
un *o*, lors qu'il se doit prononcer, & n'être pas

confonne muette, c'eſt à dire lorſqu'il eſt pré-
cedé d'une confonne, ou de luy-même. Dans
l'alphabeth Bali ce dernier caractére vaut *ng*,
quand il n'eſt pas confonne muette; mais ſa
figure n'a nul rapport à pas une de nos lettres. Ainſi la premiere lettre de l'Alphabeth
Hébreu qui eſt l'*Aleph*, ſert de confonne
müette, par rapport à laquelle on place les
points qui ſont les voyéles; & il y a apparence que l'*Aleph* s'eſt prononcé autrefois, comme l'*Alpha* des Grecs, qui a pris ſon nom de
l'*Aleph*.

Les prononciations Siamoiſes nous ſont
tres-difficiles à imiter; & elles répondent ſi
mal à la plûpart des nôtres, que de dix mots
Siamois écrits en caractéres François, & lûs
par un François, il n'y en aura peut-être pas
un, qui ſoit reconnu & entendu par un Siamois naturel, quelque ſoin qu'on prenne d'accommoder nôtre orthographe à leur prononciation.

Ils ont l'*r*, que les Chinois n'ont pas. Ils
ont nôtre *v* confonne, mais ils le prononcent
ſouvent comme le *w* des hauts Allemans, &
quelquefois comme le *w* des Anglois. Ils ont
auſſi le *ng* des Allemans, que nous n'avons
point: car les Allemans prononcent *Engel*,
par exemple, d'une maniere que nous attra-
pons difficilement; & qui n'eſt qu'un *g* prononcé devant l'*e* & l'*i*, comme devant l'*a*, mais
fort mollement & beaucoup du nez.

                                                        Ils

Ils ont une prononciation moyenne entre nos deux prononciations de *yò* & de *jò*, & de là vient que les Européans difent tantôt *cam-boja*, & tantôt *camboya*, parce qu'ils ne favent prononcer jufte à la Siamoife ces fortes de mots.

Il en eft de même du mot *Kiài* qui veut dire, *cœur*. L'on ne fait s'ils difent plûtôt *Kiài* que *ciài* prononcé à l'Italienne, parce qu'en effet ils ne difent exactement ny l'un ny l'autre, mais quelque chofe qui tient de l'un & de l'autre.

Ils ont nôtre afpiration qu'ils prononcent pourtant plus doucement, & quand ils en mettent le caractère devant une confonne (ce que la langue Françoife ne fouffre jamais) ils ne le font que pour affoiblir la prononciation de la confonne : & en general ils parlent fi mollement, qu'on ne fait fouvent s'ils prononcent une *m*. ou un *b*. *tiò*. où *Tchiò*.

Ils n'ont point nôtre *u* voyelle que les Chinois ont, mais ils ont nôtre *e* tel que nous le prononçons dans nos monofyllabes *ce*, *le*, *me*, *que*, *fe*, *te*; mais cet *e* ne fouffre point d'élifion en leur langue, comme en la nôtre. J'ofe même dire qu'ils n'ont point d'autre *e* que celuy-là, non pas même dans les cris des Pagayeurs, *ho*, *he*, *he*, qu'ils prononcent, comme nous prononçerions *ho*, *heu*, *heu*; ny dans les fyllabes qui finiffent par une confonne, comme celle-cy, *pêt*, qui veut

D 2 dire

dire diamant brut, & qu'ils prononcent plûtôt *pent*, que *pêt*.

Ils ont un *a* extrémement bref qu'ils écrivent par deux points, ainsi, : , & qu'ils prononcent nettement à la fin des mots, comme en ce mot Baly, *Prá*, qu'ils donnent à tout ce qu'ils honorent le plus : mais quand cet *a* se trouve au milieu d'un mot, il passe si vîte qu'on ne le discerne pas, & qu'il revient à nôtre *e* muet. De là vient que le mot *Pa-yà* qu'on a traduit par celuy de Prince, & dont le premier *a* s'écrit par deux points, se prononce *Pe-yà*, ou *Pià*, quoy que dans les Relations on le trouve écrit *Pejà* & *Pujà*, par la confusion de l'*e* muet avec l'*u* & de l'*y* avec l'*j* consonne. Cet *a* marqué par deux points ne souffre point d'autre lettre aprés luy dans une même syllabe.

C'est une chose fort singuliére que dans les syllabes qui finissent par une consonne, ils n'achevent pas de la prononcer à nôtre maniére : mais leur langue demeure attachée ou au palais, ou aux dents, selon la nature de la consonne ; ou bien leurs lévres demeurent fermées : & c'est ainsi qu'ils terminent ces sortes de prononciations, je veux dire sans redétacher la langue, & sans rouvrir les lévres. Ils ne sauroient même prononcer une aspirate à la fin d'une syllabe, fût-elle au milieu d'un mot. Ils prononcent *Petpayàtong*, quoy qu'ils écrivent *Petchpayàtong*. Ils appellent le Convent du Palais *vat si sarapet*, quoy qu'ils écrivent

vent *farapetch.* Ainfi quand ils vouloient dire
un œuf ils difoient *un œub,* mais ils ne rou-
vroient pas les lévres pour achever à nôtre maniére la prononciation du *b.* Par la même raifon ils prononceront une *n* pour une *r* &
pour une *l.* à la fin d'un mot, parceque à la fin
des mots ils ne détachent pas la langue du palais, comme il l'en faut détacher dans la prononciation de l'*r.* ou de l'*l :* car dans celle de
l'*l.* la langue ne tient point au palais par les côtez. Ils écriront *Tahar,* & *Mar,* & ils diront
Tahan & *Man.*

Ils ont beaucoup d'accent comme les Chinois : ils chantent prefque en parlant; & l'Alphabeth Siamois commence par fix caractéres
différens, qui ne valent tous qu'un K. plus ou
moins fort, & diverfement accentué. Car
quoy que dans la prononciation les accents
foient naturellement fur les voyéles, ils en
marquent néanmoins quelques-uns en variant les confonnes, qui d'ailleurs font d'une
même valeur. D'où il eft peut-être permis de
conjecturer qu'ils ont écrit au commencement fans voyéles, comme les Hébreux, &
qu'enfin ils les ont marquées par des traits
étrangers à leur Alphabeth, & qui pour la plûpart fe placent hors du rang des lettres, comme
les points, que les Hébreux récents ont ajoûté
à leur ancienne maniére d'écrire. Quiconque
donc a appris à donner le vray accent aux fix
premiers caractéres de l'Alphabeth Siamois,

D 3 pro-

prononce aifément les autres ; parce qu'ils
font tous rangez avec cet artifice , que dans
leur prononciation il faut repéter à peu prés
les mefmes accents. Ils lifent l'Alphabeth
Baly de mefme, finon qu'ils ne luy donnent
que cinq accents , qu'ils repétent cinq fois
dans les vingt-cinq premiéres lettres , les huit
derniéres n'ayant point d'accent. Et autant
que je puis juger du Hanfcrit , par l'Alphabeth, que le P. Kirker nous en a donné dans
fon *China illuftrata* , cétte langue , qui eft
la langue favante des Etats du Mogol , a
cinq accents comme la langue Balie : car
les caractéres de fon Alphabeth font divifez
de cinq en cinq.

Du premier Alphabeth Siamois.

LE premier Alphabeth eft des confonnes
qui font trente-fept en nombre,& que j'ay
mifes dans leur ordre naturel avec leur valeur
au deffus , exprimée par nos caractéres, autant qu'il m'a efté poffible. Ce double trait
(ſſ) qui s'y trouve fix fois, eft pour marquer
les endroits où ils s'arrêtent en difant leur Alphabeth par cœur : car c'eft une efpéce de
chant. Ils difent d'abord fept lettres , & puis
les autres de fix en fix.

Le tiret qui eft entre les noms de deux lettres , marque qu'ils prononcent fort vîte la
lettre qui precede le tiret , & qu'elle fait un
ïambe

jambe avec la lettre suivante , lors qu'ils disent
leur Alphabeth par cœur.

J'ay mis des accents aigus ou graves sur la valeur de certains caractères, pour marquer qu'en
ceux là les Siamois haussent, ou baissent la voix.
L'aigu marque l'élévation de la voix , & le gra-
ve en marque l'abaissement; mais l'abaissement
n'est pas égal à l'élévation. Où ils élevent la
voix, c'est de plus d'une quarte, & presque
d'une quinte ; & où ils l'abaissent, ce n'est de
guére plus d'un demy-ton.

Où j'ay mis une *h* aprés le K. c'est pour marquer que le K. se doit prononcer avec une aspi-
ration à l'Allemande, & non aussi simplement
que nostre *s*. dur ; & où j'ay mis deux *pp*. c'est
pour marquer un *p*. plus dur que le nôtre.

Le *Ngo* se prononce devant toutes les voyelles, comme nôtre *g*. devant l'*a*, l'*o* & l'*u*,
avec cette différence qu'il se prononce beaucoup plus nonchalamment & tout à fait du
nez , ce qui luy donne quelque chose de
l'*n* au commencement de sa prononciation.
A la fin des mots il se prononce sans détacher
la langue du palais : on dira *Tong*, & non
Tongue.

Les trois premieres lettres de la seconde division se prononcent entre le *quia* & le *cia* des
Italiens.

Le *ço* se prononce à la Castillane en gras-
seiant.

Le *do* qui est à la troisiéme division se

prononce comme un *to* à la fin des mots, & ils n'ont point d'autre *to* final.

Ils ont un double *yo*, l'un à la seconde division & l'autre à la cinquiéme ; ils les prononcent entre nôtre *yo* & nôtre *jo*, & il n'y a entre ces deux lettres d'autre différence, sinon que le dernier *yo* qui est celuy de la cinquiéme division est le véritable *yo* final : ils le mettent après les voyelles pour faire des diphtongues, quoy qu'ils ne laissent pas d'y mettre quelquefois l'autre, mais par ignorance : car cette ortographe n'est pas dans leur Alphabet, où sont toutes leurs Diphtongues. Or ces *yo* sont pourtant censez des consonnes, comme l'*i* est censé consonne en Alleman & en Espagnol dans ces diphtongues *ia, ie, io, iu*, avec lesquelles une voyelle qui les précéde dans les Vers, ne se confond point, mais fait sa syllabe à part. Et néanmoins quoy que les Siamois mettent les *yo* parmy les consonnes, ils sentent si bien qu'elles sonnent comme des voyéles, qu'en écrivant les mots, qui commencent par un *yo* dans la prononciation, ils placent à la tête un *o* muët, comme ils font à la tête des mots, qui commencent par une voyéle : cela n'est pas régulier, mais ils sont incapables de toutes ces petites attentions.

Le *No* qui est la derniere lettre de la troisiéme division ne se prononce pas à la fin des mots comme nôtre *n*. mais comme l'*n* des Gascons & des Espagnols. Je l'ay écrit par une *n* sim-

simple, en écrivant les mots Siamois par nos-
caractes; & quelquefois pour éviter des ren-
contres ridicules, que ces mots faisoient avec
des mots de nôtre langue, j'y ay ajoûté un *e*
feminin; quoy que cela soit mal, en ce que les
Siamois n'en prononcent point, puis qu'ils
ne détachent pas la langue du palais en prononçant leur *n* à la fin des mots.

Le *Vo* se prononce indifferémment comme nôtre *v* consonne, ou comme le w. des
hauts Allemans, qui est un *b*, prononcé mollement, & sans achever de fermer les lévres,
ou enfin comme l'w des Anglois, c'est à dire
comme nôtre *ou* dans le mot *oüi*. Le *Vo* se
met aussi aprés des voyelles pour former certaines diphtongues, auquel cas il se prononce
comme nôtre *ou*.

Les trois *so* de la derniére division ont l'accent tant soit peu plus aigu l'un que l'autre, la
voix montant par degrez jusqu'au dernier.

Le *ho* se met quelquefois devant les consonnes pour en adoucir la prononciation.

L'*O* est une consonne muëtte comme
j'ay dit qui sert à placer les voyelles, comme
l'*Aleph* sert à placer les points des Hebreux;
lors que la syllabe commence par une voyelle, ou qu'elle n'est qu'une voyelle : mais l'*o*
devient voyéle, & se prononce comme nôtre *o* quand il est precedé d'une autre consonne, ou de luy-même.

Du second Alphabeth Siamois.

LE second Alphabeth Siamois est celuy des voyelles placées à l'égard du premier *Ko*, comme on les place à l'égard de toute autre consonne, & à l'égard de l'*o* muët.

J'ay mis sur châque voyelle sa valeur exprimée par nos caractéres. L'accent aigu marque que la voyelle est breve & d'un ton élévé, l'accent circonflexe marque que la voyelle est longue & d'un ton bas. Et la différence de ces deux tons est d'un peu plus d'une tierce majeure.

L'*é*, & l'*ê* tiennent toûjours un peu de nôtre *eu*, quoy que la prononciation de l'*ê* soit beaucoup plus ouverte que celle de l'*é*, & qu'elle tienne moins de nôtre *eu*.

Eu, *ou* & *ai* font des prononciations simples, quoy que nous les écrivions châcune par deux lettres.

Ai est une diphtongue & non une simple voyelle, & se prononce comme dans nôtre exclamation de plainte, *äi*.

Aou est aussi une diphtongue qui se doit prononcer comme *au* en Italien & en Espagnol ; mais l'orthographe Siamoise en est tout-a-fait bizarre : car elle vaut *eu*.

Am est une syllabe & non pas une voyelle. L'*a* y est marqué nettement aprés le *Ko*, & ce petit *o* qui est par dessus, marque l'*m* finale. Ils ont mis l'*m* finale parmy les voyelles,

parce

parce qu'ils l'ont marquée au deſſus des con-
ſonnes à la maniére des voyelles : ils placent
auſſi quelquefois à la fin des ſyllabes, & des
mots l'*m* qui eſt dans leur Alphabeth des con-
ſonnes.

Le dernier *a* qui ſe marque par deux
points eſt un *a* fort bref, qui ne ſouffre point
d'autre lettre aprés luy dans une même ſylla-
be, & qui ne ſe prononce guére qu'à la fin
des mots: car au milieu il ſe perd ſouvent, &
devient nôtre *e* muet, tel que le premier *e*
de *pauvreté* : c'eſt pourquoy en pluſieurs mots
Siamois j'ay obmis cet *a* , & quelquefois je
l'ay écrit par un *e*. Ainſi j'ay mis *Jeehat* pour
Jeeahat, *Blat* ou *Belat* pour *Balat*, parce que
cette orthographe approche plus de leur prononciation.

Le caractére du premier *a* ſe lie toûjours à
la conſonne, & ſe met toûjours aprés elle, c'eſt
un *a* long, qui en vaut deux, comme nous
écrivions autréfois *aage* pour *âge*.

Les quatre voyelles ſuivantes ſe mettent toûjours ſur la conſonne, & les longues ſont marquées par un trait de plus. Les deux voyelles
d'aprés, ſavoir la ſixiéme & la ſeptiéme ſe mettent deſſous, & la ſeptiéme n'eſt que le trait
double de la ſixiéme. Les cinq d'aprés ſe mettent devant la conſonne, & l'*é* long n'eſt que l'*é*
bref redoublé.

L'*éeu* conſiſte en deux caractéres qui valent *eu* comme j'ay dit, & l'*é* ſe met toûjours

devant

devant la confonne, & l'*a* aprés, fuivant leur nature.

L'*m* finale marquée par un petit *o* fe met toûjours fur la confonne, & fe prononce fans re-détacher les lévres.

L'*a* bref & aigu marqué par deux points fe met toûjours aprés la confonne, & ne fouffre nulle lettre aprés luy dans la même fyllabe.

Toutes ces voyelles ainfi difpofées, tantôt deffus, tantôt deffous, tantôt devant, tantôt aprés la confonne, fe prononcent toûjours aprés elle, comme je l'ay déja dit. Cela feroit un embarras pour nous, quand la fyllabe commence par une mute & une liquide, comme celle-cy *pret*, dont ils arrangeroient les lettres de cette maniére *eprt*, de forte que nous ne faurions s'il faudroit dire *pret* ou *pert* : mais ils prononcent toûjours la liquide devant la voyelle, difant *pret*, & non *pert*. Ils ne fauroient même prononcer *pert*, mais *pent* : ils diront auffi *pent* pour *pelt*, & ils arrangeront ainfi les lettres, *lept*, ou *rept* ou *nept*. L'*e* fe prononçant toûjours aprés la confonne, qu'elle fuit dans l'écriture, ne leur laiffe aucun doute dans cette orthographe. Pour *pnet* ou *pent*, *pnet* ou *pent* : ils prononceront toûjours, *pent*, & *pent*.

Du troifiéme Alphabet Siamois.

CEt Alphabeth eft des diphtongues, dont la plûpart font bien orthographiées & ai-
fées

fées à lire ; mais dont quelques-unes fe prononcent d'une maniere affés differente de leur
orthographe. On remarquera dans celles-là
que les voyelles s'y prononcent felon leur arrangement, celles qui precedent la confonne
fe prononçant les premieres, quoy quelles fe
prononcent pourtant aprés la confonne. Par
où il paroît que voulant placer certaines voyelles devant la confonne, ils ont choifi celles,
qui dans la prononciation des diphtongues fe
prononcent les premieres. Il y a auffi dans cet
Alphabeth quelques fyllabes, qui ne font pas
des diphtongues.

D'un quatriéme Alphabeth Siamois que je n'ay pas fait graver.

CEt Alphabeth eft des fyllabes qui commencent, & qui finiffent par des confonnes, & il apprend deux chofes. La premiere, ce font deux voyelles, un *a* & un *o*,
qui ne doivent jamais ny commencer la fyllabe
ny la finir, mais eftre toûjours entre deux confonnes. Elles ont un accent particulier. L'*a*
fe marque par un accent aigu ´, fouvent fort
allongé, & toûjours placé fur la premiere
confonne de la fyllabe ; & l'*o* fe marque par un
double accent aigu ˝ qu'ils mettent auffi fur
la premiere confonne de la fyllabe. Quand
dans la prononciation la fyllabe ne finit pas
par une confonne, ils mettent l'*o* muët à la

D 7 place

place de la seconde consonne, comme on le
peut voir dans la syllabe *Ke* dans l'Alphabeth
des Diphtongues Siamoises; ils s'en dispensent
néanmoins quelquefois aprés l'accent´, qui
marque l'*a*, mais jamais aprés les deux ac-
cents´´, qui marquent l'*e*. Quelquefois aussi
en lieu du double accent, qui marque l'*e* ils
mettent un petit *e* sur la premiere consonne,
& quelquefois ils ne mettent rien, & toutes
les fois que deux consonnes font une syllabe,
c'est l'*o* qu'il y faut sous-entendre. La seconde
chose que cet Alphabeth apprend, ce font les
consonnes finales : savoir le premier *ke*, le
ngo, le *do*, le *no*, le *mo*, & le *bo*. Toutes les
fois qu'ils finissent une syllabe, par quelque
autre consonne, c'est une faute contre leur
orthographe. Ils ne prononcent jamais que
celles-là à la fin des syllabes, & ils ne montrent à lire à leurs enfants aucune syllabe, qui
finisse par aucune autre consonne, que par
celles que je viens de dire. Il est vray qu'ils
prononcent le *do* comme un *to*, & le *bo*
comme un *po* à la fin des syllabes, & des
mots.

Des Alphabeths Balis.

ILs ne font pas difficiles à entendre aprés
ce que j'ay dit des Siamois; les lettres sur la
valeur desquelles j'ay marqué un accent aigu,
se prononcent d'environ une tierce majeure
plus haut que les autres, & toutes les autres
se

se prononcent dans une parfaite monotonie. Le tiret marque que les deux lettres entre lesquelles il se trouve font un iambe dans la prononciation. Les cinq qui suivent la vintiéme, ne sont pas aujourd'huy de valeur differente des cinq, qui les precedent immediatement mais peut-estre celà estoit-il autrement , lors que cette langue estoit vivante.

Des Chiffres Siamois.

JE n'ay rien à dire des chiffres Siamois, sinon qu'un habile homme m'a dit qu'ils ressemblent à ceux , qu'il a trouvez dans quelques medailles Arabes de quatre à cinq-cent ans d'ancienneté. Voicy les Noms Siamois des Puissances du nombre dix.

Nóee, qu'ils prononcent *Noü* veut dire *nombre*.

Sib, qu'ils prononcent *sip*, veut dire *dix*, & *dixaine*.

Rói, qu'ils prononcent *Rüi*, veut dire *cent*, & *centaine*.

Pan, mille.

Meüing, dix-mille.

Seen, ou *sên, cent-mille*, ou *centaine de mille*. Abraham Roger pag. 104. *Des Mœurs des Bramines* , dit qu'à Paliacate *Lac* veut dire cent-mille, & Bernier dit *Leque*, dans sa Relation *des Gentils de l'Indousian.* pag. 121.

Cot, million. Abraham Roger à l'endroit cité,

cité, dit qu'à Paliaçate, *Coti* vaut *dix millions.*

Lan, dix millions.

Les nombres se mettent devant le substantif, comme en nôtre langue : mais ces mêmes nombres se mettent aprés le substantif
pour signifier les noms d'ordre. Ainsi *Sam
deüan* veut dire trois mois, & *Deüan sam* le
troisiéme mois.

Des Pronoms de la premiere personne.

Coû, câ, ráou, átamâpapp Câ-Tcháou,
Câ-ppa-tcháou, atanou, sont huit manieres de dire *je,* ou *nous* : car il n'y a point
de difference du pluriel au singulier.

Coû est du Maître parlant à son esclave.

Câ est un terme respectueux de l'inferieur
au superieur, & par civilité entre égaux : les
Talapoins ne s'en servent jamais à cause qu'ils
se croyent au dessus des autres hommes.

Ráou, marque quelque superiorité ou di-
gnité, comme quand nous disons, *Nous tels,*
dans les actes.

Roub veut dire proprement, *corps* c'est
comme si l'on disoit *mon corps:* pour dire moy,
il n'y a que les Talapoins qui s'en servent quelquefois.

Atamâpapp, est un terme Bali affecté plus
qu'aucun autre aux Talapoins.

Câ Tchâou, est composé de *câ* qui veut
dire

dire *moy*, & de *Tcháou* qui veut dire *Seigneur*, comme qui diroit moy-du-Seigneur, ou moy qui appartiens à vous Monſeigneur, c'eſt-à-dire, qui ſuis vôtre eſclave. Les eſclaves en uſent envers leurs Maîtres, le menu peuple envers les Grands, & tout le monde en parlant aux Talapoins.

Cá-ppa-Tcháou a encore quelque choſe de plus ſoûmis.

Atanou eſt un mot Bali introduit depuis trois ou quatre ans dans la langue Siamoiſe, pour pouvoir parlér de ſoy avec une entiere indifference, c'eſt à dire ſans hauteur & ſans ſoûmiſſion.

Des Pronoms de la ſeconde & de la troiſiéme perſonne.

T*Eû*, *Tân*, *Eng*, *Mau*, *Otchiou*, ſervent également à la ſeconde & à la troiſiéme perſonnes pour les nombres ſingulier & pluriel : mais ſouvent on ſe ſert du nom ou de la qualité de la perſonne à qui l'on parle.

Teû eſt un terme tres-honorable, mais on ne s'en ſert guére que pour la troiſiéme perſonne, ou pour les Talapoins en la ſeconde perſonne, c'eſt à dire en parlant à eux.

Tân, eſt un terme de civilité entre perſonnes égales. Les François l'ont traduit par le mot de Monſieur.

Eng

Eng à une perſonne baſſe.

Man avec mépris.

Otcháou à une perſonne baſſe qu'on ne connoît pas.

Des Particules qui tiennent lieu de conjugaiſons.

LE temps preſent eſt ſans particule. Par exemple *pen* veut dire *eſtre*, & *ráou pen* veut dire, *je ſuis*, *eng pen*, *tu es*, & *il eſt*. Et derechef *ráou pen* veut dire, *nous ſommes*. *Tân tang-lâï pen*, *vous êtes*. *Kon tang-lâï pen*, *ils ſont*. *Tang-lâï* veut dire *tous*, ou *beaucoup*, & c'eſt la marque du pluriel. *Kon* veut dire *gents*, comme qui diroit *les gents ſont*, pour dire en general *ils ſont*, ou *l'on eſt*.

L'imparfait ſe dit mot à mot; *en ce temps moy être*, ou *temps ce* ou *quand ce moy être*, pour dire *j'étois*, *moüü nau ráo pen*. *Moüü* veut dire *temps*, ou *quand*, *nau* veut dire *ce*. Le paſſé ſe marque par *dái*, ou par *lêou*, & quelquefois par tous les deux. Mais *dái* ſe met toûjours devant le verbe, & *lêou* aprés: ainſi *dái pen*, ou *ráo dái pen* *j'ay eſté*, ou bien *ráou pen lêou*, ou bien encore *Ráou dái pen lêou*. *Dái* veut dire *trouver*, *lêou* veut dire *fin*.

Le plus que parfait ſe compoſe des particules de l'imparfait, & du paſſé. Ainſi pour dire, quand vous vintes j'avois déja mangé, ils diront, *moüá tân mâ*, *ráou dái kiu ſam-redi.*

Lêou,

Lêou, c'eſt à dire mot à mot, *temps*, ou *quand* vous venir, moy déja manger achever. *Mâ* veut dire *venir*, & avec d'autres accents & une autre orthographe il veut dire *cheval* & *chien*. *Kin* veut dire manger, *ſam-red* veut dire *achever* : & ce terme s'ajoûte au paſſé pour former le plus que parfait.

Tcha eſt la marque du futur : *ráou cha pen*, je ſeray : cette particule precede toûjours le verbe.

Hái marque l'imperatif, & ſe met devant le verbe. *Teut* le marque auſſi & ſe met toûjours à la fin de la phraſe : *hái kin*, mangés, ou bien, *kin teut*, ou bien *hái kin teut*. *Hái* veut dire proprement *donner*, & on s'en ſert auſſi pour dire, *afin*.

Reû eſt la marque de l'interrogation. *Kin lêou reû?* a-t-il mangé? ou avés vous mangé? *Lêou*, comme nous avons dit, eſt la marque du paſſé, *reû* ſe met toûjours à la fin de la phraſe.

Pour dire *je mangerois*, ils diſent, *je vou-dray manger*, *tcha crái kin*. *Tcha* eſt la marque du futur, *crái* veut dire *vouloir*, & ainſi *tcha crái* veut dire, je voudray, & *kin* veut dire *manger*.

Pour dire *ſi j'étois à Siam*, *je ſerois content*, ils diſoient mot à mot, *ſi moy étre ville Siam*, *may cœur bon beaucoup*. *Cœur bon* veut dire *content*, & le verbe *je ſerois* y eſt ſous-entendu.

De

De la Construction.

ILs ont des pronoms démonstratifs, & point de relatifs. Ils ont des prépositions & des adverbes , ou au moins des noms pris en ce sens là.

Le nominatif precede toûjours le verbe , & le verbe precede les autres régimes.

La préposition precede aussi ce qu'elle régit.

Quand deux substantifs se suivent le dernier est censé au génitif. *Van athit* , jour du Soleil , *athit* qui veut dire *Soleil* est au génitif.

L'adjectif est toûjours aprés le substantif, & l'adverbe aprés l'adjectif, ou aprés le verbe auquel il se rapporte.

Leur construction est toûjours plus courte que la nôtre , parce qu'elle manque d'articles, & de beaucoup de particules que nous avons, & souvent de verbe: mais le tour de leurs expressions nous paroît long , si nous les traduisons mot à mot. Pour dire, comment *cecy a-t-il nom ?* ils disent *ny scheu râi*, c'est à dire mot à mot *cecy nom comment ?* où ils suppriment le verbe. Mais pour dire *apportez moy celà*, ils diront, *allez, prenez cela , & venez.* Pour dire *donne du ris à ton enfant* , ils disent, *prend ris , donne enfant manger :* la construction est tousjours courte,

mais.

mais le tour de l'expreſſion eſt long ; parce qu'ils expriment toutes les circonſtances de l'action.

En nommant les choſes particulieres ils ſe ſervent preſque toûjours du mot general, auquel ils ajoûtent un autre mot pour la difference. Ils diſent, tête de diamant, pour dire diamant , & ils ont deux mots l'un pour le diamant brut, *pèt*, & l'autre pour le diamant mis en œuvre, *ven : hoüà pêt, hoüà ven, hoüà* veut dire *tête.*

Pour dire *un homme*, ils diſent *pou tcháy ;* pour dire *une femme poû ying*, qu'ils prononcent preſque *poû-ging*, & *poû* veut dire perſonne : pour nommer les bêtes, ils mettent le mot de *corps*, corps de *bœuf*, corps de *vâche*. *Louk* veut dire fils, *louk ſcháou*, fils jeune, c'eſt à dire *fille. Scháou* en Siamois, veut dire *jeune*, comme *nang* en Bali. Pour marquer la femelle parmy les animaux, ils employent le mot *mía.* Ils mettent le mot *ban*, qui veut dire village, à preſque tous les noms de leurs villages. *Ban-pac-tret-yái, village* de la *bouche* du *détroit grand. Banc-pac-tret-noë, village* de la *bouche* du *détroit petit. Ban-vat, village* du *convent. Banc-pac-nam, village* de la *bouche* de *l'eau.*

Le

Le Pater noster, & l'Ave en Siamois avec la traduction interlinéaire.

*Particule de l'impératif.

Pere *de* nous *qui* eftre *au* Ciel.   Nom *de* Dieu
Pô ráou you favang. Scheu Prá * hái
glorifier *en* tout lieu *par* gents tous   offrir *à* Dieu
prâ kot touk heng kon táng-láï touáï Prá
loüange. Royaume *de* Dieu, *je* demande trouver   à
pôn. Meüang Prá cô hái dáï kê
nous.   finir conformément *au* chœur *de* Dieu *au*
ráou. háï léou   ning   tcháï prà
Royaume *de la* Terre également *du* Ciel. Nourriture
Meüang Pen-din femò favang. Ahan
de nous *de* tous *les* jours *je* demande   trouver à nous
ráou touk van   cô háï dáï kê ráou
en jour ce. *Je* demande pardonner offences *de* nous,
van ni.   cô   prot bap ráou,
également nous pardonner *aux* perfonnes *qui* faire offence à
femò ráou prot   poû   tam bap kê
nous.   Ne   nous tomber dans caufe *de* péché:
ráou. Yâ háï ráou tok náï koüan   bap:
délivrer dehors malheur tous.
háï poun kiæc aneráï tang-poang. Amen.

L'Ave.

Pleine *de* grace,   Dieu être *dans le*
Ave Maria Ten   anifong, Prá you
† Nang   lieu *de* vous. Vous *ou femme* jufte-bonne
eft ce mot heng † Nang. Nang   foum-boui
bali, qui   plus   *que*   toutes. Avec fils
veut dire yingkoüâ   Nang Tang-láï. Toüï louk
jeune, &   ventre, *dans* le lieu *de* vous Dieu, *la* Perfonne *de*
qui ajoûté outong,   heng nang Prá, Ongkiáo
aux noms   Jefu

la fumée du tabac , lequel se consume dans
la tasse de porcelaine , puisse descendre dans
la bouteille. Enfin à l'orifice inferieur du
petit tuyau ils mettent un autre petit tuyau
de bambou entouré aussi d'un petit ruban
ou d'un peu de soye platte , lequel descend
jusques dans l'eau. Maintenant celuy qui veut
fumer ayant posé à terre cette bouteille de
verre, ou plûtost toute cette machine que je
viens de décrire, met dans l'orifice superieur
du petit tuyau d'argent, le bout d'un brin de
bambou, qui quoy que d'un seul jet, est quelquefois long de sept à huit piés. Les deux
bouts en sont garnis d'or ou d'argent, & outre cela l'un des deux est garni d'un petit
tuyau de cristal, que celuy qui fume met entre
ses lévres. De cette sorte il semble qu'en voulant fumer , il devroit attirer à sa bouche l'eau
de la bouteille , à cause de la communication,
qu'il y a depuis la bouche du fumeur jusqu'à
l'eau de la bouteille , savoir par le grand brin
de bambou , par le petit tuyau d'argent auquel il tient , & par le petit tuyau de bambou
qui entre dans l'eau , & qui tient au bout inferieur du petit tuyau d'argent : mais au lieu
de cela l'air exterieur ne pouvant entrer dans
la bouteille , la fumée du tabac descend le
long du grand tuyau d'argent non seulement jusques dans la bouteille , mais jusques dans l'eau pour s'insinuer dans le petit
tuyau de bambou, d'où elle monte jusqu'à la
bouche

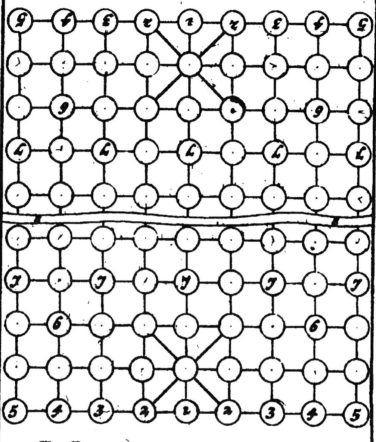

Echiquier Chinois.

1. Le Roy..
2. Les Gardes.
3. Les Éléphans.
4. Les Chevaliers.
5. Les Chariots.

6. Les Canons.
7. Les Pions.
8. La Riviere.

bouche de celuy qui fume. De sorte que celuy
qui a inventé cet instrument, a fort bien compris qu'il seroit plus naturel que la fumée fût
attirée dans l'eau, & de l'eau jusques à la bouche du fumeur, que non pas que l'eau, qui
est plus pésante que la fumée, cedât à la force
de cette attraction.

Quelquefois il y a plusieurs petits tuyaux
autour du grand, afin que plusieurs personnes
puissent fumer de compagnie au même instrument, & pour l'affermir davantage on l'assiet
sur un bassin de cuivre couvert en cet endroit
d'une petite piéce de drap, qui empêche la
patte de la bouteille de glisser sur le bassin.

Jeu des Echecs des Chinois.

Eur Echiquier est composé comme le nôtre de 64. quarrez, mais qui ne sont pas
distinguez en blancs & en noirs. Aussi ne pla-
cent-ils pas leurs piéces dans les quarrez, mais
aux coings des quarrez, c'est à dire aux points
où les lignes de l'Echiquier s'entrecoupent. De
plus l'Echiquier est partagé en deux moitiez,
trente deux quarrez pour chacun des deux
joüeurs, & ces deux moitiez sont separées par
un espace, qu'ils appellent *la Riviere*. Il est de
la grandeur d'un rang de quarrez, & ne va pas
d'un joüeur à l'autre : mais du même sens dont
on range les piéces sur l'Echiquier. Ce ne sont

1.
Descri-
ption de
leur Echi-
quier, &
denom-
brement
de leurs
piéces.

donc

donc pas les quarrez qui font les cafes de leur jeu, mais les coings des quarrez. Et ainfi ils ont neuf cafes fur chaque ligne, & il y en a cinq fois neuf ou quarante-cinq en chaque moitié de l'Echiquier ; je les ay marquées par des ronds.

Ils ont trente-deux piéces comme nous, feize pour châque joüeur, les unes blanches, les autres noires : mais ces piéces ne font pas toutes les mêmes que les nôtres, & ils ne les difpofent pas tout-à-fait de même maniére. Châque joüeur a un Roy & point de Dame, deux Gardes, deux Eléphants, deux Chevaliers, deux Charriots, deux Canons, & cinq Pions. Châcun des joüeurs place neuf piéces fur la premiére ligne de l'Echiquier qui eft de fon côté, aux points où cette premiére ligne eft divifée, & à ceux où elle eft terminée. Ces neuf piéces font, le Roy qu'on met au milieu, les deux Gardes qui font prés du Roy, l'un à droit & l'autre à gauche, les deux Eléphans qui font prés des Gardes, l'un à droit & l'autre à gauche, les deux Chevaliers enfuite, auffi l'un à droit, & l'autre à gauche, & enfin les deux Charriots qui occupent les deux coings de l'Échiquier. Les deux Canons fe placent à la deuxiéme cafe devant les deux Chevaliers, & les Pions à la premiere, à la troifiéme, à la cinquiéme, à la feptiéme & à la neuviéme cafes de la quatriéme ligne, c'eft à dire de celle, qui dans nôtre Echiquier fépare les premiéres les cafés de devant les piéces, d'avec les secondes.

Le Roy ne fait qu'un pas non plus que dans nôtre jeu, mais il n'en peut pas faire en tout sens : il va en avant, ou en arriere, ou à côté, comme vont nos Tours, mais il ne va pas de biais comme nos Fols. De plus il ne peut sortir d'une marrelle, qui est son champ de bataille ou son Palais, & qui contient quatre quarrez, qui dans nôtre Echiquier sont ceux, où nous plaçons le Roy & la Dame, & les Pions du Roy & de la Dame : & enfin ils ne roquent jamais.

[margin: II. La Marche de leurs piéces.]

Les deux Gardes ne sortent point aussi de la marrelle, & ils ne font jamais qu'un pas, mais de biais, comme nos fols, & non autrement.

Les deux Eléphants vont du sens de nos fols, mais ils font toûjours deux pas, & jamais ny plus ny moins, & ils ne passent pas la riviére : ils n'entrent point dans le camp de l'ennemy. J'ay appris que l'Eléphant s'appelle *fil* en Arabe, & que c'est de ce mot *fil* que nous avons pris celuy de *fol* pour cette piéce de nos échecs qui répond à l'Eléphant.

Le Chevalier va deux cases comme le nôtre, dont l'une est selon le sens de la marche de nôtre Tour, & l'autre est selon le sens de la marche de nôtre Fol. Mais leur Chevalier ne passe pas par dessus les piéces : il faut qu'il ait le chemin ouvert, au moins d'un côté. Je

E 2 m'ex-

m'explique. La marche du Chevalier eſt com-
poſée de deux pas, comme j'ay dit, dont l'un
eſt ſelon la marche de nôtre Tour, & l'autre
ſelon celle de nôtre Fol. Il faut donc que le premier pas du Chevalier ſoit libre au moins en un
ſens, c'eſt à dire ou ſelon la marche du Fol ou
ſelon celle de la Tour. D'ailleurs le Chevalier
peut paſſer la riviere, & la largeur de la riviere
eſt eſtimée un pas, de deux qu'il doit faire,
comme ſi elle eſtoit un rang de quarrez.

Les Charriots marchent comme nos Tours,
& peuvent paſſer la riviere.

Les Canons ont auſſi la marche de nos
Tours, & peuvent paſſer la riviere.

Les Pions ne font qu'un pas comme parmy
nous, & ils n'ont jamais la liberté d'en faire
deux, non pas meſme la premiere fois qu'on
s'en ſert. Ils peuvent paſſer la riviere qui eſt
toûjours contée pour un pas, & quand ils l'ont
paſſée, ils peuvent aller non ſeulement en avant,
mais auſſi à côté comme la Tour, & jamais de
biais comme le Fol, & comme nos Pions quand
ils prennent, ny auſſi en arriere, non pas meſme
quand ils ont eſté au bout du jeu, ce que nous
appelons aller à Dame.

III.
Le but du
Jeu.

Le but du jeu eſt de donner échec & mat,
comme parmy nous; & le Roy eſt obligé parmy eux, comme parmy nous, de ſe tirer d'é-
chec, ou en changeant de place, ou en ſe cou-
vrant de l'échec.

IV.
Com-
ment

Toute piéce prend, en ſe mettant à la place

de

s ij

de la piéce qu'elle prend, pourvû que le che-leurs piéces prennent.
min de l'une à l'autre foit libre. Il n'y a que le
Canon qui a befoin qu'il y ait une piéce entre
luy, & celle qu'il prend, & il n'importe que
cette piéce foit amie ou ennemie. L'on dit
qu'elle luy fert d'affuft. Ainfi il faut qu'il y ait
une piéce entre le Canon & le Roy, pour que
le Canon donne échec au Roy; & fi la piéce
qui eft entre deux, eft du jeu du Roy, celuy
de qui le Roy eft en échec, le peut tirer d'échec
en ôtant cette piéce, & en découvrant le Roy
devant le Canon. Au refte un Canon peut fervir d'affuft à un autre Canon.

Leurs Pions ne prennent point de biais,
comme les noftres, mais dans le fens naturel
de leur marche, qui eft en avant, quand ils
n'ont pas paffé la riviere; & en avant ou à co-
fté felon la marche de noftre tour, quand ils ont
paffé la riviere.

On ne peut mettre ny laiffer fon Roy vis
à vis de l'autre Roy, qu'il n'y ait une piéce
entre deux, celuy qui le feroit, ou qui voudroit ofter la piéce qui feroit entre deux, met-
troit luy-mefme fon Roy en échec, ce qui ne
fe peut. Le Roy pourtant ne peut rien prendre que ce qui eft à une cafe prés de luy, & felon la marche de noftre tour, & non felon la
marche de noftre fol.

De l'Instrument à conter des Chinois.

L'Instrument à conter dont se servent les Chinois est un chassis de bois de figure quarrée, mais beaucoup plus long que large. Il est divisé en deux quarrez longs, par une tringue parallele aux deux grands costez, & terminée aux deux petits. Ces trois tringues paralleles (je veux dire les deux grands costez du chassis & la tringue du milieu) sont enfilées à angles droits par plusieurs brochettes ou de bois, ou de fil d'archal, lesquelles sont toutes paralleles entre elles, & paralleles aux deux petits costez du chassis, & placées par égales distances pour la bonne grace. Et enfin dans chacune de ces brochettes sont passez sept boutons, deux d'un costé de la tringue du milieu, & cinq de l'autre, lesquels peuvent aller & venir le long des brochettes; c'est à dire s'approcher de la tringue du milieu, & s'en éloigner.

Cet instrument qui est composé tout au plus de vint ou de vint-cinq brochettes : car le nombre n'en est pas certain, se pose tout plat & non sur le costé, & l'on tourne vers soy les bouts des brochettes qui portent châcun cinq boutons. La maniere de s'en servir est fondée 1°. sur ce que les boutons ne marquent, que quand on les pousse prés de la tringue du milieu. 2°. sur ce que châcun des cinq boutons vaut un point, & châcun des deux boutons

cinq

6 4 2

cinq points, toutes les fois que ces boutons valent quelque chose, c'est à dire toutes les fois
qu'on les approche de la tringue du milieu.
3°. sur ce que les brochettes de suite, à les prendre de la droite à la gauche, valent *nombre*,
dixaines, *centaines*, *mille*, & toutes les autres
puissances du nombre *dix* dans leur ordre naturel. Au reste on peut en mesme temps marquer plusieurs sommes en divers endroits de
cet instrument, en prenant telles brochettes,
qu'on veut pour marquer *nombre*, & les pro-
chaines à gauche pour marquer *dixaines*, &
centaines, & ainsi de suite. Et cela suffit pour
faire comprendre l'usage de cet instrument à
ceux, qui savent conter au jeton. La vîtesse
avec laquelle j'ay vû les Chinois qui sont à
Siam s'en servir, est inconcevable, mais ils disent que c'est un effet d'un apprentissage de
deux années. L'instrument peut être plus simple si l'on veut, en ne mettant à chaque brochette que quatre boutons d'un costé & un de
l'autre, parce que cela suffit à marquer jusqu'à
neuf en chaque brochette, qui est tout ce dont
on a besoin; & c'est dans cette simplicité qu'é-
toit l'instrument Romain, que j'ay dit dans
ma Relation, que Pignorius nous a donné.
D'où les savants tireront à leur gré leurs con-
jectures, pour decider lequel de ces deux in-
strumens est probablement l'original, ou le
plus composé, ou le plus simple. Le simple
semble une correction du composé, le composé

E 4   semble

femble avoir ajoûté au fimple, pour plus de
facilité & d'exactitude dans l'ufage.

Du Cap de Bonne-Efperance.

J'En donne trois vûës differentes, dont les
deux font entierement nouvelles, & la troifiéme, qui eft celle dont le point de vûë eft à
la rade, eft copiée d'aprés une fort bonne Car-
te Hollandoife.

Tout le monde fait que les Hollandois y
ont un établiffement important, qui affûre
leur navigation des Indes Orientales. Le Fort
qui le défend, ne feroit peut-être pas grand'
chofe en Europe: mais il fuffit en un Païs, où
il n'y a point de voifin à craindre, & où il
ne peut aller d'ennemi confiderable, que de
fort loin, & par confequent avec beaucoup de
difficulté.

Le Jardin de la Compagnie, dont le plan eft
dans l'une de ces eftampes, eft fort fpacieux,
comme on en peut juger en le comparant au
fort: & quoy que le terroir n'en foit pas trop
bon, il fournit en abondance les choux, les ci-
troüilles, les oranges, les grenades,& en un mot
les legumes, & les fruits, qui fe confervent à la
Mer, & dont les Navigateurs font avides dans
les voyages de long cours.

J'y ay vû en un coin, & fous un mefme
abry, un camphrier, un figuier d'Europe, & un
arbufte

arbuste haut d'environ deux piés, qu'on disoit estre celuy qui porte le Thé, & que j'eusse
pris pour un jeune poirier. Il n'avoit ny fleurs,
ny fruit; & fort peu de feüilles. Tout auprés &
sous un autre abry estoient deux ou trois piés
d'Ananas, & ce fût tout ce que l'on m'y mon-
tra de rare pour le Païs. Le raisin n'y est plus
rare, mais il n'y a que celuy, que les Hollandois
y ont planté. Le vin en est blanc & assez bon.
Quelques-uns de nostre troupe allerent jusqu'au sommet de la Montagne de la Table,
pour y chercher des plantes extraordinaires:
mais ils n'y en trouverent point. Neanmoins à
y regarder de prés, il n'y en a aucune, qui n'ait
quelque chose de particulier, que les plantes de
ces Païs-cy n'ont pas. Les coquillages que l'on
y trouve ne sont pas des restes du Déluge, comme quelques-uns ont soupçonné: les Oyseaux,
les Singes, & les Hotantots, les y portent, & les
y laissent.

Les Allées du Jardin s'entretiennent presque d'elles-mesmes, parce que le terroir ne
produit que de la mousse s'il n'est cultivé: d'ailleurs la propreté du Jardin n'a rien, qui ne sente
une sage économie, ny rien, qui sente une
trop grande negligence, comme un jardin po-
tager de Marchands, plus attachez au profit,
qu'ils en tirent, qu'à des agrémens, dont ils
ne joüiroient point.

L'eau qui l'arrouse par plusieurs petits canaux, y chute au sortir d'un moulin qu'elle fait

mou-

moudre, & au deſſous du jardin elle ſert au
blanchiſſage. On en détourne ſeulement une
partie, que l'on conduit à un reſervoir, qui eſt
au bord de la Rade, & où les Navires en vont
prendre leur proviſion.

Le jardin eſt diviſé en pluſieurs quarrez
grands à peu prés comme le quart de la Place
Royale. Ils ſont entourez d'eſpulliers, pour les
mettre à couvert des vents, qui ſont quelquefois aſſez furieux, pour faire perir les Vaiſſeaux
à la Rade, s'ils n'ont de bons ancres & de
bons cables. Ces vents ſe forment des nüages,
qui s'aſſemblent quelquefois entre la Montagne de la Table, & celle qu'on a appelée la
Montagne du Vent à cauſe de ces orages. Une
allée de citroniers & d'orangers plantez en terre, qui va d'un bout du jardin à l'autre, ſe reſ-
ſent tout à fait de leur fureur. A cela prés la
ſituation du jardin, & celle du village qui eſt
un peu plus prés de la Rade, ſont fort bonnes; car elles ſont tout à fait expoſées au Soleil, & à couvert des vents de Midy, qui ſont
les vents froids de ce Païs-là. Les Hollandois,
qui y ſont habituëz, diſent que ſi le vent de
Sud-Oüeſt n'y ſouffle pendant leur oſté, qui eſt
noſtre hyver, les maladies du poulmon y ſont
frequentes & dangereuſes.

Le peu de ſejour, que j'y ay fait, ne m'a
pas permis de m'inſtruire à fonds des Mœurs
des Hotantots habitans naturels du Cap: quoy
qu'à la ſimplicité extréme, dans laquelle ils
vivent,

pag. 106.

Hotantots.

vivent, ce ne puisse estre une longue estude.
On les appelle Hotantots, parce que quand
ils dansent, ils ne disent jamais en chantant
que cette parole Hotantot. L'amour du tabac
& de l'eau de vie, que les estrangers leur of-
frent, & qui leur a fait recevoir les Hollandois
en leur Païs, les fait danser tant qu'on veut,
c'est à dire frapper tantôt d'un pié, & tantôt de
l'autre, comme qui foule de la vendange, &
dire incessamment, & avec vivacité hotantot,
hotantot, mais d'une voix tout à fait basse,
comme s'ils estoient essoufflés, ou qu'ils crai-
gnissent d'éveiller quelqu'un. Ce chant muet
n'a nulle diversité de tons, mais de la mesure :
les deux premieres syllabes de hotantot sont
toûjours deux noires, & la derniere toûjours
une blanche.

Ils vont tous nuds comme l'on peut voir
dans la figure, que j'en donne. Ils n'ont qu'une
peau sur leurs épaules en maniere de manteau :
encore la quittent-ils à tout bout de champ;
& alors il ne leur reste, qu'une petite bourse de
cuir penduë à leur cou par un cordon, & une
piéce de peau un peu plus grande que la main,
penduë par devant, & attachée avec un autre
cordon au tour de leur corps : mais cette petite
piéce ne les couvre plus, ny quand ils se montrent par le costé, ny quand ils font quelque
mouvement un peu vif.

Ils ont la taille agréable, & la demarche
plus aisée, qu'on ne sauroit dire. Ils naissent

E 6   aussi

auffi blancs que les Efpagnols, mais ils ont les
cheveux fort cotonnez, & les traits tenant quelque chofe de ceux des Negres : & d'ailleurs
ils font toûjours fort noirs ; parce qu'ils fe graiffent le corps & le vifage. Ils fe graiffent auffi
la tête, & on les fent de vint pas, quand ils
ont le deffus du vent. Nos gens leur donnoient
les marmites, & les chaudieres à laver ; &
avant toutes chofes, ils en prenoient la graiffe
à pleines mains, & s'en oignoient tout le corps
depuis la tefte jufqu'aux piés. La graiffe les de-
fend de l'air & du Soleil, les rend fains & dif-
pos, & ils preferent ces avantages naturels à
la bonne odeur & à l'agrement. Ils font fi agi-
les que plufieurs d'entre eux gagnent les chevaux à la courfe. Il n'y a torrent, qu'ils ne paffent à la nage. Ils font adroits à tirer de l'arc,
& à darder ; & ils ont du courage jufqu'à l'in-
trepidité. Ils viennent quelquefois à bout d'un
lion, pourvû qu'ils ayent ou affez de peaux, ou
affez de hardes pour bien garnir leur bras gauche. Ils le mettent ainfi dans la gueule de cet
animal, & ils le percent d'un dard ou d'un couteau qu'ils auront à la main droite. S'ils font
deux, l'un tuë le lion tandis que l'autre l'amufe.
S'ils font plufieurs, & qu'ils n'ayent rien pour
fe garantir des coups du lion, ils ne laiffent pas
de s'expofer tous à la fois: l'un d'eux périt d'ordinaire, mais le lion périt auffi par les coups que
les autres luy donnent. Quelquefois ils fe fau-
vent tous, & fe defont du lion.

Leurs

Leurs femmes se graissent comme eux, quoy qu'elles affectent quelque parure, comme d'attacher à leurs cheveux courts, cotonnés, & pleins de graisse de petits os, & de petits coquillages. Elles ont aussi des colliers de diverses couleurs de verre, d'os ou de telle autre matiere, selon que les étrangers leur en donnent, ou leur en vendent. Elles ont à châque jambe une cinquantaine d'anneaux de cuir, qui battent les uns sur les autres, & font quelque bruit, quand elles dansent, & qui les défendent des ronces, quand elles vont faire du bois; car ce soin les regarde, & non leurs maris.

Eux & elles mangeoient les tripailles sans presque les vuider, quand nos gens leur en donnoient, & à peine les mettoient-ils un moment sur les charbons. Si nous leur offrions de l'eau de vie, ils ramassoient pour la recevoir, la premiere coquille, qu'ils trouvoient à terre, & aprés avoir soufflé dedans, ils s'en servoient pour boire. Ils mangent leurs poux aussi bien que les Cochinchinois : & quand on le trouve étrange, ils répondent en plaisantant, que c'est parce que leurs poux les mangent.

Ils logent sous de petites huttes faites de feüillage ou de grosses nattes de jonc, dont le haut me venoit à peine à my-corps, & il me sembloit que je n'eusse pû me coucher dedans de ma longueur. Ils font un trou en terre sous ces nattes, & dans ce trou profond d'environ deux

piés

piés ils font leur feu, fans fe foucier de la fumée dont leurs huttes ne defempliffent point.
Ils vivent de chaffe, de pefche, du lait & de la
chair de leurs troupeaux.

Dans cette pauvreté ils font toûjours gays,
chantant & danfant toûjours, vivant fans affaires & fans travail, & ne fe fouciant de l'or &
de l'argent qu'autant qu'il leur en faut pour
avoir un peu de tabac & d'eau de vie ; corruption que le commerce étranger a gliffée
dans leurs mœurs.

Comme quelques-uns d'entre eux fe fûrent
exercez à darder devant nous , je leur offris
cinq ou fix pacquets de colliers de grains de
verre coloré ; & ils me faifirent tous fi bien la
main , que je ne pouvois plus l'ouvrir pour
lâcher les colliers, & je ne pouvois d'ailleurs
m'expliquer à eux. Je fus quelque temps dans
cet embarras , jufqu'à ce qu'ils s'aperçûrent
qu'ils devoient me laiffer en liberté pour avoir
ce qu'ils defiroient. Ils aiment ces colliers
pour leurs femmes, & quand nous eûmes re-
mis à la voile , je fûs qu'un laquais des nôtres
en avoit vendu un écu à l'un d'entre eux. Le
peu d'argent qu'ils ont , & dont ils font peu
de cas, eft le falaire du fervice, qu'ils rendent
quelquefois aux Hollandois , & aux autres
étrangers , qui abordent au Cap : mais ils
s'empreffent peu à leur en rendre.

Ils n'ont chacun qu'une femme, leur Chef
feulement en a trois , & l'adultere eft puni de
mort

mort parmi eux. Ils tüent leurs enfants, quand ils en ont trop: & comme ils marient en tres-bas âge ceux qu'ils gardent , on voit parmi eux beaucoup de petites filles déja veuves , qui manquent d'un article au petit doit : car quand une femme perd son mary, elle se coupe un article du petit doigt, ou du quatriéme doigt, si elle a esté assés souvent veuve, pour s'estre coupé tout le petit. Elle peut néanmoins s'en dispenser, si elle veut : & il y a quelques maris qui ne s'en dispensent pas, quand ils ont perdu leur femme. La plûpart d'entre eux se font eunuques à demy , pour estre plus propres aux femmes ; & quand l'âge vient d'y renoncer, ils se font eunuques tout à fait, pour se pri-ver entierement de leur commerce, & joüir d'une vieillesse plus saine. Les Hollandois avoient élevé à l'Européane , un enfant Ho-tantot , & l'avoient envoyé en Hollande. Quelque temps aprés ils le firent retourner au Cap, où il pouvoit leur estre utile parmi ceux de sa Nation : mais dés qu'il se fût retrouvé parmi eux , il y demeura ; & renonça à l'habit & à la façon de vivre des Hollandois.

Ils ne commettent point de vol entre eux , ny dans les maisons des Hollandois , où ils sont reçûs sans précaution: & si le cas arrive, ils le punissent de mort. Néanmoins à la cam-pagne , lors qu'ils le peuvent sûrement, & qu'ils esperent de n'estre pas découverts , ils assassinent quelquefois pour voler , & font

voir

voir que le mépris des richesses n'est chez eux que la haine du travail.

Les Hollandois nomment leur Chef, & ce Chef est leur Juge : mais ceux qui n'ont pû supporter cette dépendance étrangere , sont allez plus avant dans le Païs vivre avec les autres Caffres.

On m'avoit dit d'abord qu'ils n'avoient nul sentiment de Religion : mais enfin je sûs, que quoy qu'ils n'aient ny Prêtres ny Temples, ils ne laissent pas aux nouvelles & aux pleines Lunes de faire des réjoüissances publiques, qui sentent le Culte. Je soupçonne qu'ils ont quelque teinture du Manichéïsme , parce qu'ils reconnoissent un Principe du bien , & un autre du mal, qu'ils appellent le Capitaine d'en haut, & le Capitaine d'en bas. Le Capitaine d'en haut, disent-ils, est bon, il n'est pas necessaire de le prier , il n'y a qu'à le laisser faire, il fait tousjours bien : mais le Capitaine d'en bas est méchant, il le faut prier pour le détourner de nuire. C'est ainsi qu'ils parlent, mais il ne paroît pas à leur conduite exterieure , qu'ils prient beaucoup. Un Hollandois, qui avoit de l'esprit & du savoir, me dit qu'il avoit trouvé parmi les Hotantots les noms d'Asdrubal & de Bocchus.

Régles

Régles de l'Astronomie Siamoise, pour calculer les mouvemens du Soleil & de la Lune, traduites du Siamois, & depuis examinées & expliquées par M. Cassini de l'Academie Royale des Sciences.

Onsieur de la Loubére, Envoyé extraordinaire du Roy à Siam, a rapporté un Manuscrit Siamois, qui comprend des régles pour calculer les mouvemens du Soleil & de la Lune selon la methode de ce Païs-là, & dont il m'a communiqué la traduction, qu'il a aussi apportée de Siam.

Cette methode est extraordinaire. On ne s'y sert point de Tables ; mais seulement de l'addition, souftraction, multiplication, & division de certains nombres, dont on ne voit pas d'abord le fondement, ny à quoy ces nombres se rapportent.

On cache sous ces nombres diverses periodes d'années solaires, de mois lunaires, & d'autres revolutions, & le rapport des unes avec les autres. On cache aussi sous ces nombres diverses espéces d'époques qu'on ne distingue point, comme l'époque civile, l'époque des mois lunaires, celle des équinoxes, celle des apogées, & celle du cycle solaire. Les nombres dans lesquels consiste la difference entre ces

ces époques, ne font pas ordinairement à la
tête des operations aufquelles ils fervent, comme ils devroient eftre felon l'ordre naturel : ils
font fouvent mêlez avec certains nombres, &
les fommes ou les differences font multipliées
ou divifées par d'autres ; car ce ne font pas
tousjours des nombres fimples, mais fouvent
ce font des fractions tantoft fimples, tantoft
compofées, fans eftre rangées en forme de
fractions, le numerateur eftant quelquefois
dans un article, & le dénominateur dans un
autre ; comme fi l'on avoit eû un deffein formé
de cacher la nature & l'ufage de ces nombres.
On entremêle au calcul du Soleil des chofes
qui n'appartiennent qu'à la Lune, & d'autres
qui ne font neceffaires ny à l'un ny à l'autre,
fans en faire aucune diftinction. On y confond enfemble des années folaires & des années lunifolaires, des mois de la Lune & des
mois du Soleil, des mois Civils & des mois
Aftronomiques, des jours naturels & des jours
artificiels. On y divife le Zodiaque tantoft en
douze Signes felon le nombre des mois de
l'année, tantoft en 27. parties felon le nombre des jours que la Lune parcourt le Zodiaque, & tantoft en 30. parties felon le nombre
des jours que la Lune retourné au Soleil. On
n'y parle point d'heures dans la divifion du
jour ; mais il s'y trouve des 11 mes des 703 mes
& des 800 mes parties de jour, qui refultent
des operations arithmetiques que l'on prefcrit.

Cette

Cette methode est ingenieuse ; & estant développée, rectifiée, & purgée des choses superfluës, elle sera de quelque utilité, se pouvant pratiquer sans livres par le moyen de divers cycles & de la difference de leurs époques : c'est pourquoy j'ay tâché de la déchiffrer, quelque difficulté que j'y aye trouvée d'abord, non seulement à cause de la confusion qui y règne par tout, & des noms qui manquent aux nombres supposez ; mais aussi à cause des noms extraordinaires qu'on donne à ce qui résulte des operations, dont il y en a plus de vint qui n'ont pas esté interpretez par le Traducteur, & dont je n'aurois jamais trouvé la signification, si je n'avois auparavant découvert la methode ; ce qui m'a aussi fait connoître que l'interpretation que le Traducteur a faite de trois ou quatre autres noms, n'est pas assez juste.

Dans cette recherche j'ay distingué premierement, & séparé des autres nombres ceux qui appartiennent aux époques, ayant reconnu que ces nombres sont ceux que l'on donnoit à ajoûter ou à soustraire, ou simplement, ou en les divisant ou multipliant par certains autres nombres.

Secondement, j'ay consideré les analogies qui résultent des multiplications & divisions des autres nombres séparez des époques ; & c'est dans les termes de ces analogies que j'ay trouvé les périodes des années, des mois, &

des

des jours, & les differences des unes aux autres
que l'experience des chofes aftronomiques, &
l'occafion de diverfes operations que j'ay faites, m'a fait reconnoître.

J'ay crû que les Miffionnaires, à qui l'Aftronomie donne entrée chez les Grands & chez
les Sçavans par tout l'Orient, pourroient tirer
quelque avantage de ce travail pour l'intelligence & pour l'explication de l'Aftronomie
Orientale, que l'on pourroit aifément réctifier
& conformer à la nôtre fans apporter que tres-
peu de changement à la methode, en corri-
geant les nombres dont elle fe fert.

J'ay crû auffi qu'il ne feroit pas inutile de
réduire l'Aftronomie de l'Europe à cette forme, afin de s'en pouvoir fervir au defaut des
Tables qui abrégent beaucoup le travail. Cette
methode feroit bien plus facile à pratiquer dans
la forme de l'année Julienne & de la Gregorienne dont nous nous fervons, que dans la
forme de l'année lunifolaire dont les Orientaux fe fervent : car leur difficulté principale
confifte à reduire les années lunifolaires &
les mois lunaires civils aux années & aux mois
du Soleil, que la forme de nôtre Calendrier
nous donne immédiatement ; & ce qui m'a
donné le plus de peine, ç'a efté de reconnoître la methode dont ils fe fervent pour les reduire, dans laquelle les diverfes efpéces d'années, de mois, & même de jours, que l'on
fuppofe & que l'on cherche, ne font point
diftin-

diſtinguées. C'eſt pourquoy on ne verra pas d'abord la raiſon de l'explication que je donne, & de la détermination des genres aux eſpéces que je fais dans le commencement ; mais on la comprendra dans la ſuite par la connéxion des choſes , & par ce qui en réſulte neceſ-ſairement.

De l'Epoque Aſtronomique de cette methode.

J'Ay tâché de découvrir quelle eſt l'Epoque d'où l'on commence à compter icy les mou-vemens du Soleil & de la Lune ; & à quelle année , quel mois & quel jour de nôtre Calen-drier elle ſe rapporte : car il n'en eſt point parlé dans cét Extrait, qui la ſuppoſe ou connuë, ou expliquée peut-eſtre dans les chapitres pre-cedens du manuſcrit d'où cét Extrait a eſté tiré, puiſque ſans la connoiſſance de l'Epoque il eſt abſolument impoſſible de pratiquer cette methode.

J'ay trouvé que cette Epoque eſt Aſtrono-mique , & qu'elle eſt differente de la Civile : ce que j'ay reconnu , parce que l'on preſcrit icy de commencer à compter les mois de l'année courante par le cinquiéme mois dans l'année Embolismique qui eſt de 13. mois, & par le ſixiéme mois dans l'année commune qui eſt de 12. mois. Car cela ne ſeroit pas intel-ligible , ſi l'on ne ſuppoſoit deux differentes
Epo-

Epoques d'années, dont l'une, qui doit estre
l'Astronomique, commence tantost au cinquiéme, & tantost au sixiéme mois de l'autre,
qui est la Civile. Ce qui m'a fait encore con-
noistre que l'Epoque Astronomique est differente de l'Epoque Civile non seulement dans
les mois, mais aussi dans les années, c'est
l'operation que l'on fait icy pour trouver l'année de la naissance de quelqu'un, en sou-
strayant son âge du nombre des années échûës
depuis l'Epoque; car cette operation seroit
inutile, si l'on ne demandoit que l'année de
la naissance aprés l'Epoque Civile que l'on
connoît immediatement, & que l'on compare à l'année courante pour sçavoir l'âge d'une
personne.

Cela estant supposé, j'ay cherché premierement le siécle auquel cette Epoque Astronomique se peut rapporter; & ayant trouvé dans
le calcul du Soleil fait par cette methode, que
deux signes & vingt degrez qu'on y employe
ne sauroient marquer que l'endroit du Zodiaque où se trouvoit l'apogée du Soleil dans l'E-
poque, lequel apogée devoit estre au vingtiéme
degré des Gémeaux; j'ay jugé que cette époque devoit estre vers le septiéme siécle, où
l'apogée du Soleil se trouvoit au vingtiéme degré des Gémeaux selon la plûpart des Tables
Astronomiques.

Secondement, ayant trouvé que le nombre 621, que l'on entremêle au calcul du Soleil,

leil, ne fauroit eftre que le nombre des jours
compris entre l'Epoque Aftronomique & le
retour de l'apogée de la Lune au commencement du Zodiaque; & que le nombre 3232,
que l'on y employe enfuite, ne fauroit eftre
que le nombre des jours pendant lefquels cér
apogée fait une revolution ; j'ay établi que
l'apogée de la Lune, qui en 621. jours fait
deux Signes & 9. degrez, eftoit dans cette
Epoque au 21. degré du Capricorne: Et parce
que l'apogée de la Lune par la revolution qu'il
fait en 8. ans & ½, retourne au même degré du
Zodiaque douze fois en un fiécle; j'ay diftin-
gué les années du fiécle aufquelles l'apogée de
la Lune s'eft trouvé en ce degré, & j'ay exclu
les autres années.

Troifiémement, ayant trouvé par la maniere dont on fe fert icy pour calculer le lieu
du Soleil, que cette Epoque Aftronomique
eft tres-proche de l'Equinoxe moyen du printemps, qui au feptiéme fiécle arrivoit le 20.
ou 21. de Mars ; parmi ces années choifies
j'en ay cherché une dans laquelle l'apogée de
la Lune arrivât à ce degré du Capricorne vers
le 21. de Mars, ce qui ne fe rencontre qu'une
fois en 62. années à quelques degrez prés; &
j'ay trouvé qu'en l'année 638. de J E S U S-
C H R I S T, l'apogée de la Lune eftoit au
21. degré du Capricorne le 21. de Mars.

Quatriémement, j'ay remarqué que cette
Epoque Aftronomique doit avoir commencé
à une

à une nouvelle Lune, parce qu'on réduit les mois lunaires en jours pour trouver le nombre des jours depuis l'Epoque, & la valeur des mois entiers estant ôtée de la somme des jours, le reste sert pour trouver la distance de la Lune au Soleil.

En l'année 638. de JESUS-CHRIST la nouvelle Lune équinoxiale arriva le 21. de Mars à trois heures du matin à Siam, lorsque le Soleil par son moyen mouvement parcouroit le premier degré d'Aries, l'apogée du Soleil estant au 20. degré des Gémeaux, & celuy de la Lune au 21. degré du Capricorne. Ce jour fut encore remarquable par une grande éclipse de Soleil qui arriva le même jour, mais 14. heures après la conjonction moyenne.

Cinquiémement, par la maniere de trouver le jour de la semaine qui est pratiquée icy, il paroît que le jour de l'Epoque fut un Samedi : & le 21. de Mars de l'an 638. fut aussi un Samedi. Cela confirme encore la certitude de cette Epoque, & fait connoître le savoir & le jugement de ceux qui l'ont établie, qui ne se sont pas contentez d'une Epoque Civile, comme ont fait les autres Astronomes: mais qui en ont pris une Astronomique, qui fût le principe naturel de plusieurs révolutions, lesquelles ne sauroient recommencer ensemble qu'aprés plusieurs siécles. Cette Epoque est éloignée de 5. ans & 278. jours de l'Epoque Persienne de Jesdegerdes, dont la premiere année

année commence en l'an de JESUS - CHRIST
632. au 16. de Juin. Ces régles Indiennes
pourtant ne font pas tirées des Tables Perfiennes rapportées par Crifococa: car ces Tables
font l'apogée du Soleil plus reculé de deux degrez, & l'apogée de la Lune plus avancé de
fix degrez; ce qui ne s'accorde pas fi bien avec
nos Tables modernes. Les Tables Perfiennes
font auffi l'équation du Soleil plus petite de
12. minutes, & celle de la Lune plus grande
de 4. minutes; ce qui s'accorde mieux avec les
modernes.

Ces régles Indiennes ne font pas non plus
tirées des Tables de Ptolomée où l'apogée du
Soleil eft fixe au 5e degré & demi des Gémeaux; ni des autres Tables faites depuis qui
font toutes cét apogée mobile. Il femble donc
qu'elles ont efté inventées par les Indiens;
ou que peut - être elles ont efté tirées de l'A-
ftronomie Chinoife, comme on le pourroit
conjecturer de ce que dans cét Extrait les nombres font écrits de haut en bas à la maniere des
Chinois : mais il fe peut faire que cette maniere d'écrire les nombres foit commune à ces
deux nations.

Ayant trouvé l'Epoque Aftronomique de
cette méthode, & le rapport qu'elle a avec les
années Juliennes; on peut réctifier les Epoques
des mouvemens du Soleil & de la Lune par les
Tables modernes, en ajoûtant environ une
minute par an à l'apogée du Soleil, & en cor-

Tom. II. F rigeant

rigeant les autres periodes. Ainſi il n'y aura
plus de difficulté à reduire en jours les années & les mois depuis l'Epoque ; & ſi l'on cor-
rige auſſi les équations conformement aux Tables modernes, on trouvera par cette meſme
methode le lieu du Soleil & celuy de la Lune
avec beaucoup plus de juſteſſe. Nous donne-
rons cette correction avec le ſupplement de ce
qui manque à ces regles, aprés que nous les
aurons expliquées.

Régles pour trouver le lieu du Soleil & de la Lune au temps de la naiſſance de quel-qu'un.

Explication.

I.

1°. **P**Oſez l'Ere.

I.

1°. **L**'Ere en ce lieu eſt le nombre des années depuis l'Epoque Aſtronomique, d'où l'on prend le mouvement des Planettes, juſqu'à l'année courante ; qui paroîtra dans la ſuite.

2°. Souſtrayez l'âge de la perſonne de l'Ere, vous aurez l'âge de la naiſſance.

2°. L'âge de la perſon-ne eſt le nombre des années depuis ſa naiſ-ſance juſqu'à l'année courante, qui eſtant ôté de l'Ere, reſte *l'âge de la naiſſance*, c'eſt-à-dire, l'an depuis l'Epoque aſtronomique dans lequel la naiſſance eſt ar-rivée.

3°. En

3°. En multipliant   *3°. Multipliez-la*
les années par 12. on   *par 12.*
les réduit en mois. Ces mois seront solaires
chacun de 30. jours 10. heures & demie, un
peu plus ou un peu moins, selon les diverses
hypotheses, si les années sont solaires; ou à
peu prés si elles sont lunisolaires & en si grand
nombre, que l'excés des unes recompense le
defaut des autres.

4°. La forme de   *4°. Ajoûtez-y le*
l'année dont il s'agit   *nombre des mois de*
icy, est lunisolaire, puis *l'année courante: &*
qu'il y en a de com- *pour cela, si l'année*
munes de 12. mois *courante est Attika-*
lunaires, & d'abon- *maat, c'est-à-dire, si*
dantes ou embolismi- *elle a 13. mois de la*
ques, appellées *Atti-* *Lune; vous commen-*
kamaat, de 13. mois *cerez à compter par le*
lunaires. De ce que *5. mois; que si elle n'est*
l'on commence à *point* Attikamaat,
compter les mois, non *vous commencerez à*
par le premier mois *compter par le 6. mois.*
de l'année, mais par le cinquiéme, si l'année
est embolismique, & par le sixiéme si l'année
n'est pas embolismique, j'ay inferé qu'il y a
deux Epoques & deux formes d'années differentes, l'une Astronomique, & l'autre Civile;
que le premier mois de l'année Astronomique
commence au cinquiéme mois de l'année Civile embolismique, qui seroit le sixiéme mois
sans l'insertion du mois embolismique qu'on

F 2   ne

ne compte point parmi les 12. mois, & qu'on
suppose être inféré auparavant ; & que dans les
autres années, dont tous les mois sont comptez
de suite sans intercalation, le premier mois de
l'année Astronomique n'est compté qu'au sixiéme mois de l'année Civile.

Mais comme l'on ne determine pas icy ex-
pressement si on doit commencer à compter
un mois entier au commencement ou à la fin
du 5e ou de 6e mois, il se peut faire que l'on
prenne pour premier mois de l'année Astronomique celuy qui finit au commencement des
mois dont il est parlé dans cét article. En ce cas,
l'intervalle entre le commencement de l'année
Civile, & le commencement de l'année Astronomique ne seroit que de 3. ou de 4. mois entiers : au lieu que si l'on ne compte un mois entier qu'à la fin du 5e ou du 6e mois, & que le
premier mois que l'on compte selon cette regle soit le premier de l'année Astronomique ;
l'intervalle entre les commencemens de ces
deux espéces d'années sera de 4. ou de 5. mois
entiers. Nous verrons dans la suite, que les Indiens ont diverses especes d'années Astronomiques, dont les commencemens sont différens, & ne sont pas beaucoup éloignez de l'E-
quinoxe du Printemps ; au lieu que l'année Civile doit commencer avant le Solstice de l'Hyver, tantôt au mois de Novembre, tantôt au
mois de Decembre de l'année Gregotienne.

On ajoûte le nombre des mois de l'année

cou-

courante, qui font mois lunaires, à ceux qu'on a trouvez par l'article 3. qui font mois folaires; & l'on fuppofe que la fomme, toute heterogene qu'elle eft, foit égale au nombre des mois folaires échûs depuis l'époque Aftronomique. On néglige la difference qu'il peut y avoir, qui en une année ne fçauroit monter à un mois entier; mais on pourroit s'y tromper d'un mois dans la fuite des années, fi on ne prenoit bien garde aux intercalations des mois, après lefquelles le nombre des mois que l'on compte dans l'année Civile, eft plus petit que celuy que l'on compteroit fans les intercalations precedentes.

5°. 6°. 7°. On cherche icy le nombre des mois lunaires depuis l'époque Aftronomique dont on a parlé à l'article 1, jufqu'au commencement du mois courant : ce que l'on fait en réduifant les mois folaires que l'on fuppofe avoir efté trouvez cy-deffus,

5°. Multipliez par 7. le nombre trouvé art. 4.

6°. Divifez la fomme par 228.

7°. Joignez le quotient de la divifion au nombre trouvé art. 4; cela vous donnera le Maafaken (c'eft-à-dire, le nombre des mois) que vous garderez.

en mois lunaires, par le moyen de la difference qui eft entre les uns & les autres. Dans les operations que l'on fait, on fuppofe que comme 228. eft à 7, ainfi le nombre des mois folai-

res donné, eſt à la difference dont le nombre
des mois lunaires ſurpaſſe le nombre donné
des mois ſolaires écoulez pendant le meſme
eſpace de temps; qu'ainſi en 228 mois ſolaires,
qui font 19 années, il y a 228 mois lunaires &
7 mois de plus, c'eſt-à-dire, 235 mois lunaires.
Voicy donc une periode ſemblable à celle de
Numa & de Meton, & à noſtre Cycle du nombre d'Or de 19 années pendant leſquelles la
Lune ſe rejoint 235 fois au Soleil.

Nous verrons neanmoins dans la ſuite que
ces periodes qui s'accordent enſemble dans le
nombre des mois lunaires & des années ſolaires, ne s'accordent point dans le nombre des
heures, à cauſe de la grandeur de l'année ſolaire
& du mois lunaire, qui eſt ſuppoſée diverſe
dans ces diverſes periodes; & que l'Indienne
n'eſt point ſujette à une faute ſi grande que le
cycle ancien du nombre d'Or; qu'on a eſté
obligé d'ôter du Calendrier Romain dans la
correction Gregorienne, parce quil donnoit les
nouvelles Lunes plus tardives qu'elles ne ſont,
à peu prés d'un jour en 312 années; au lieu que
les nouvelles Lunes determinées par cette periode Indienne s'accordent avec les veritables
dans cét intervalle de temps à une heure prés,
comme l'on trouvera en comparant ces regles
avec les ſuivantes.

I.	II.
1°. Poſez le Maa-ſaken	On reduit icy les mois de la Lune

Lune en jours: mais parce qu'on fait tous les mois de 30. jours, ce ne feront que des mois artificiels

2ª. Multipliez - la par 30.

3°. Joignez-y les jours du mois courant.

plus longs d'environ 11 heures, 16 minutes que les Astronomiques, ou des jours artificiels qui commencent aux nouvelles Lunes, & font plus courts de 22 minutes, 32 secondes que les jours naturels de 24 heures, qui commencent toûjours au retour du Soleil au mesme meridien.

On reduit les jours en onziémes de jour, en les multipliant par 11: & on y ajoûte 650. onziémes, qui font 59. jours & ,¹. Je

4°. Multipliez le tout par 11.

5°. Ajoûtez-y encore le nombre de 650.

trouve que ces 59. jours & ,¹ font les jours artificiels, qui au jour de l'Epoque étoient échûs depuis qu'une onziéme partie de jour naturel, & une onziéme de jour artificiel avoient commencé ensemble sous le meridien des Indes auquel on accommoda ces regles.

Ayant mis à part ce qu'on ajoûte toûjours par l'article 5e, il paroît par la 2, 3, 4, 6. & 8. operation, que comme 703. est à 11, ainsi le nombre des jours artifi-

6°. Divisez le tout par 703.

7°. Gardez le numérateur que vous appellerez Anamaan.

8°. Prenez le quotient de la fraction trouvé art. 6. & le

F 4   *fou-*

souſtrayez du nom- | *ciels qui réſulte des*
bre trouvé art. 3 : le | *operations de l'art. 2,*
reſte ſera l'horocon- | *& 3.* eſt au nombre
ne *(c'eſt-à-dire, le* | des jours à raba-
nombre des jours de | tre pour avoir le
l'Ere) que vous gar- | nombre des jours
derez. | naturels qui répond

à ce nombre des jours artificiels: d'où il paroît qu'en faiſant le mois lunaire de 30. jours
artificiels ; 703. de ces jours ſurpaſſent d'onze jours le nombre des jours naturels qui les
égalent.

On peut trouver la grandeur du mois lunaire qui reſulte de cette hypotheſe : car ſi 703.
jours artificiels donnent un excés de 11. jours ;
30. de ces jours qui font un mois lunaire, donnent un excés de $\frac{330}{703}$ de jour ; & comme 703.
eſt à 330, ainſi 24. heures ſont à 11. heures,
15. minutes, 57. ſecondes; & ôtant de 30. jours
cét excés, il reſte 29. jours., 12. heures, 44. minutes, 3. ſecondes, pour le mois lunaire, qui
s'accorde à une ſeconde prés au mois lunaire
déterminé par nos Aſtronomes.

A l'égard de la valeur de 59. jours & $\frac{11}{32}$ que
l'on ajoûte avant la diviſion, il paroît que ſi 703.
jours donnent 11. à ſouſtraire, 59. jours & $\frac{11}{32}$
donnent $\frac{663}{703}$ de jour, qui font 22. heures, 11. minutes & demie, dont la fin du jour artificiel a
dû arriver avant la fin du jour naturel que l'on
prit pour l'Epoque.

L'anamaan eſt le nombre des 703mes parties

ries de jour qui restent depuis la fin du jour
artificiel jusqu'à la fin du jour naturel courant.
On s'en sert dans la suite pour calculer le mouvement de la Lune, comme on l'expliquera
cy-aprés.

Le quotient que l'on ôte du nombre des
jours trouvé par l'art. 3. est la différence des
jours entiers, qui se trouve entre le nombre des
jours artificiels & le nombre des jours naturels
depuis l'Epoque.

L'horoconne est le nombre des jours naturels écheus depuis l'époque Astronomique jusqu'au jour courant. Il sembleroit qu'à la rigueur
l'addition des jours du mois courant prescrite
par l'article 3, ne se devroit faire qu'aprés la
multiplication & la division qui sert à trouver
la différence des jours artificiels aux jours naturels, parce que les jours du mois courant sont
naturels, & non pas artificiels de 30. par mois :
Mais on voit par la suite que cela se fait pour
avoir avec plus de justesse l'*anamaan* qui sert
au calcul du mouvement de la Lune.

III.

IL suit de cette
operation & de
l'avertissement, que
si aprés la division
il reste 1, le jour
courant sera un Di-
manche ; & que s'il
ne reste rien, ce sera.

III.

1°. *P Osez l'horo-
conne.*

2°. *Divisez - le
par 7.*

3°. *Le numéra-
teur de la fraction
est le jour de la se-
maine.*

F 5

un Samedy : l'époque Astronomique de l'horoconne est donc un Samedy.

Nota, *Que le pre-*
mier jour de la se-
maine est le Diman-
che.

Si l'on sçait d'ail-
leurs quel jour de la
semaine est le jour
courant, on verra
si les operations precedentes ont esté bien
faites.

IV.

1°. *P Osez l'horo-*
conne.

2°. *Multipliez-le*
par 800.

3°. *Soustrayez-en*
373.

4°. *Divisez-le par*
292207.

5°. *Le quotient se-*
ra l'Ere, & le numé-
rateur de la fraction
sera le Krommethiap-
ponne, que vous gar-
derez.

IV.

ON reduit icy
les jours en
800mes de jour. Le
nombre 373 de l'ar-
ticle 3 fais $\frac{373}{800}$ de jour,
qui font 11 heures
& 11 minutes. El-
les ne peuvent venir
que de la difference
des Epoques, ou de
quelque correction,
puisque c'est toûjours
le mesme nombre
que l'on soustrait.

L'Epoque de cette Section IV. pourra donc
estre 11 heures & 11 minutes aprés la precedente.

L'*Ere* sera un nombre de periodes de jours
depuis cette nouvelle Epoque. 800. desquelles feront 292207. jours. La question est de sçavoir quelles seront ces periodes ? 800 années
Gregoriennes, qui approchent de fort prés
d'autant

d'autant d'années solaires tropiques , font
292194 jours. Si donc nous supposons que
l'*Ere* soit le nombre des années solaires tropiques depuis l'Epoque, 800 de ces années seront trop longues de 13 jours selon la correction Grégorienne.

Mais si nous supposons que ce soient des années anomalistiques pendant lesquelles le Soleil retourne à son apogée , ou des années astrales pendant lesquelles le Soleil retourne à la
mesme estoile fixe ; il n'y aura presque point
d'erreur: car en 13. jours, qui est l'excés de 800.
de ces periodes sur 800. années Grégoriennes,
le Soleil fait par son moyen mouvement 12^d.
48'. 48". que l'apogée du Soleil fait en 800.
ans à raison de 57". 39'". par an. Albategnius
fait le mouvement annuel de l'apogée du Soleil de 59". 4'". & celuy des étoiles fixes de 54".
34'". & il y a des Astronomes modernes qui
font ce mouvement annuel de l'apogée du Soleil de 57"; & celuy des étoiles fixes de 51".
Donc si ce qui est icy appellé *Ere*, est le nombre des années anomalistiques ou astrales : ces
années seront à peu prés conformes à celles qui
sont établies par les Astronomes anciens &
modernes. Neanmoins il paroît par les regles
qui suivent, que l'on se sert de cette forme d'année comme si elle estoit la tropique , pendant
laquelle le Soleil retourne au mesme lieu du
Zodiaque , & qu'on ne la distingue point des
deux autres especes d'années.

F 6   Le

Le *Krommethiapponne* qui refte aprés la divifion precedente, c'eft-à-dire, aprés avoir pris toutes les années entieres depuis l'Epoque, fera donc les 800mes parties de jour, qui reftent aprés le retour du Soleil au même lieu du Zodiaque : & il paroît par les operations fuivantes que ce lieu eftoit le commencement d'Aries. Ainfi felon cette hypothefe l'Equinoxe moyen du printemps fera arrivé 11 heures 11' aprés l'Epoque de la Section precedente.

V.

1°. **P**Ofez *le* Krommethiapponne.

2°. *Souftrayez - en l'Ere.*

3°. *Divifez le refte par 2.*

4°. *Negligeant la fraction, fouftrayez 2 du quotient.*

5°. *Divifez le refte par 7 : la fraction vous donnera le jour de la femaine.*

Nota, *Que quand je diray la fraction, je n'entends parler que du Numérateur.*

V.

PUifqu' à l'article 3e on a trouvé le jour de la femaine par *l'horoconne* d'une maniere tres-facile, il eft inutile de s'arrefter à celle-cy qui eft plus longue & plus compofée.

VI.

1°. **H**Oroconne.
2°. *Souftrayez-en* 621.

3°. *Divifez le refte par* 3232. *La fra-*

VI.

CEtte fouftraction de 621 que l'on ôte toûjours de l'*horoconne*, quelque nombre que l'*horoconne* con-

contienne, marque une Epoque qui eſt 621. jours aprés l'Epoque de l'*horoconne.*

Eion s'appelle Outhiapponne, que vous garderez.

Le nombre 3232. doit eſtre le nombre des jours que l'apogée de la Lune employe à parcourir le cercle du Zodiaque; car 3232. jours font 8. années Juliennes & 310. jours. Pendant ce temps cét apogée acheve une revolution à raiſon de 6′. 41″, qu'il fait par jour, même ſelon les Aſtronomes d'Europe. L'apogée de la Lune acheva par conſequent ſa revolution 621. jours aprés l'Epoque de l'*horoconne.* On fait donc icy: Comme 3232. jours, font à une revolution de l'apogée, ainſi le nombre des jours aprés l'Epoque de l'*horoconne* eſt au nombre des revolutions de l'apogée. On garde le reſte qui eſt le nombre des jours appellé *Outhiapponne.* L'*Outhiapponne* ſera donc le nombre des jours échûs depuis le retour de l'apogée de la Lune au commencement du Zodiaque; ce qui paroîtra plus évidemment dans la ſuite.

Ayant déja expliqué la vraye methode de trouver le jour de la ſemaine, il eſt inutile de s'arrêter à celle-cy. On laiſſe le ſoin de l'examiner, & d'en chercher le

Si vous voulez avoir le jour de la ſemaine par l'Outhiapponne, prenez le quotient de la diviſion ſuſdite; multipliez-le par 5; puis joignez-le à l'Outhiapponne; puis ſouſtrayez

F 7

ſtrayez-en 2. jours; diviſez par 7. la fra- ction marquera le jour.

Tout ce que deſſus s'appelle Poulaſouriat, *comme qui diroit la force du Soleil.* ſtant que ce qui a eſté expliqué juſqu'à preſent, appartient non ſeulement au Soleil, mais auſſi à la Lune.

fondement à ceux qui en auront la cu- rioſité.

Nonobſtant le nom de *Force du Soleil* que l'on donne icy aux operations pre- cedentes, il eſt con-

VII.

1. P Oſez-le Krom- methiapponne.

2. *Diviſez-le par* 24350.

3. *Gardez-le qua- tient, qui ſera le* Raaſi, *c'eſt-à-dire, le Signe où ſera le So- leil.*

VII.

P Our trouver ce que c'eſt que le nombre 24350, il faut conſiderer que le *Krommethiapponne* ſont les 800mes par- ties de jour qui reſtent aprés le retour du So- leil au même lieu du Zodiaque, & que l'année ſolaire contient 292207. de ces parties, comme il a eſté dit dans l'explication de la Section 4. La dou- ziéme partie d'une année contiendra donc 24350. & ⁷⁄₁₂. de ces 800mes parties: c'eſt pour- quoy le nombre 24350. marque la 12. partie d'une année ſolaire pendant laquelle le Soleil par ſon moyen mouvement fait un Signe.

Puis que donc 24350. de jour donnent un ſigne, le *Krommethiapponne* diviſé par 24350.

don-

donnera au quotient les Signes que le Soleil a parcouru, depuis son retour par son moyen mouvement au même lieu ; le *Raasi* donc est le nombre des Signes parcourus par le moyen mouvement du Soleil. On néglige icy la fraction .⅛. , de sorte que l'année solaire reste icy de ²⁹¹²⁰⁰, c'est-à-dire, de 365. jours ¼, comme l'année Julienne.

Puis que par l'article precedent ²⁴³³⁰ de jour donnent un Signe du moyen mouvement du Soleil, la 30ᵉ. partie de ²⁴³³⁰ donnera un degré, qui est la 30. partie d'un Signe. La 30ᵉ partie de 24330. est 811¼. qui font un degré : divisant donc le reste par 811¼, on aura le degré du moyen mouvement du Soleil. On néglige icy les ¾ qui ne peuvent faire une difference considerable.

Puis que dans un degré il y a ⁸¹¹¼ parties ; dans une minute, qui est la 60ᵉ partie d'un degré, il y aura 13⅗. de ces parties. Negligeant la fraction, l'on prend le nombre 14. qui divisant le reste, donnera les minutes.

4°. Posez la fraction de la division susdite, & la divisez par 811.

5°. Le quotient sera le Ong-saa, c'est-à-dire, le degré où sera le Soleil.

6°. Posez la fraction de cette derniere division, & la divisez par 14.

7°. Le quotient sera le Libedaa, c'est-à-dire la minute.

8°. Soustrayez 3. du Libedaa.

9°. Mettez ce qui est

est au Libedaa, au dessous de l'Ongsaa, & l'Ongsaa au dessous du Raasi : cela fera une figure qui s'appellera le Matteiomme du Soleil que vous garderez : Je croy que c'est locus medius Solis.

raasi, Signes.
ongsaa, degrez.
libedaa, minutes.

Cette disposition des Signes, degrez & minutes l'un au dessous de l'autre est appellée, *figure*, & elle marque icy le lieu moyen du Soleil.

VIII.
Pour trouver le vray lieu du Soleil.

1°. Posez le Matteiomme du Soleil, c'est-à-dire, la figure qui comprend ce qui est dans le raasi, le Ongsaa, & le Libedaa.

2°. Soustrayez 2. du raasi. Que si cela ne se peut, ajoûtez 12. au raasi pour le pou-

La soustraction que l'on fait icy de 3. minutes est une reduction dont nous parlerons dans la suite.

On prescrit icy de mettre les degrez sous les Signes, & les minutes sous les degrez en cette maniere,

VIII.

LE nombre 2, que l'on soustrait du Raasi dans l'article 2, & le nombre 20, que l'on soustrait de l'Ongsaa dans l'article 3, sont 2. Signes & 20. degrez qui marquent sans doute le lieu de l'apogée du Soleil selon cette hypothese,

pothese, dans laquelle *voir faire ; puis le*
on ne voit aucun *faites.*
nombre qui responde
au mouvement de   3°. *Souftrayez* 20:
l'apogée. Il paroît *du* Ongfaa. *Que fi*
donc que cét apogée *cela ne fe peut , ti-*
eft fuppofé fixe au *rez* 1. *du* raafi , *qui*
20. degré des Gé- *vaudra* 30. *dans le*
meaux qui precede *Ongfaa; puis vous ti-*
                           rerez le 20. *fufdit.*

le lieu veritable de l'apogée, comme il eft à
prefent, de 17. degrez, que cét apogée ne fait
qu'en 1000. ans, ou à peu prés: d'où l'on peut
juger que l'époque de cette methode eft environ mille ans avant le fiécle prefent. Mais
comme la grandeur de l'année s'accorde mieux
icy avec le retour du Soleil à l'apogée & aux
étoiles fixes, qu'avec le retour du Soleil aux
Equinoxes; il fe peut faire que le commencement des Signes dont on fe fert icy, ne foit plus
prefentement au point équinoxial, mais qu'il
foit plus avancé de 17. ou 18. degrez, & ainfi
il aura befoin d'eftre corrigé par l'anticipation
des Equinoxes. On fouftrait donc icy l'apogée du Soleil de fon lieu moyen appellé *Mat-*
teiomme , pour avoir l'anomalie du Soleil; &
le nombre des Signes de cette anomalie eft ce
qu'on appelle *Kenne.*

Il paroît par ces re-   4°. *Ce qui reftera*
gles que le *Kanne* eft *aprés , cela s'appellera*
le nombre des demy- Kenne.
Signes de la diftance   5°. *Si le* Kenne *eft*

0, 1, *ou* 2: *multipliez-le par* 2 ; *vous aurez le* Kanne.

6°. *Si le* Kenne *est* 3, 4, *ou* 5 ; *vous soustrairez la figure de cette figure-cy* 5

29

60

qui s'appelle attathias, *& vaut* 6. *Signes.*

7°. *Si le* Kenne *est* 6, 7, 8 ; *soustrayez* 6. *du* raasi, *le reste sera le* Kanne.

8°. *Si le* Kenne *est* 9, 10, 11 ; *soustrayez la figure de cette figure-cy* 11

29

60

qui s'appelle Toüataa-iamounetonne , *& vaut* 12. *Signes : le reste dans le* Raasi *sera le* Kanne.

9°. *Si vous pouvez, tirez* 15. *du* Onglaa, *ajoûtez* 1. *au* Kanne: *si vous ne pouvez point, n'y ajoûtez rien.*

de l'apogée ou du perigée , prise selon la suite des Signes , selon que le Soleil est plus proche d'un terme que de l'autre : de sorte qu'à l'article 5. on prend la distance de l'apogée selon la suite des Signes , à l'article 6. la distance du perigée contre la suite des Signes , à l'article 7. la distance du perigée selon la suite des Signes , & à article 8. la distance de l'apogée contre la suite des Signes. Dans les articles 6, 7, & 8. il semble qu'il faut toûjours sous entendre. *Multipliez le* raasi *par* 2, comme il paroît dans la suite.

Dans l'art. 6. quand les degrez de l'anomalie excedent 15, on ajoûte 1. au *Kanne*; parce que le *Kanne*, qui est un demy-Signe,

Signe , vaut 15. degrez,

On réduit icy les degrez & les minutes du *Kanne* en minutes, dont le nombre est appellé le *pouchalit*.

Il paroît par ces operations, que le *Chaajaa* est l'équation du Soleil calculée de 15. en 15. degrez, dont le premier nombre est 35, le second 67, le troisiéme 94 ; & que ce sont des minutes ; qui sont entr'elles comme le sinus de 15, de 30 ; & de 45. degrez : d'où quî

il s'ensuit que	35
les équations	67
de 60, 75,	94
& 90. degrés	116
sont 116,	129
129, 134.	134

sont disposez à part, en cette forme , & respondent par ordre

10°. *Multipliez-le Ongsaa par* 60.

11°. *Joignez-y le Libedaa : cela sera le pouchalit , que vous garderez.*

12°. *Considérez le* Kanne. *Si le* Kanne *est* 0, *prenez le premier nombre du chaajaa du Soleil ; qui est* 35 ; *& multipliez-la par le* pouchalit.

13°. *Si le* Kanne *est quelqu'autre nombre, prenez selon le nombre , le nombre du chaina aattit, & le soustrayez du nombre du dessous ; puis ce qui restera dans le nombre du dessous , multipliez-en le* pouchalit. *Par exemple , si le* Kanne *est* 1 ; *soustrayez* 35. *de* 67, *& du reste multipliez. Si le* Kanne *est* 2 , *soustrayez* 67. *de* 94, *& du reste multipliez le* pouchalit.

14. *Divi-*

14°. *Diviſez la ſomme du* pouchalit *multiplié, par* 900.

15°. *Joignez le quotient au nombre ſuperieur du* chaiaa *dont vous eſtes ſervis.*

16°. *Diviſez la ſomme par* 60.

17°. *Le quotient ſera* ongſaa : *la fraction ſera le* libedaa. *Mettez un* o *au lieu du* raaſi.

18°. *Mettez la figure trouvée par l'article precedent vis-à-vis du* matteiomme *du Soleil.*

19°. *Conſidérez le* Ken *de cy-deſſus. Si le* Ken *eſt* 0, 1, 2, 3, 4, 5; *il s'appelle* Ken *ſouſtrayant: ainſi vous ſouſtrayerez la figure trouvée à l'article* 17. *du* matteiomme *du Soleil.*

20°. *Si le* Ken *eſt* 6, 7, 8, 9, 10, 11., *il s'appelle* Ken *ajoûtant:*

au nombre du *Kanne* 1, 2, 3, 4, 5, 6. Pour les autres degrez on prend la partie proportionnelle de la difference d'un nombre à l'autre, qui répond à 15. degrez qui font 900. minutes, faiſant: Comme 900, à la difference de deux équations ; ainſi les minutes qui ſont au ſur plus du *Kanne*, à la partie proportionnelle de l'équation, qu'il faut ajoûter aux minutes qui reſpondent au *Kanne* pour faire l'équation totale. On réduit ces minutes de l'équation en degrez & minutes, les diviſant par 60. La plus grande équation du Soleil eſt icy de 2. degrez, 12. minutes: les Tables Alphonſines la font de 2. degrez, 10. minutes: nous la trouvons

vons d'un degré, 57 minutes. On applique l'équation au lieu moyen du Soleil, pour avoir son vray lieu qu'on appelle *sommepont.*

ainsi vous joindrez ladite figure au mat-teiomme du Soleil; ce qui vous donnera enfin le sommepont *du Soleil que vous garderez précieusement.*

19°. Cette équation, conformement à la regle de nos Astronomes dans le premier demy-cercle de l'anomalie, est soustractive; & dans le second demy-cercle, additive. On fait icy les operations arithmetiques mettant l'un sous l'autre ce que nous mettons à côté, & au contraire mettant à côté ce que nous mettons l'un sous l'autre. Par exemple :

	le sommepont,	le chajaa,	lo mattélomme,	
raasi,	8	0	8	signes.
ongsaa	25	2	27	degrez.
libedaa,	40	4	44	minutes.
	vray lieu.	équation.	lieumoyen.	

IX.

1°. **P**Osez le Sommepont du Soleil.

2°. Multipliez par 30. ce qui est dans le raagi.

3°. Joignez-y ce qui est dans le onglaa.

5°. Multipliez le tout par 60.

6°. Joignez-y ce qui est dans le libedaa.

7°. Divisez le tout par 800. le quotient sera la reuc du Soleil.

8°. Divisez la fraction restante par 13. le quotient sera le naati reuc, que vous garderez au dessous du reuc.

IX.

IL paroît par ces operations que les Indiens divisent le Zodiaque en 27. parties égales, qui sont chacune de 13. degrez, 40. minutes. Car par les six premieres operations on réduit les Signes en degrez, & les minutes du vray lieu du Soleil en minutes; & en les divisant aprés par 800, on les réduit en 27mes parties de cercle; car 800 minutes sont la 27me partie de 21600 minutes qui sont dans le cercle : on appelle donc *reuc* le nombre des 27mes parties du Zodiaque, dont chacune est de 800. minutes, c'est-à-dire, de 13. degrez, 40. minutes. Cette division est fondée sur le mouvement journalier de la Lune, qui est environ de 13. degrez, 40. minutes; comme la division du Zodiaque en 360. degrez, a pour fondement le mouvement journalier du Soleil dans le Zodiaque, qui est à peu prés d'un degré.

La

La 60me de ces parties est 13⅓; comme il paroît en divisant 800. par 60. C'est pourquoy on divise le reste par 13, negligeant la fraction, pour avoir ce qu'on appelle icy *matirenc*, qui sont les minutes ou 60mes parties d'un *rene*.

X.

SElon l'article 7. de la III. Section l'*anamaan* est le nombre des 703mes parties de jour qui restent depuis la fin du jour artificiel jusqu'à la fin du jour naturel. Quoy que selon cette régle l'*anamaan* ne puisse jamais monter jusqu'à 703; néanmoins si l'on pose 703. pour l'*anamaan*, & qu'on le divise par 25, selon l'article 2, on a 28 ½ pour le quotient. Ajoûtant 28. à 703; selon l'article 3, la somme 731. sera un nombre de minutes de degré. Divisant 731. par 60; selon l'article 4, le quotient qui est 12^d, 11^i, est le moyen mouvement journalier par lequel la Lune s'éloigne du Soleil.

X.

Pour la Lune. Pour trouver le matelomme de la Lune.

1°. POsez l'*anamaan*.

2°. Divisez le par 25.

3°. Méprisez la fraction, & joignez le quotient avec l'*anamaan*.

4°. Divisez le tout par 60. le quotient sera *ongsaa*; la fraction sera *libedaa*; & vous mettrez un 0 au *raasi*.

De

De ce qui a efté dit dans la II. Section il réfulte qu'en 30. jours l'*anamaan* augmente de 330. Divifant 330. par 25, on a dans le quotient 13½. Ajoûtant ce quotient à l'*anamaan*, la fomme eft 343, c'eft-à-dire. 5. d. 43′. dont la Lune s'éloigne du Soleil en 30. jours, outre le cercle entier.

Les Tables Européanes font le mouvement journalier de 12. d. 11′. & le moyen mouvement en 30. jours, de 5. d. 43′. 21″. outre le cercle entier.

5°. Pafez autant de jours que vous en avez mis cy-deffus au mois courant fect. 2. n. 3.

6°. Multipliez ce nombre par 12.

7°. Divifez-le tout par 30. le quotient, mettez-le au raafi de la figure précedente qui a un 0 au raafi, & la fraction joignez-la à l'ongfaa de la figure.

8°. Joignez toute cette figure au mateiomme du Soleil.

9°. Souftrayez. 40. du libedaa. Que fi

Aprés avoir trouvé les degrez & les minutes qui conviennent à l'*anamaan*, on cherche les Signes & les degrez qui conviennent aux jours artificiels du mois courant. Car les multiplier par 12. & les divifer par 30, c'eft la même chofe que de dire, Si trente jours artificiels donnent 12. Signes, que donneront les jours artificiels du mois courant ? On aura dans le quotient les Signes. La fraction font des

des 30 ... de Signe, c'est-à-dire des do-grez. On les joint donc aux degrez trou-vez par l'*anamaan,* qui est l'excés des jours naturels sur les artificiels.

cela ne se peut, vous tirerez 1. du ongsaa, qui vaudra 60. libe-daa.

10°. *Ce qui reste-ra dans la figure est le matteiomme de la Lune cherché.*

La figure dont il est parlé icy est la distance de la Lune au Soleil, après qu'on en a ôté 40 minutes, ce qui est ou une correction fai-te à l'époque, ou la reduction d'un Meridien à un autre: comme on l'expliquera dans la suite. Cette distance de la Lune au Soleil étant ajoûtée au lieu moyen du Soleil, donne le lieu moyen de la Lune.

XI.

SUr la Section VI. on a remarqué que l'*outhiapponne* est le nombre des jours aprés le retour de l'apogée de la Lune qui se fait en 3232 jours; 808 jours sont donc la quattiéme partie du temps de la revolution de l'apo-gée de la Lune, pen-dant lequel il fait 3 Si-gnes, qui sont la quua-

XI.

1°. POsez Outhiap-ponne.

2°. *Multipliez-le par 3.*

3°. *Divisez-le par 808.*

4°. *Mettez le quo-tient aù raasi.*

5°. *Multipliez la fraction par 30.*

6°. *Divisez-la par 808. le quotient sera ongsaa.*

7°. *Prenez la fra-*

ction

Etant restant . Et la
multipliez par 60.

8°. Divisez la som-
me par 808. le quo-
tient sera libedaa.

9°. Ajoûtez 2 au
libedaa; le raasi, l'ong-
saa , & le libedaa sui-
vant le matteiomme
de louthia, que vous
garderez.

triéme partie du cer-
cle.

On trouve donc
par ces operations le
mouvement de l'apo-
gée de la Lune; suivant
Comme s'est jours
sont à 3. Signes; ainsi
le temps passé depuis
la retour de l'apogée
de la Lune est sa

mouvement du mesme apogée pendant ce
temps.   Il paroit par les operations suivantes que ce mouvement se prend du même principe du Zodiaque d'où l'on prend le mouvement du Soleil.

Donc le *matteiomme de louthia*, est le lieu
de l'apogée de la Lune.

XII.

Pour le Sommepont
de la Lune.

1°. **P**osez le mat-
teiomme de la
Lune.

2°. Posez vis-à-
vis, le matteiomme
de louthia.

3°. Soustrayez le
matteiomme de lou-
thia du matteiomme
de la Lune.

XII.

Toutes ces regles
sont conformes
à celles de la Section
VIII. pour trouver
le lieu du Soleil , &
s'entendent assez par
l'explication faite de
cette   mesme   Se-
ction.

La difference n'est
que

que dans le *Chsias* de la Lune dont il est parlé icy à l'article 12, & 15. Ce *Chsias* consiste dans ces nombres.

77
148
209
256
286
296

La plus grande équation de la Lune est donc de 4. degrez 56. minutes, comme la font quelques Astronomes modernes, quoy-que la plûpart la fassent de 5 degrez dans les conjonctions & dans les oppositions.

4. Ce qui reste dans le raali sera le Kenne.

5. Si le Kenne est 0, 1, 2, multipliez-le par 2, ce sera le Kanne.

6. Si le Ken est 3, 4, 5, soustrayez-la de cette figure - 67,

5
29
60

7. Si le Ken est 6, 7, 8, soustrayez-en 6.

8. Si le Ken est 9, 10, 11, soustrayez-le de cette figure - 17,

11
19
60

9. Si le Kenne est 1 ou 2, multipliez-le par 2; ce sera le Kanne.

10. Tirez 15. du onglax, si cela se peut; vous ajoûterez 1. au raali; sinon, vous ne le ferez point.

11. Multipliez l'ongsaa par 60, & joignez y le libedaa, ce sera le pouchalit, que vous garderez.

G 2   12°. Pre-

12°. *Prenez dans le* Chaiaa *de la Lune le nombre conformément au* Kanne, *comme il a été dit du Soleil ; souftrayez le nombre de deffus de celuy de deffous.*

13°. *Prenez le refte, & en multipliez le pouchalit.*

14°. *Divifez cela par* 900.

15°. *Joignez ce quotient au nombre de deffus du* Chaiaa *de la Lune.*

16°. *Divifez cela par* 60 : *le quotient fera* ongfaa, *la fraction* libedaa, *& un* o *pour le* raafi.

17°. *Mettez vis-à-vis de cette figure le* matteiomme *de la Lune.*

18°. *Confidérez le* Ken. *Si le* Ken *eft* 0, 1, 2, 3, 4, 5, *souftrayez la figure du* matteiomme *de la Lune ; fi le* Ken *eft* 6, 7, 8, 9, 10, 11, *joignez les deux figures enfemble, & vous aurez le* fommepont *de la Lune, que vous garderez bien.*

XIII.

POfez le fommepont *de la Lune,* & *operant comme vous avez fait au* fommepont *du Soleil, vous trouverez le* reuc & *le* nattireuc *de la Lune.*

XIII.

CEtte operation a efté faite pour le Soleil à la Section IX. Elle eft pour trouver la pofition de la Lune dans fes ftations, qui font les 27mes parties du Zodiaque.

LE

XIV.

LE *pianne* est donc la distance de la Lune au Soleil.

2°. *Mettez vis-à-vis le sommepont du Soleil.*

3°. *Soustrayez le sommepont du Soleil au sommepont de la Lune, & restera le* pianne, *que vous garderez.*

XV.

CEs trois premieres operations servent à reduire en minutes la distance de la Lune au Soleil : la divisant par 720, on la reduit à des 30mes parties de cercle, car 720. minutes sont la 30me partie de 21600 minutes qui font toute la circonference. Le fondement de cette division est le mouvement journalier de la Lune au Soleil, qui est à peu prés de la 30me partie de tout le cercle. On considere donc la position de la Lune, non-seulement dans les Signes & dans

XIV.

1°. *P*Osez *le sommepont de la Lune.*

XV.

1°. *P*Renez *le pianne, & le posez.*

2°. *Multipliez le* raasi *par 30; joignez-y le* ongsaa.

3°. *Multipliez le tout par 60; & joignez-y le* libedaa.

4°. *Divisez le tout par 720, le quotient s'appelle* itti, *que vous garderez.*

5°. *Divisez la fraction par 12, le quotient sera* natti itti.

Fin du Souriat.

G 3 ses

ſes ſtations, mais auſſi dans les 3 oᵐᵉˢ parties du Zodiaque qui ſont de 12. degrez chacune, & s'appellent *itti*; diviſant le reſte par 12. on a les minutes ou les ſoixantiémes partiez d'un *itti*, qui ſont chacune de 12. minutes de degrez, dont la Lune s'éloigne du Soleil dans la ſoixantiéme partie d'un jour ; ces ſoixantiémes parties s'appellent *natti itti*.

Réflexions ſur les Régles Indiennes.

I. Des Epoques particuliéres de la méthode Indienne.

APrés avoir expliqué les régles compriſes dans les Sections precedentes, & trouvé diverſes periodes d'années, de mois, & de jours, qu'elles ſuppoſent: il nous reſte à expliquer en détail diverſes Epoques particuliéres que nous avons reconnuës dans les nombres employez dans cette methode, qui étant comparées enſemble peuvent ſervir à déterminer l'année, le mois, le jour, l'heure, & le meridien de l'Epoque Aſtronomique dont il n'eſt point parlé dans les regles Indiennes, qui la ſuppoſent connuë d'ailleurs.

Par les régles de la Section I. on cherche le nombre des mois lunaires échûs depuis l'Epoque Aſtronomique. L'Epoque que l'on ſuppoſe dans cette Section eſt donc celle des mois lunai-

lumière, & par conséquent elle doit estre à
l'heure de la conjonction moyenne d'où commence le mois où est l'Epoque.

Par le moyen de la Section II. on reduit premierement les mois lunaires echûs depuis l'E-
poque en jours artificiels de 30. par mois, qui
sont plus courts que les jours naturels, d'un
midy à l'autre, de $\frac{7}{10}$ de jour, c'est-à-dire, de
12 minutes 32 secondes d'heure. Ces jours artificiels ont donc leur commencement aux
nouvelles Lunes, & à chaque trentiéme partie
de mois lunaire; mais les jours naturels commencent toûjours naturellement à minuit sous
un même meridien. Le terme des jours artificiels ne s'accorde donc pas avec le terme des
jours naturels dans la même heure & la même
minute, si non quand le mois, ou une des 30 parties du mois commencée à minuit sous le meridien depuis au choix de l'Astronome. Après
ce commun commencement la fin du jour artificiel previent la fin du jour naturel sous le
mesme meridien, de $\frac{7}{10}$ de jour, dans lesquelles consiste pour lors l'*Anamaan*, qui augmente toûjours d'une 703.me de jour à chaque
trentiéme partie du jour, jusqu'à ce que le
nombre des 703.mes parties, monte à 703, ou
surpasse ce nombre: car alors on prend 703 de
ces parties pour un jour. donc le nombre des
jours artificiels surpasse le nombre des jours naturels echûs depuis l'Epoque, & le reste, s'il y
en a, est l'*Anamaan*. Le jour de cette ren-

contre

contre ou concours du terme des jours artificiels avec le terme des jours naturels sous le
meridien que l'on choisit, est toûjours une
nouvelle Epoque de l'*Anamaan*, qui se reduit
à rien, ou à moins de 11, aprés avoir atteint
ce nombre 703; ce qui n'arrive qu'à peu prés,
à chaque periode de 64 jours, comme il paroît en divisant 703 par 11, & plus exactement, onze fois en 703 jours. On prend
donc à chaque temps donné pour l'Epoque de
l'*Anamaan* le jour de la rencontre precedente
du commencement des jours artificiels avec le
commencement des jours naturels, qui sous un
mesme meridien n'arrive que cinq ou six fois
en une année.

Puisque donc à l'article 5. de la Section II,
on ajoûte 650 onziémes de jour à celles qui
sont achevées depuis l'Epoque de la Section I,
on suppose que cette Epoque fut procedée
d'une autre Epoque qui ne sçauroit être que
celle de l'*Anamaan*, de 650 onziémes de
jour, c'est-à-dire, de 59 jours $\frac{1}{11}$, qui donnent $\frac{11}{703}$
de jour pour l'*Anamaan*, sous le meridien des
Indes Orientales auquel on accommoda les regles de cette Section II. Ce qui marque que
sous ce meridien la conjonction moyenne qui
donna principe au jour artificiel depuis l'Epoque Astronomique, fut de $\frac{11}{703}$ de jour avant la
fin du jour naturel dans lequel cette conjonction arriva; & par consequent qu'elle y arriva à une heure 49. minutes du matin, sous le
meri-

meridien que l'on fuppofe à la mefme Section :
mais à l'article 9. de la Section X, on ôte 40 minutes au mouvement de la Lune, & à l'article 8. de la Section VII, on ôte 3 minutes au
mouvement du Soleil ; ce qui éloigne la Lune du Soleil de 37 minutes, à l'heure que l'on
fuppofoit être arrivé la conjonction moyenne
de la Lune au Soleil, à la Section II.

C'eft pourquoy j'ay jugé que les 40 minutes
ôtées au mouvement de la Lune, & les trois
minutes ôtées au mouvement du Soleil, refulⁱ
tent de quelque difference entre le meridien
auquel ces regles ont efté accommodées du
commencement, & d'un autre meridien auquel on les a reduites depuis : de forte que fous
le meridien fuppofé à la Section H, la nouvelle
Lune dans l'Epoque arriva à 1 heure 49 minutes du matin ; mais fous le meridien que l'on
fuppofe à l'article 9. de la Section X, à la mefme
1 heure 49 minutes aprés minuit, la Lune
eftoit encore éloignée du Soleil de 37 minutes qu'elle fait en une heure 13 minutes ; donc
fous le meridien fuppofé dans l'article 9. de la
Section X, la nouvelle Lune ne feroit arrivée
qu'à trois heures 2 minutes aprés minuit. Le
meridien auquel ces regles ont efté reduiⁱ
tes, feroit donc plus oriental que le meridien
choifi du commencement de 1 heure 13 minutes, c'eft-à-dire, de 18 degrez & un quart, &
ayant fuppofé qu'on les ait reduites au meridien de Siam, elles auroient été accommodées.

du commencement, à peu prés, au meridien de Narsinga.

Ce qui persuade davantage que cette sou-straction de 40. minutes au mouvement de la Lune, & de 3. minutes au mouvement du So-leil, est causée de la difference des meridiens de 1. heure 13. minutes, est qu'en 1. heure 13. minutes la Lune fait 40. minutes, & le So-leil en fait 3 ; c'est donc par la mesme differen-ce de 1. heure 13. minutes que l'on a ôté 3. mi-nutes au mouvement du Soleil, & 40. minutes au mouvement de la Lune.

Sans cette correspondance de ce qu'on ôte au mouvement du Soleil avec ce qu'on ôte au mouvement de la Lune, qui montre avoir pour fondement la même difference de temps, & par consequent la mesme difference des me-ridiens, on auroit pû croire que la soustra-ction de ces 40. minutes a esté faite long-temps aprés ces premieres regles ; parce que l'on s'est apperceû dans la suite des temps, que le mouvement de la Lune n'estoit pas precise-ment aussi vîte, qu'il resulte des regles pre-cedentes, qui font le mois lunaire environ trois quarts d'une seconde plus court que les Ta-bles modernes ; & cette difference monte à une heure & 13. minutes d'heure en 450. ans, ou à peu prés. Ainsi, si 450. ans aprés l'Epo-que on eût comparé les premieres regles aux observations, on auroit pû juger que la Lune retardoit, à l'égard de ces premieres regles,

de

de 1. heure & 15. minutes, ou de 40. minutes
de degré. Mais cette difference qui est toûjours la mesme quand on l'attribué à la difference des meridiens, ne seroit pas toûjours la
mesme si elle dépendoit du mouvement de la
Lune; car elle augmenteroit d'une minute en
32. ans, à quoy il auroit fallu avoir égard dans
la correction de ces regles.

XI. *Détermination de l'Epoque Astro-*
nomique de la méthode
Indienne.

PUIs que ces regles Indiennes ont esté apportées de Siam, & que l'année Civile des
Siamois commence dans la saison que nous
trouvons devoir commencer selon les regles de
la Section I, comme nous montrerons cy-
aprés, il est raisonnable de supposer que le meridien auquel ces regles ont esté reduites par
les additions dont il est parlé dans la Section
VII, & dans la Section X, est le meridien de
Siam: donc par le calcul que nous venons de
faire, la nouvelle Lune qu'on a pris pour
Epoque, a deû arriver à 3. heures du matin à
Siam. Comme le mois lunaire de cette methode s'accorde à une seconde prés avec le mois
lunaire établi par tous les Astronomes d'Europe, l'on peut supposer que cette heure de la nouvelle Lune de l'Epoque est assez precise, pouvant estre tirée des observations des éclipses

de Lune, qui font beaucoup plus faciles à determiner que tous les autres phenomenes des
Planetes. Nous nous pouvons donc fervir des
Tables communes pour chercher les nouvelles Lunes arrivées vers le feptiéme fiécle à
trois heures du matin au meridien de Siam,
dont la difference au meridien de Paris nous
eft connuë affez exactement par plufieurs obfervations d'éclipfes de Lune, & des Satelli-
tes de Jupiter, que les Peres Jefuites envoyez
par le Roy dans l'Orient en qualité des Mathematiciens de Sa Majefté, ont faites à Siam,
& par les obfervations des mefmes éclipfes faites en mefme temps à Paris à l'Obfervatoire
Royal; par la comparaifon defquelles obfervations on trouve que la difference des meridiens de ces deux Villes eft de fix heures 3 4
minutes.

A ce caractere de temps nous pouvons ajoûter la circonftance de l'Equinoxe moyen du
Printemps, qui felon l'hypothefe de la Section
IV, a deû arriver à 11 heures 11 minutes aprés
la minuit qui fuivoit la conjonction moyenne de la Lune au Soleil prife pour Epoque, felon ce qui a efté dit fur l'article 5. de la Section IV, où l'on ôte 11 de jour, c'eft-à-dire,
11 heures & 11 minutes des jours échûs depuis l'Epoque, ce qui diminuë d'autant le *Krom-*
met hiapponne que nous avons dit être le temps
échû depuis le retour du Soleil au point du Zodiaque, d'où l'on prend le mouvement du

Soleil

Soleil & de la Lune, qui doit estre le point équinoxial du Printemps.

Mais il ne faut pas prétendre que les Tables modernes donnent la même heure de cette Equinoxe : car elles ne s'accordent pas bien ensemble dans les Equinoxes, à cause de la grande difficulté que l'on trouve à les déterminer precisément. Elles ne conviennent pas avec les Tables anciennes de Ptolomée dans les Equinoxes moyens, à 3 ou 4 jours prés : c'est pourquoy il suffit que nous trouvions par les Tables modernes une nouvelle Lune arrivée à 3 heures du matin à Siam, à un ou deux jours prés de l'Equinoxe moyen du Printemps trouvé par les Tables modernes.

Le lieu de l'apogée du Soleil, qui selon ce que nous avons tiré des regles des articles 2. & 3. de la Section VIII, estoit au temps de l'Epoque Astronomique au 20ᵉ degré du Signe des Gémeaux, marque le siécle où il faut chercher cette nouvelle Lune Equinoxiale, laquelle selon des Tables modernes, fut environ le septiéme aprés la Naissance de JESUS-CHRIST.

Il est vray que comme ces regles ne donnent point de mouvement à l'apogée du Soleil, on pourroit douter, s'il n'estoit pas en ce degré au temps de l'Epoque, ou au temps des observations sur lesquelles ces regles ont esté faites. Mais le siécle de cette Epoque est encore déterminé par un autre caractere joint aux precedens : c'est le lieu de l'apogée de la Lune, qui selon

ce

ce que nous avons tiré des articles 2. & 3. de la Section V I, estoit au temps de l'Epoque au 20ᵉ degré du Capricorne, & auquel ces regles donnent un mouvement conforme à celuy que luy donnent nos Tables; quoy qu'elles ne s'accordent ensemble dans les Epoques des apogées, qu'à un ou deux degrez prés.

Enfin le jour de la semaine a deû estre un Samedy dans l'Epoque, puisque selon la Section I I I, le premier jour aprés l'Epoque fut un Dimanche; & cette circonstance jointe à ce qui a esté dit que le même jour fut prés de l'Equinoxe, donne la derniere détermination à l'Epoque.

Nous avons donc cherché une nouvelle Lune Equinoxiale, à laquelle tous ces caracteres conviennent; & nous avons trouvé qu'ils conviennent à la nouvelle Lune qui arriva l'an 638. aprés la Naissance de Jesus-Christ, le 21. Mars, selon la forme Julienne, un Samedy à 3. heures du matin, au méridien de Siam.

Cette conjonction moyenne de la Lune avec le Soleil, selon les Tables Rudolphines qui sont présentement le plus en usage, arriva ce jour-là à Siam à la meme heure, la reduction des méridiens estant faite selon nos observations: & selon ces Tables ce fut 16. heures aprés l'Equinoxe moyen du Printemps; l'apogée du Soleil estant à 19. degrez ¼ des Gémeaux; l'apogée de la Lune à

21. de

21. degrez & demy du Capricorne ; & le nœud descendent de la Lune à 4. degrez d'Aries : de sorte que cette conjonction Equinoxiale eut aussi cela de particulier, qu'elle fut écliptique, estant arrivée à si peu de distance d'un des nœuds de la Lune.

Cette Epoque Astronomique des Indiens estant ainsi déterminée par tant de caracteres qui ne peuvent convenir à aucun autre temps, on trouve par ces regles Indiennes les conjon-ctions moyennes de la Lune avec le Soleil vers le temps de cette Epoque, avec autant de ju-stesse que par les Tables modernes, entre les-quelles il y en a qui donnent pour ce temps-là la même distance moyenne entre le Soleil & la Lune, a un ou deux minutes prés, la re-duction estant faite au même méridien.

Mais depuis cette Epoque, à mesure qu'on s'en éloigne, les moyennes distances de la Lune au Soleil trouvées par ces regles, surpaf-sent d'une minute en douze ans celles que les Tables modernes donnent, comme nous avons cy-dessus remarqué; d'où l'on peut in-ferer que si ces regles Indiennes, au temps qu'elles ont esté faites, donnoient les moyen-nes distances de la Lune au Soleil plus justes qu'elles ne les ont données depuis, elles ont esté faites assez prés du temps de l'Epoque éta-blie par ces mêmes regles. Elles pourroient néanmoins avoir esté établies long-temps aprés sur des observations faites assez prés du temps

temps de l'Epoque ; ainsi elles represente-
roient avec plus de justesse ces observations,
que celles des autres temps éloignez de l'Epoque: comme il arrive ordinairement à toutes
les Tables Astromiques, qui representent avec
plus de justesse les observations sur lesquelles
elles sont fondées , que les autres faites long-
temps avant & aprés.

I.I.I. *De l'Epoque Civile de Siamois.*

J'Ay jugé par les régles de la premiere Section, que l'Epoque Civile qui est en usage
aux Indes Orientales, est differente de l'Epoque Astronomique de la methode Indienne
que nous avons expliquée.

J'en ay presentement de nouvelles asseûran-
ces par diverses dates de Lettres Siamoises
qui m'ont esté communiquées par Mr. de la
Loubére , & par d'autres dates des Lettres que
le Pere Tachard vient de publier dans son second voyage de l'an 1687 ; par lesquelles il
paroît que l'année 1687. fut la 2231me depuis l'Epoque Civile Siamoise , qui se rapporte
par consequent à l'année 544. avant la Naiss-
sance de Jesus-Christ ; au lieu que par les regles 2. & 3. de la Section VIII, & par d'autres
caracteres de cette methode Indienne , on voit
que l'Epoque Astronomique se rapporte au
7me siécle aprés la Naissance de Jesus-Christ.
Cette

Cette Epoque Civile Siamoise est du temps
de Pythagore, dont les dogmes estoient conformes à ceux que les Indiens ont encore aujourd'huy, & que ces peuples avoient déja du
temps d'Alexandre le Grand, comme Onési-
critus envoyé par Alexandre même pour trai-
ter avec les Philosophes des Indes, leur témoigna, au rapport de Strabon au livre 15.

Les Lettres que les Ambassadeurs de Siam
écrivirent le 14. Juin 1687, estoient datées
selon Mr. de la Loubere *du huitième mois, le
premier jour du decours de l'année Pitosapsoc
de l'Ere* 2231; & selon le P. Tachard, *du huitiéme mois, le second plein de la Lune de l'année Thoh napasoc de l'Ere* 2231. Le plein de la
Lune n'arriva que le jour suivant : & le mois
lunaire qui couroit alors, estoit le troisiéme
aprés l'Equinoxe du Printemps ; le premier
aprés cét Equinoxe ayant commencé le 11 A-
vril de la même année: donc le premier mois
depuis l'Equinoxe fut le sixiéme mois de l'année Civile, qui dût commencer le 15. Novembre 1686.

Il paroit aussi que la même année fut Embolismique de 13 mois, & qu'il y eût un mois
qu'on ne mit point au nombre des autres : car
le 20. Octobre de la même année on comptoit *le quinziéme jour de la Lune onziéme de
l'an* 2231 ; & entre la pleine Lune de Juin &
celle d'Octobre il y eût 4 mois lunaires. Cependant on n'en compta que 3, puisqu'à la
pleine

pleine Lune de Juin on comptoit le huitiéme
mois, & à celle d'Octobre on ne comptoit
que le onziéme; il y eût donc dans cét intervalle de temps un mois intercalaire qu'on ne
comptoit point. On trouve aussi cette intercca-
lation en comparant les Lettres des Ambassadeurs avec trois Lettres du Roy de Siam du
22. Decembre de la même année 1687. rapportées par le Pere Tachard aux pages 282,
288, & 407. qui sont datées du 3. du décours
de la premiére Lune de l'année 2231 : Et il
paroît que si la Lune de Juin fut la huitiéme
Lune de l'année Civile 2231, celle de Decembre fut la quatorsiéme de la même année
Civile, que l'on compte pour la premiere Lune
de l'année suivante, quoy-que l'année soit
encore nommée 2231, au lieu que suivant
les dates precedentes, elle devroit estre nommée 2232.

Peut-estre ne change-t-on pas le nom de
l'année Civile, qu'elle ne soit assez avancée,
& qu'elle n'ait atteint le commencement de
l'année Astronomique : ou bien jusqu'à ce
temps-là ils la nomment en deux manieres.
Car une autre date que Mr. de la Loubère
vient de me communiquer, est ainsi marquée. *Le 8. du croissant de la premiere Lune
de l'année 2231 2. qui est le sixiéme Decembre 1687.* Il semble que cette forme de date
marque que l'année peut en cela estre nommée ou 2231, ou 2232 : ce qui a du rap-

port

port à la forme dont on se sert presentement
dans les païs Septentrionaux, où l'on marque souvent les dates en deux manieres, sçavoir selon le Calendrier Julien, & selon le
Gregorien; & aux dix premiers jours de l'année Gregorienne, on marque une année de
plus que dans la Julienne.

En comparant la date du 20. Octobre, qui
suppose que le premier de la Lune fut le 6. de
ce mois (lequel jour fut aussi celuy de la nouvelle Lune) avec l'autre date du onziéme
Decembre, qui suppose que le premier de la
Lune fut le 4. de ce mois, on trouve 59. jours
en deux mois, comme le mouvement de la
Lune demande. Selon ces date le 22. Decembre a dû estre le 19. de la Lune, c'est-à-dire,
le quatriéme jour du decours, qui dans les
Lettres du Roy de Siam est marqué le 3. du
decours, le plein de la Lune estant supposé
au 15. ce qui marqueroit l'intercalation d'un
jour faite au plein de la Lune, à moins que
ces Lettres ne soient antidatées d'un jour, ou
qu'on n'ait manqué d'un jour dans le rapport
qu'on en fait à nôtre Calendrier.

Parmi les dates precedentes, & quelques
autres que nous avons examinées, il n'y a
que celles du 20. Octobre & du 11. Decembre
qui s'accordent bien ensemble & avec le mouvement de la Lune, & dans lesquelles on
prend le jour même de la conjonction de la
Lune avec le Soleil par le premier jour du
mois.

mois. Les autres dates different entre elles de quelques jours ; car dans celles du 24. Juin on prend pour le premier jour du mois un jour qui precede la conjonction ; au contraire, dans les dates du 22. Decembre l'on prend pour le premier jour du mois un jour qui suit la conjonction. Ainsi les dates qui prennent pour premier jour du mois le jour même de la conjonction, peuvent estre censées les plus regulieres. Nous avons calculé ces conjonctions, non seulement par les Tables modernes, mais aussi par les regles Indiennes, de la maniere que nous dirons cy-après, & nous avons trouvé qu'elles s'accordent ensemble dans les mêmes jours de l'année.

Ces regles Indiennes peuvent donc servir à regler le Calendrier des Siamois, quoy-qu'elles ne soient pas presentement observées exactement dans les dates des Lettres. Sans un Calendrier où les intercalations des mois & des jours soient reglées selon cette methode, on ne pourroit se servir de ces regles Indiennes dans le calcul des Planetes sans faire la même erreur qui se seroit glissée dans le Calendrier ; à moins que cette erreur ne fût connuë par l'histoire exacte des intercalations, & qu'on y eût égard dans le calcul.

Quoy-que par les regles Indiennes on cherche le nombre des mois échûs depuis une Epoque, par le moyen d'un Cicle de 228 mois Solaires supposez égaux à 325 mois Lunaires,

res, qui est équivalent au Cicle de nôtre nombre d'or de dix - neuf années dans le nombre
des mois Solaires & des mois Lunaires qu'il
comprend ; on voit pourtant par la plûpart
des dates Siamoises que nous avons pû avoir,
que le premier jour de leur mois, même en
ce siécle , ne s'éloigne guere du jour de la
conjonction de la Lune avec le Soleil ; & que
le Calendrier des Indiens n'est pas tombé dans
la faute dans laquelle estoit tombé nôtre vieux
Calendrier , où les nouvelles Lunes estoient
reglées par Cicle du nombre d'or qui les
donne plus tardives quelles ne sont : de sorte
que depuis qu'on eût introduit ce Cicle dans
le Calendrier (ce qui fut vers le quatriéme
siécle) jusqu'au siécle passé , l'erreur estoit
montée à plus de quatre jours. Mais les Indiens auront évité cette faute ; en se servant
des regles de la Section I. pour trouver le
nombre des mois Lunaires ; & des regles de
la Section II. pour trouver le nombre des
jours & des heures qui sont dans ce nombre
des mois ; lesquelles estant fondées sur l'hypothese de la grandeur du mois lunaire qui ne
differe pas de la veritable d'une seconde entiére, ne sçauroient manquer d'un jour qu'environ en 8000 ans ; au lieu que l'ancien Cicle
de nôtre nombre d'or suppose qu'en 235 mois
Lunaires il y ait le nombre de jours & d'heures qui sont en 19 années Indiennes , lesquelles excedent 235 mois Lunaires d'une heu-

re

re 27′, 33″; qui font 5. jours en 1569. au méon

Il paroît aussi que le Calendrier des Indiens est fort different de celuy des Chinois, qui commencent leur année par la nouvelle Lune la plus proche du quinziéme d'Aquarius, selon le P. Martini, ou du cinquiéme du même Signe, selon le P. Couplet (ce qui n'arrive qu'un mois & demy avant l'Equinoxe du Printemps) & qui réglent leurs intercalations par un Cicle de soixante années: ce que font aussi les Tunquinois, au rapport du P. Martini dans ses Relations.

IV. Methode de comparer les dates Siamoises aux régles Indiennes.

POur examiner si les dates Siamoises s'accordent avec les régles Indiennes, nous avons cherché par ces régles le nombre des mois compris dans les années écheües depuis l'Epoque Astronomique & l'année courante, & nous y avons ajoûté les mois de l'année courante, que nous avons commencé à compter par le sixiéme mois de l'année Civile, pour la premiere date qui fut du huitiéme mois avant l'intercalation d'un mois; & pour la seconde date qui fut de l'onziéme mois, & aprés l'intercalation d'un mois, nous avons commencé à compter les mois de l'année courante par le cinquiéme des onze mois que l'on

com-

comptoit alors, qui est le même mois que
l'on avoit compté pour le sixiéme avant l'inter
calation d'un mois, selon l'explication que
nous avons donnée à l'article quatriéme de la
I. Section.

Nous avons fait la même chose pour les
dates suivantes : ayant verifié qu'il faut commencer à compter par le cinquiéme mois, pendant le reste de l'année Astronomique & pendant celle qui suit immediatement l'intercal-
lation. Et ayant ensuite calculé le nombre des
jours compris dans ces sommes de mois suivant
les régles de la Section II, nous avons trouvé
que le nombre des jours trouvé par ces régles
s'accorde avec le nombre des jours compris
entre l'Epoque Astronomique de l'année 638,
& les jours des conjonctions d'où l'on a pris
le commencement des mois dans plusieurs de
ces dates, & particulierement dans celles du
20. Octobre, & du 8. Decembre qui nous ont
parues plus regulieres.

Cette methode, dont nous nous sommes
servis pour comparer les dates Siamoises aux
regles Indiennes, nous a fait connoître les
termes dans nôtre Calendrier entre lesquels
doit arriver la nouvelle Lune du cinquiéme
mois de l'année Civile aprés l'embolismique,
ou du sixiéme mois de l'année aprés une commune, par où on doit commencer à compter
les mois selon l'article 4. de la I. Section, & qui
peut estre consideré comme la premiere nouvelle

velle Lune d'une espéce d'année Astronomique lunisolaire que nous avons jugé devoir
commencer aprés l'Equinoxe du Printemps.
C'est pourquoy il est à propos de donner tout
au long un exemple de cette comparaison, qui
fera connoître l'usage de ces regles & servira
comme de démonstration de l'Explication que
nous en avons faite.

EXEMPLE POUR LA I. DATE.

NOus avons cherché quel doit estre selon
les regles Indiennes, le nombre des jours
compris entre l'Epoque Astronomique , & la
conjonction moyenne du huitiéme mois de
l'année Indienne 2231 , en cette forme.

Par les Régles de la Section I.

Depuis l'Epoque Astronomique de l'année
Julienne de JESUS-CHRIST 638. jusqu'à
l'année 1687, il y a 1049 années , qui est
l'Ere selon l'article 1 : l'ayant multipliée par 12.
selon l'article 3 , on a 12588 mois solaires.

Il faut y ajoûter les mois de l'année courante, *article* 4; & parce que les Ambassadeurs
comptoient le huitiéme mois de l'année 2231.
avant l'intercalation d'un mois, nous commen-
çons à compter par le sixiéme de ces mois selon
nôtre explication; ainsi au huitiéme mois nous
aurons trois mois à ajoûter à 12588 , qui feront la somme de 12591 mois.

Les

Les multipliant par 7, *article 5*, le produit sera 88137.

Le divisant par 228, *article 6*, le quotient sera 386 à ajoûter à 12591, *article 7*; & la somme sera 12977 mois Lunaires.

Par les régles de la Section II.

Multipliant ce nombre de mois par 30, *article 2*, le produit donnera 389310 jours artificiels.

Les multiplians par 11, *article 4*, le produit sera de 4282410.

Divisant ce produit par 703, *article 6*, le quotient sera 6091 $\frac{437}{703}$.

L'ayant souftrait de 383310 jours artificiels, *article 8*, il reste 383218 $\frac{266}{703}$, qui est le nombre des jours naturels éche{û}s depuis l'Epoque Astronomique jusqu'à la nouvelle Lune du huitiéme mois de l'année Indienne 2231.

La fraction $\frac{266}{703}$ estant reduite donne 9 heures 4' 34" dont cette conjonction arriva plus tard à Siam, suivant ces regles, que celle de l'Epoque Astronomique de l'an 638.

Par le moyen de nôtre Calendrier on trouve le nombre des jours éche{û}s entre le vingtuniéme mois de l'année Julienne 1638, & le 10 Juin de l'année Gregorienne 1687 par ce calcul.

Depuis l'année 638, qui fut la seconde aprés la bissextile 636, jusqu'à l'année 1687,

Tom. II.   H   qui

qui fut la troisiéme aprés la biffextile 1684, il
y a 1049 années, parmi lefquelles il y est 262
biffextiles qui donnent 262 jours plus qu'autant d'années communes. En 1049 années
communes de 365 jours, il y a 282925 jours;
& y ayant ajoûté 262 jours pour les biffextiles, on aura 483187 jours en 1049 années tant
communes que biffextiles entre le 21ᵉ Mars
de l'année Julienne 638, & le 21ᵉ Mars de l'année Julienne 1687, qui est le 31ᵉ Mars de l'année Gregorienne.

Depuis le 31ᵉ Mars jufqu'au 10 Juin il y a
71 jours, qui estant ajoûtez à 383147, donnent
383218 jours entre le 21ᵉ Mars de l'année Julienne 638, où est l'Epoque Indienne des nouvelles Lunes, & le 10ᵉ Juin de l'année Gregorienne 1687, jour de la nouvelle Lune du huitiéme mois de l'année Siamoife 2231. Ce
nombre de jours est le mefme que nous avons
trouvé entre ces deux nouvelles Lunes, fuivant
les regles Indiennes.

Pour trouver le mefme nombre de jours par
l'une & par l'autre methode dans la conjonction d'Octobre de la même année 1687, aprés
l'intercalation qui paroît en comparant la date
de ce mois avec celle du mois de Juin precedent; il a fallu compter 8 mois, commençant
par le cinquiéme des onze que l'on comptoit.
Dans la conjonction de Novembre on en a
compté 8; & dans celle de Decembre d'où commença le premier mois de l'année 2232, on
en

en a compté 9., ajoûtant 8 mois à ceux de l'année courante jufqu'à la nouvelle Lune du 31 Mars 1688, d'où commença le cinquiéme mois de l'année 2132. On commença à compter de ce 5e mois pendant toute l'année qui fuivit l'intercalation & qui fut commune; & on ne commença à compter du fixiéme mois, qu'à la nouvelle Lune qui arriva le 19 Avril de cette année 1689. On commencera auffi à compter du fixiéme mois, à la nouvelle Lune qui arrivera le 9 Avril, jufqu'à l'intercalation qui fe fera dans la mefme année, aprés laquelle on fuivra le mefme ordre qu'aprés l'intercalation precedente. Nous avons jugé à propos de rapporter diftinctement ces exemples, afin de determiner plus precifément l'article 4 de la I Section, auquel on pourroit fe méprendre fi l'on ne l'avoit éclairci, & l'on n'auroit pû le déterminer fans plufieurs calculs faits felon la methode precedente.

V. Les termes des premiers mois des années Indiennes.

AYant calculé par la mefme methode, fuivant les regles Indiennes, les moyennes conjonctions de la Lune au Soleil pour plufieurs années de ce fiécle & du fiécle fuivant; nous avons toûjours trouvé, que chacune de ces conjonctions tombe à un jour auquel la moyenne conjonction arrive felon nos Tables,

mais

mais prefque trois heures plus tard que par les regles Indiennes.

Par ce moyen nous avons determiné dans nôtre Calendrier les termes entre lesquels doit arriver la nouvelle Lune, d'où il faut commencer à compter les mois de l'année courante, suivant l'article 4 de la I Section; & nous avons trouvé qu'en ce siecle cette nouvelle Lune est celle qui arrive entre le 28 Mars & le 27 Avril de l'année Gregorienne, qui sont presentement le 18 Mars & le 17 Avril de l'année Julienne.

Nous avons aussi trouvé que ces termes dans le Calendrier Gregorien s'avancent d'un jour en 239 années, & reculent d'un jour dans le Calendrier Julien en 302 années : ce qu'il falloit sçavoir pour pouvoir se servir parmy nous de ces regles Indiennes.

Pour determiner dans ces Calendriers les termes entre lesquels doit arriver la nouvelle Lune d'où doit commencer l'année Civile des Siamois selon ces regles, il nous a fallu établir un systême d'années communes & embolismiques bien ordonnées dans le cycle de 19 années, lequel systême soit tel, que le cinquiéme mois de la premiere année aprés l'embolismique, & le sixiéme mois des autres années, commencent en ce siecle entre le 28 Mars & le 27 Avril de l'année Gregorienne.

Selon cette regle l'année Civile devroit commencer en ce siecle avant le 12 Decembre. Car

Car si elle commence le 12, l'année suivante qui commenceroit le 1 Decembre seroit aprés l'année commune, & selon la regle on ne commenceroit point à compter par le cinquiéme mois qui arriveroit le 29 Mars, mais par le sixiéme mois qui commenceroit le 28 Avril : ce qui est contraire à ce que nous avons trouvé par le calcul, qu'en ce siecle il faut commencer à compter par le mois qui commence entre le 28 Mars & le 27 Avril. On pourroit donc se tromper dans l'usage de ces regles aux années qui commenceroient aprés le 11 Decembre de l'année Gregorienne.

Nous trouvons aussi par nos calculs que selon ces mesmes regles l'année Siamoise devroit commencer au 12 Decembre en l'année Gregorienne 1700, qui ne sera point bissextile. Ce sera donc le terme le plus avancé, qui doit être éloigné du terme precedent d'un mois entier. Ainsi la nouvelle Lune qui arrivera le siecle suivant entre le 12 Novembre & le 12 Decembre, sera celle d'où devroit commencer selon ces regles l'année Civile des Siamois.

Cependant nous avons vû depuis peu une date du premier Janvier 1684, où l'on suppose que le commencement de l'année Siamoise fut à la nouvelle Lune qui arriva le 18 Decembre 1683. Cette datte estant comparée avec celles des Ambassadeurs de Siam, où l'on suppose que le commencement de l'année 2231 fut à la nouvelle Lune qui arriva le 16 Novembre

H 3   vembre

vembre 1686, montreroit que les termes du premier mois de l'année Siamoise, selon l'usage de ces temps, sont éloignez entr'eux tout au moins de 32 jours, quoy que selon les regles ils ne deussent pas être éloignez de plus d'un mois lunaire, ou de 30 jours.

Cela confirme ce que nous avons déja remarqué, qu'en ce siécle on ne se conforme pas exactement à ces regles dans les dates, quoy qu'on ne s'en éloigne pas beaucoup. Mais comme ces regles sont obscures, & qu'il faut suppléer des circonstances qui n'y sont pas exprimées distinctement, il peut facilement arriver que le peuple s'y méprenne.

Ainsi, aprés avoir determiné ce qui se devroit faire selon ces regles, il faut apprendre des Relations des Voyageurs ce qui se pratique actuellement. Cependant nous sçavons par les dates que nous avons visés, que l'usage present ne s'éloigne pas beaucoup de ces regles.

VI. Diverses espéces d'années Solaires selon les régles Indiennes.

CHacun de ces termes dont nous avons parlé, peut être consideré comme le commencement d'une espece d'année solaire dont la grandeur est moyenne entre celle de l'année Julienne & celle de la Gregorienne, puis que nous avons remarqué que dans la suite des siécles ces termes s'avancent dans l'année Gregorienne,

rienne, & reculent dans la Julienne : le terme
qui tombe presentement au 28 de Mars, est si
proche de l'Equinoxe du Printemps, qu'il pourroit être appellé Terme Equinoxial, & pourroit être censé le commencement d'une année
solaire Astronomique.

On ne sçauroit accorder ensemble les regles de diverses Sections qui parlent du nombre des années échedes depuis l'Epoque sous
le nom d'*Ere*, sans supposer diverses especes
d'années Indiennes.

Il est parlé de l'*Ere* dans la I Section, où
nous avons dit que l'*Ere* est le nombre des
années échedes depuis l'Epoque Astronomique. On la résout en mois solaires & en mois
lunaires dans la mesme Section ; & dans la Section I I on résout les mois lunaires en jours
artificiels de 30 par chaque mois lunaire, &
en jours naturels tels qu'ils sont dans l'usage
commun.

Il est aussi parlé de l'*Ere* dans la Section I V,
où l'on voit qu'elle est composée d'un nombre
de ces mesmes jours qu'on a trouvé à la Section I I ; de sorte qu'il sembleroit d'abord,
que ce fût la synthese de la mesme *Ere*, dont on
a fait l'analyse à la Section I & I I.

Mais ayant calculé par les regles de la Section I & I I, & par le Supplement, dont nous
parlerons, le nombre des jours qui doivent
estre en 800 années, lequel nombre dans la
Section I V est supposé estre 292207, nous n'y

avons

avons trouvé que le nombre de 292197
jours, 8 heures & 27 minutes ; qui est moindre
de 9 jours, 15 heures, 33 minutes, que celuy de
292207 jours que l'on suppose dans la IV Section se devoit trouver en ce mesme nombre
d'années. Cette difference est plus grande que
celle qui se trouve entre 800 années Juliennes,
qui sont de 292200 jours ; & 800 années
Gregoriennes , qui ne sont que de 292194
jours ; dont la difference est de 6 jours : & en
800 de ces années qui resultent des regles des
deux premieres Sections, il y a un excés sur
les Gregoriennes de 13 jours, 8 heures, 24 minutes ; & un defaut à l'égard des Juliennes de
2 jours, 15 heures, 33 minutes ; au lieu que
800 années de la Section IV, excedent de
7 jours 800 années Juliennes, & de 13 jours
un pareil nombre d'années Gregoriennes.

Comme l'année Gregorienne est une année
Tropique, qui consiste dans le temps que le
Soleil employe à retourner au mesme degré
du Zodiaque, lequel degré est toûjours egale-
ment éloigné des points des Equinoxes & des
Solstices ; il n'y a point de doute que l'année
tirée des regles de la Section I & II, approche plus de la Tropique que l'année tirée des
regles de la Section IV, qui, comme nous avons
remarqué, approche de l'année Astrale determinée par le retour du Soleil à une mesme
estoile fixe, & de l'anomalistique determinée
par le retour du Soleil à son Apogée , laquelle
plu-

plufieurs Aftronomes anciens & modernes ne
diftinguent point de l'Aftrale, non plus que les
Indiens, fuppofant que l'apogée du Soleil eft
fixe parmi les eftoiles fixes; quoy-que la plûpart des modernes luy attribuent un peu de
mouvement à leur égard.

Cependant, il paroît que les Indiens fe fervent de l'année folaire de la Section I V, comme
nous nous fervons de la Tropique, lors que
felon les regles de la Section V I I, V I I I, X,
& X I, ils calculent le lieu du Soleil & celuy de
fon apogée, & le lieu de la Lune, & de fon apogée. Car le temps écheû depuis la fin de cette
année appellé *Krommethiapponne* leur fert à
trouver les fignes, degrez, & minutes du moyen
mouvement du Soleil. Ils fuppofent donc que
cette année confifte dans le retour du Soleil au
commencement des fignes du Zodiaque comme nôtre année tropique.

Il eft vray que prefentement les fignes du
Zodiaque fe prennent parmi nous en deux
manieres qui n'eftoient pas autrefois diftin-
guées. Quand les Anciens eûrent obfervé la
trace du mouvement du Soleil par le Zodiaque,
qu'ils l'eûrent divifée en quatre parties égales
par les points des Equinoxes & des Solftices, & qu'ils eûrent fous-divifé chaque quatriéme partie en trois parties égales, qui font
en tout les 12 fignes, ils obferverent les conftellations formées d'un grand nombre d'étoiles fixes qui tomboient dans chacun de ces

H. 5 fignes.

signes, & ils donnoient aux signes le nom des constellations qui s'y trouverent, ne suppofant pas alors que les mefmes eftoiles fixes deuffent jamais quitter leurs fignes.

Mais dans la fuite des fiecles on trouva que les mefmes eftoiles fixes n'eftoient plus dans les mefmes degrez des fignes, foit que les eftoiles fe fuffent avancées vers l'Orient à l'égard des points des Equinoxes & des Solftices, ou que ces points mefmes fe fuffent éloignez des mef mes eftoiles fixes vers l'Occident ; & on trouve prefentement qu'une eftoile fixe paffe du commencement d'un figne au commencement d'un autre environ en 2200 ans.

C'eft pourquoy depuis que Ptolomée, au deuxiéme fiecle de JESUS-CHRIST, confirma cette decouverte encore douteufe, qui avoit efté faite trois fiecles auparavant par Hipparque ; on fait diftinction entre le Zodiaque qu'on peut appeller local, qui commence du point equinoxial du Printemps & eft divifé en 12 fignes, & le Zodiaque aftral compofé de 12 conftellations qui retiennent encore le même nom, quoy-que prefentement la conftellation d'Aries ait paffé dans le figne du Taureau, & que la mefme chofe foit arrivée aux autres conftellations qui ont paffé dans les fignes fuivans.

Les Aftronomes neanmoins rapportent ordinairement les lieux & les mouvemens des planetes au Zodiaque local ; parcequ'il eft important

portant de sçavoir comment elles se rapportent aux Equinoxes & aux Solstices, d'où de-
pend leur distance de l'Equinoxial & des Poles, la diverse grandeur des jours & des nuits,
la diversité des Saisons, & quelques autres circonstances dont la connoissance est d'un grand
usage.

Copernic est presque le seul parmi nos A-
stronomes qui rapporte les lieux & les mouvemens des astres au Zodiaque astral ; parce
qu'il suppose que les estoiles fixes sont immobiles, & que l'anticipation des Equinoxes &
des Solstices n'est qu'une apparence causée
par un certain mouvement de l'axe de la terre. Mais ceux mesmes qui suivent son hypothese, ne laissent pas de marquer les lieux des
planetes à l'égard des points des Equinoxes
dans le Zodiaque local, à cause des consequen-
ces de cette situation que nous avons remar-
quées.

Ce seroit une chose admirable que les Indiens qui suivent les dogmes des Pithagoriciens, se conformassent en cela à la methode
de Copernic, qui est le restaurateur de l'hypothese des Pithagoriciens.

Neanmoins il n'y a pas d'apparence qu'ils
ayent eû dessein de rapporter les lieux des
planetes plûtôt à quelque estoile fixe, qu'au
point equinoxial du Printemps. Car il semble
qu'ils auroient choisi pour cela quelque étoile
fixe principale comme a fait Copernic, qui a

choisi

choifi pour principe de fon Zodiaque le point
auquel fe rapporte la longitude de la premiere
eftoile d'Arles, qui fe trouvoit au premier degré d'Arles où éftoit le point equinoxial du
Printemps, lors que les Aftronomes commen-
cerent à placer les eftoiles fixes à l'égard des
points des Equinoxes & des Solftices.

Mais à l'endroit du ciel où les Indiens po-
fent le commencement des fignes du Zodiaque felon la Section I V, & les Sectionsfuivan-
tes, il n'y a aucune eftoile confiderable : il y a
feulement aux environs quelques-unes des plus
petites & des plus obfcures eftoiles de la conftellation des Poiffons, mais c'eft l'endroit où
eftoit le point equinoxial au temps de leur Epoque Aftronomique, d'où les eftoiles fixes fe
font enfuite avancées vers l'Orient ; de forte
que le foleil par fon mouvement annuel ne retourne à la mefme eftoile fixe qu'environ
20 minutes aprés fon retour au même point du
Zodiaque local. Il eftoit difficile que cette petite difference eût efté apperceuë en peu d'années par les Anciens, qui ne comparoient pas
immediatement le Soleil aux eftoiles fixes,
comme on le compare prefentement, & qui
comparoient feulement le Soleil à la Lune pendant le jour, & la Lune aux eftoiles fixes pendant la nuit, quoy-que du jour à la nuit la Lune
change de place parmi les étoiles fixes, tant par
fon mouvement propre qui eft vîte & inégal,
que par fa parallaxe qui n'étoit pas bien connuë
aux

aux Anciens. C'eſt pourquoy ils ne s'apper-
ceûrent que fort tard de la difference qu'il y a
entre l'année Tropique, pendant laquelle le
Soleil retourne aux points des Equinoxes &
des Solſtices , & l'année Aſtrale pendant laquelle il retourne aux mêmes étoiles fixes; &
pour lors ils avoient une année ſolaire de
365 jours & un quart; que l'on trouve preſentement eſtre moyenne entre la Tropique &
l'Aſtrale , & qu'elle ſurpaſſe la tropique de
11 minutes, & eſt plus courte que l'aſtrale de
9 minutes.

VII. *Détermination de la grandeur des deux eſpéces d'années Indiennes.*

IL eſt aiſé de trouver la grandeur de l'année
que l'on ſuppoſe dans la Section IV, en
diviſant 292207 jours par 800 années, dont
chacune ſe trouve de 365 jours 6 heures
12', 36".

Il eſt un peu plus difficile de trouver celle
qui reſulte des Sections I & II dans leſquelles
il faut même ſuppléer quelques regles qui y
manquent pour en pouvoir faire cét uſage. Car
dans la Section I on ſuppoſe que les années
ſont compoſées de mois lunaires entiers , &
que le nombre des mois qui reſtent, eſt connu
d'ailleurs : Et à la Section II on ſuppoſe que
les mois entiers ont eſté trouvez par la Se-

H 7 ction I,

ction I, & que le nombre des jours qui restent, est connu d'ailleurs. Cependant un nombre d'années solaires, qui n'est que tres-rare-
ment composé de mois lunaires entiers, doit
avoir non seulement le nombre des mois, mais
aussi le nombre des jours déterminé. En effet,
nous trouvons que ces regles supposent tacite-
ment une année solaire composée de mois,
jours, heures & minutes, qui regle les années
lunisolaires.

La maniere de la trouver par ces regles est
de résoudre une année en mois solaires & en
mois lunaires, par les regles 3, 5, 6, & 7 de la
I Section, & de ne point negliger la fraction
qui reste aprés la division faite par l'article 6 de
la même Section; mais de la reduire en jours,
heures, minutes & secondes, ou en parties
décimales de mois, allant jusqu'aux mille mil-
lionniémes, pour la preparer aux operations
que l'on doit faire selon les regles, 1, 2, 3, 4, 6,
& 8 de la II Section, tant sur cette fraction
que sur les mois entiers; & enfin, de reduire
de la même maniere la fraction appellée *Ana-*
maan dans la Section II.

On peut encore trouver d'une maniere plus
simple la grandeur de cette année, en se servant
des hypotheses que nous avons developpées
dans ces deux Sections, pour trouver une période d'années qui soit composée d'un nombre de mois lunaires entiers, & aussi d'un nombre de jours entiers.

En

En supposant selon nôtre explication des hypotheses de la Section II, qu'un mois lunaire est égal à 30 jours artificiels, & que 703 jours artificiels sont égaux à 692 jours naturels, on trouvera qu'en 703 mois lunaires il y a 20760 jours naturels; & y ajoûtant l'hypothese de la Section I, selon laquelle le nombre de 228 mois solaires (qui font 19 années) sont égaux à 235 mois lunaires, on trouvera qu'en 13357 années solaires il y a 165205 mois lunaires entiers, qui font 4878600 jours naturels: d'où il resulte qu'un mois lunaire, selon ces hypotheses, est de 29 jours, 12 heures, 44', 2'', 23''', 23'''', & l'année solaire de 365 jours, 5 heures 55', 13'', 46''', 35''''.

Cette année Indienne cachée dans les hypotheses tacites de ces deux Sections, s'accorde à deux secondes prés avec l'année Tropique d'Hipparque & de Ptolomée, qui est de 365 jours, 5 heures, 55', 12''; & à 13 secondes prés avec celle de Rabbi Adda Auteur du 3 siécle, laquelle est de 365 jours, 5 heures ½, 55', 26''. Si l'on pouvoit verifier que ces années & ces mois eussent esté déterminez par les Indiens sur les observations du Soleil, indépendamment de l'Astronomie Occidentale; cét accord de plusieurs Astronomes de diverses Nations si éloignées les unes des autres serviroit pour prouver que l'année Tropique a esté autrefois de cette grandeur, quoyque presentement on la trouve plus petite de

6 mi-

6 minutes, qui font en 10 ans une heure ; & en 240 ans un jour entier. Mais il y a apparence que cette grandeur de l'année n'a esté déterminée que par les observations des éclipses & des autres lunaisons, & par l'hypothese que dix-neuf années solaires sont égales à deux cent trente-cinq mois lunaires ; laquelle hypothese approche si prés de la verité, qu'il estoit difficile d'en observer la difference que dans la suite des siécles ; ce qui empêcha Hipparque & Ptolomée de s'en éloigner dans la détermination de la grandeur de l'année solaire.

V.I.I I. *Antiquité de ces deux espéces d'années Indiennes.*

NOus n'avons point de connoissance plus precise des années Indiennes, que celle que nous venons de tirer de ces regles. Scaliger qui a ramassé avec beaucoup de soin tous les Memoires qu'il a pû avoir des Auteurs anciens, du Patriarche d'Antioche, des Missionnaires, & de differens Voyageurs, & qui les a inserez non seulement dans son ouvrage de la Correction des temps, mais aussi dans ses Commentaires sur Manilius, & dans ses Isagoges Chronologiques, jugeant que ces memoires doivent contenter tous ceux qui ont quelque goût des belles lettres, n'établit rien là-dessus qui satisfasse le P. Petau ; & il est constant que l'année Indienne de Scaliger ne se rap-

rapporte n'y à l'une n'y à l'autre de celles que nous venons de trouver.

Mais dans le Traité du Calendrier du Cardinal de Cuse, il y a des vestiges de ces deux espéces d'années Indiennes. Celle que nous avons tirée de la Section I V, s'y trouve presque en termes formels; celle que nous avons tirée de la comparaison de la I & de la I I Section s'y trouve aussi., mais d'une maniere si obscure, que l'Auteur même qui la rapporte ne l'a pas comprise.

Ce Cardinal dit, que selon Abraham Aven-Ezre, Astronome du douziéme siécle, les Indiens ajoûtent (à l'année de 365 jours) la quatriéme partie d'un jour & la cinquiéme partie d'une heure, lors qu'ils parlent de l'année pendant laquelle le Soleil retourne à une même étoile. Cette année est donc de 365 jours, 6 heures, & 12′; & elle s'accorde à 36 secondes prés, avec l'année que nous venons de trouver par l'hypothese de la Section I V. Cét Auteur ajoûte que ceux qui parlent de l'année selon laquelle les Indiens reglent leurs Fêtes, disent que de la quatriéme partie il resulte un jour de plus en 320 années, *Ex quarta plus 320 annis diem exurgere :* ce qu'il explique d'une maniere qui ne sçauroit subsister. *Cette année*, dit-il, *est plus grande que nôtre année commune, d'un quart, de 23 secondes & de 30 tierces, qui en 353 années font un jour.* On ne voit pas le moyen de tirer

un.

un sens raisonnable de cette explication. Car
un jour partagé en trois cent cinquante-trois
années donne à chaque année 4 minutes 4",
45'"; & non pas 23", 30". Le veritable sens de
ces paroles, *Ex quartà plus 320 annis diem
exurgere*, est, ce me semble, que 320 années de
365 jours & un quart surpassent d'un jour entier 320 de ces années Indiennes. Un jour
partagé en 320 années donne à chacune 4 minutes, 30 secondes, lesquelles estant ôtées de
365 & un quart, laissent 365 jours, 5 heures,
55 minutes & 30 secondes, qui sera la grandeur de l'année qui regle les Fêtes Indiennes.
Cette année n'excede que de 16 secondes la
grandeur de l'année que nous avons trouvé
par la comparaison des hypotheses de la I & de
la II Section des regles Indiennes: c'est pourquoy il n'y a pas lieu de douter qu'elle ne soit
celle dont il s'agit.

IX. Epoque des années solaires Syno-
diques des Indiens.

CEtte espéce d'années solaires titées des regles des deux premieres Sections, peut
estre appellée synodique, parce qu'elle resulte
de l'égalité que l'on suppose estre entre 19 de
ces années solaires & 235 mois lunaires qui se
terminent à la conjonction de la Lune avec le
Soleil. On peut prendre pour Epoque de ces
années le jour & l'heure de la moyenne conjonction

jonction de la Lune avec le Soleil, qui arriva
le jour même de l'Epoque Astronomique, à
un jour prés de l'Equinoxe moyen du Printemps; quoy-que l'on puisse inferer des articles 5, 6, & 8 de la Section I I, que l'on prit
pour Epoque de ces années le minuit qui suivit
immediatement cette conjonction moyenne,
au méridien auquel les regles de cette Section
furent accommodées. Ainsi dans les calculs
particuliers, on n'aura plus besoin de l'operation prescrite à l'article 5 de la Section I I, qui
est fondée sur la difference qui fut entre l'in-
stant de cette conjonction moyenne & le minuit suivant, à un méridien particulier plus
Occidental que Siam; ny des operations prescrites à l'article 8 de la Section V I I, & à l'article 9 de la Section X; que nous avons jugé
marquer les minutes du mouvement du Soleil
& de la Lune entre le méridien de Siam & le
méridien auquel avoient esté accommodées les
regles de la Section I I; & il suffira d'avoir eû
égard à ces trois articles une fois pour toûjours.

L'Epoque de ces années Synodiques sera donc
le 2 1 Mars de l'année 6 3 8 de Jesus-Christ,
à 5 heures, 2 minutes du matin au méridien
de Siam.

La grandeur de ces années, selon le Chapitre V I I de ces Reflexions, estant de 3 6 5 jours,
5 heures, 55', 13'', 46''', 5'''', on trouvera le
commencement des années suivantes dans les
années

années Juliennes, par l'addition continuelle de
5 heures, 55', 13", 46"', 5"", ôtant un jour de la
somme des jours qui resulte de cette addition
dans les années bissextiles; ainsi nous trouve-
rons les commencemens de ces années solaires synodiques dont nous avons examiné les
dates comme nous les avons icy calculées, au
méridien de Siam aux heures comptées aprés
minuit.

		Dans les Années Juliennes.		
		Jours.	H.	M.
	1683	Mars 17	21	57
Biss.	1684	Mars 17	3	52
	1685	Mars 17	9	47
	1686	Mars 17	15	42
	1687	Mars 17	21	38
Biss.	1688	Mars 17	3	33

Dans les Années Gregoriennes.			Années Astronomiques completes.
Jours.	H.	M.	
Mars 27	21	57	1045
Mars 27	3	52	1046
Mars 27	9	47	1047
Mars 27	15	42	1048
Mars 27	21	38	1049
Mars 27	3	33	1050

Ces

Ces commencemens d'années arrivent un jour & demy avant les Equinoxes moyens du Printemps, felon Ptolomée; & cinq jours & demy avant les mêmes Equinoxes, felon les Modernes: c'eft pourquoy ils peuvent eftre pris pour une efpéce d'Equinoxes moyens des Indiens. La premiere nouvelle Lune depuis les commencemens de ces années folaires fynodiques, doit eftre la cinquiéme de l'année Civile quand l'intercalation a précede ces commencemens, ainfi qu'il eft arrivé l'an 1685 & l'an 1688; & elle doit eftre la fixiéme de l'année Civile aux autres années.

Voicy ces premieres nouvelles Lunes depuis les Equinoxes de cette efpéce, calculées pour les années precedentes.

Années Aftronomiques complétes.		Années Gregeriennes courantes.
1045		1683
1046	Biff.	1684
1047		1685
1048		1686
1049		1687
1050	Biff.	1688

Premieres conjonctions des Années Astronomiques courantes.			Années Solaires Astronomiques courantes.
	Aprés midy.		
Jours.	H.	M.	
Avril 25	22	41	1046
Avril 14	7	30	1047
Avril 3	16	18	1048
Avril 22	14	50	1049
Avril 11	22	38	1050
Mars 31	7	27	1051

X. De la période Indienne de 19 années.

POur connoître les premieres conjonctions des années solaires synodiques Indiennes dans nôtre Calendrier, il suffit de calculer les commencemens des années de 19 en 19 années aprés l'Epoque.

Car chaque dix-neuviéme année solaire synodique depuis l'Epoque finit par la moyenne conjonction de la Lune au Soleil, d'où commence la vingtiéme année. On trouve la grandeur de cette periode en resolvant 19 années en mois lunaires par les articles 3, 5, 6, & 7 de la Section I, & en resolvant les mois lunaires en jours par les articles 2, 4, 6, & 8 de la Section II; & enfin en reduisant la fraction

ction des jours appellée *Anamaa* en heures, minutes, secondes & tierces : & par ce moyen on trouvera que la periode Indienne de 19 années est de 6939 jours 16 heures, 49 minutes, 21 secondes, 35 tierces.

Quoy-que cette periode Indienne de 19 années s'accorde dans le nombre des mois lunaires qu'elle comprend, avec les periodes de Numa, de Méton, & de Calippus, & avec nôtre cycle du nombre d'or, comme nous avons remarqué dans l'explication de la Section I ; elle en est pourtant differente dans le nombre des heures.

Celle de Méton qui contient 6940 jours, est plus longue que l'Indienne de 7 heures, 30 minutes, 38 secondes, 25 tierces. Celle de Calippus, & celle de nôtre nombre d'or qui contiennent 6939 jours, & 18 heures sont plus longues que l'Indienne de 1 heure, 30 minutes, 38 secondes, 25 tierces. Celle de Numa devoit estre d'un nombre de jours entiers, selon Tite-Live dont voicy les termes : *Ad cursum Lunæ in duodecim menses describit annum, quem (quia tricenos dies singulis mensibus Luna non explet, desuntque dies solido anno, qui solstitiali circumagitur orbe) intercalares mensibus interponendo, ita dispensavit, ut vigesimo anno ad metam eandem solis unde orsi essent, plenis annorum spatiis dies congruerent.* On lit *vicesimo anno* dans tous les Manuscrits anciens que nous

avons

avons vûs, & non *vigesimo quarto*, comme
dans quelques Exemplaires imprimez.

La periode de 19 années des Indiens est
donc plus juste que ces periodes des Anciens,
& que nôtre cycle d'or ; & elle s'accorde à
3 minutes & 5 ou 6 secondes prés avec la periode de 235 mois lunaires établie par les
Modernes, qui la font de 6939 jours, 16 heures, 32 minutes, 27 secondes.

Voicy le commencement de la periode Indienne courante de 19 années, & des autres
qui suivent pendant plus d'un siécle dans le
Calendrier Gregorien, au méridien de Siam,
aux heures aprés minuit.

		Mois.	Jours.	H.	M.
	1683	Mars	27	21	57
	1702	Mars	28	14	26
	1721	Mars	28	6	56
Biss.	1740	Mars	27	23	25
	1759	Mars	28	15	54
	1778	Mars	28	8	24
	1797	Mars	28	0	53
Biss.	1816	Mars	28	17	22

XI. *Des Epactes Indiennes.*

L'Epacte des mois est la difference du temps
qui est entre la nouvelle Lune & la fin du
mois solaire courant ; & l'Epacte annuelle est
la

la difference du temps qui eſt entre la fin de l'année lunaire ſimple ou Emboliſmique, & la fin de l'année ſolaire qui court quand l'année lunaire finit.

Suivant l'expoſition de la Section I, 228 mois lunaires plus 7 autres mois lunaires ſont égaux à 228 mois ſolaires. Donc ayant partagé tout par 228, 1 mois lunaire plus $\frac{7}{228}$ de mois lunaire, eſt égal à un mois ſolaire.

L'Epacte Indienne du premier mois eſt donc $\frac{7}{228}$ d'un mois lunaire.

L'Epacte du ſecond $\frac{14}{228}$ & ainſi de ſuite; & l'Epacte de 12 mois qui font une année lunaire ſimple eſt $\frac{84}{228}$: l'Epacte de 2 années $\frac{168}{228}$: l'Epacte de 3 années ſeroit $\frac{252}{228}$; mais parce que $\frac{228}{228}$ font un mois, on ajoûte un mois à la troiſiéme année qui eſt Emboliſmique, & le reſte eſt l'Epacte - - - - - $\frac{24}{228}$.

Ainſi l'Epacte de ſix années eſt - - $\frac{48}{228}$

l'Epacte de 18 années eſt - - $\frac{144}{228}$

& y ajoûtant l'Epacte d'une année qui eſt $\frac{84}{228}$

l'Epacte de 19 années ſeroit - - $\frac{228}{228}$

qui font un mois lunaire.

On ajoûte donc un treiziéme mois à la dix-neuviéme année pour la faire Emboliſmique: ainſi l'Epacte à la fin de la dix-neuviéme année eſt o.

Si l'on ordonne les années luniſolaires de cette maniere, elles finiront toûjours avant l'E-quinoxe ſynodique, ou dans l'Equinoxe mê-me. Mais on les peut ordonner en ſorte qu'el-

les finissent toûjours aprés l'Equinoxe synodique: ce qui arrivera, si quand l'Epacte est o,
on les commence par la nouvelle Lune qui arrive un mois aprés l'Equinoxe synodique : &
de cette sorte le premier mois de l'année Astronomique commencera au commencement du
cinquiéme mois de l'année Civile aprés l'Embolisme; au lieu que dans l'année de la premiere maniere, le premier mois finiroit au commencement du cinquiéme mois de l'année Civile aprés l'Embolisme.

Cette Epacte Indienne est beaucoup plus
precise que nôtre Epacte vulgaire qui augmente de 11 jours par année; de sorte qu'on en
ôte 30 jours quand elle excede ce nombre prenant 30 jours pour un mois lunaire , & la dix-
neuviéme année on en ôte 29 jours, que l'on
prend pour un mois lunaire pour reduire l'Epacte à rien à la fin de la dix-neuviéme année lunisolaire.

L'Epacte Indienne d'un mois estant reduite
en heures, est de 21 heures, 45', 33", 46".
L'Epacte d'une année est de 10 jours, 21 heures, 6',45". L'Epacte de 3 années est de 3 jours,
2 heures, 36', 13". L'Epacte de 11 années, qui
est la moindre de toutes dans le cycle de 19 années, est de 1 jour, 13 heures, 18', 7".

On peut considerer l'Epacte Indienne à
l'esgard des années Juliennes & Gregoriennes;
& elle servira à trouver le commencement
des années Civiles & Astronomiques des Indiens

diens dans nôtre Calendrier, aprés qu'on aura eftabli une Epoque, & marqué les termes.

D'une année commune ou biffextile, à l'année fuivante commune, Julienne ou Gregorienne, l'Epacte Indienne eft de 10 jours, 15 heures, 11', 32".

D'une année commune à l'année biffextile fuivante, l'Epacte Indienne eft de 11 jours, 15 heures, 11', 32".

L'Epacte annuelle doit être fouftraite de la premiere nouvelle Lune d'une année, pour trouver la premiere nouvelle Lune de l'année fuivante.

Mais quand aprés la fouftraction, la nouvelle Lune precede le terme; on ajoûte un mois à l'année pour la faire Embolifmique. Ainfi ayant fuppofé la premiere nouvelle Lune aprés l'Equinoxe fynodique de l'an 1683 comme au Chapitre I X, au 25 Avril, 22 heures, & 41 minutes aprés midy, c'eft-à-dire, au 26 Avril, à 10 heures, 41 minutes du matin au meridien de Siam, pour avoir la premiere nouvelle Lune de l'année fuivante 1684 qui eft biffextile, on ôtera de ce temps 11 jours, 15 heures, 11 minutes; 32 fecondes; & on aura le 14 Avril à 19 heures, 29 minutes, 28 fecondes de l'année 1684: & pour avoir la premiere nouvelle Lune de l'année folaire fynodique de l'année 1685, qui eft commune, on ôtera des jours precedens 10 jours, 15 heures, 11 minut. 32 fecondes; & on aura le 4 Avril à 4 heures, 17 min. 56 fecondes.

Enfin

Enfin pour avoir la premiere nouvelle Lune de l'année folaire fynodique de l'année fuivante 1686, qui eft commune, ôtant encore le mefme nombre des jours, on aura le
24 Mars à 13 heures, 6 minutes, 24 fecondes. Mais parce que ce jour precede le terme
des années fynodiques, qui pour ce fiecle a
efté trouvé le 27 Mars; il faut ajoûter un mois
lunaire de 29 jours, 12 heures, 44 minutes,
3 fecondes: ainfi l'année fera Embolifmique
de 13 Lunes; & on aura la premiere nouvelle Lune de l'année fynodique Indienne le
23 Avril à 1 heure, 50 minutes, 27 fecondes du matin à Siam; & continuant de la même
maniere, on aura toutes les premieres nouvelles Lunes des années fuivantes.

Dans ces regles Indiennes le nom d'Embolifmique ou *Attikamaat* convient à l'année
qui fuit immediatement l'intercalation.

On peut auffi ordonner les années lunifolaires de telle forte que l'addition du mois intercalaire fe faffe quand l'Epacte excede 14,
qui font la moitié du mois: afin que le terme foit comme moyen entre les divers commencemens des années dont les unes commencent plûtôt, & les autres plus tard; comme il fe pratique dans nos années Ecclefiafti-
ques, qui commencent avant l'Equinoxe du
Printemps, quand l'Equinoxe arrive avant le
15 de la Lune; & qui commencent aprés l'E-
quinoxe, quand l'Equinoxe arrive aprés le
14 de

14 de la Lune. Mais il eſt plus commode pour les calculs Aſtronomiques de commencer l'année toûjours avant, ou toûjours aprés l'Equinoxe, comme on le pratique dans l'année Aſtronomique Indienne, ſelon nôtre explication.

Neanmoins il faut remarquer que le point du Zodiaque, que les Indiens prennent pour le commencement des ſignes, ſuivant les regles de la Section IV & des Sections ſuivantes, & qu'ils conſiderent en quelque maniere comme le point Equinoxial du Printemps, eſt éloigné en ce ſiecle de plus de 13 degrez du terme Aſtronomique des années dont il eſt parlé dans la Section I; de ſorte que le Soleil y arrive le quatorziéme jour aprés l'Equinoxe ſynodique. C'eſt pourquoy une partie des années Aſtronomiques luniſolaires qui commencent aprés le terme eſtabli par les regles de la Section I, commencera en ce ſiecle avant cette eſpece d'Equinoxe; & l'autre partie commencera aprés: de ſorte que cette eſpece d'Equinoxe eſt comme au milieu des divers commencemens des années luniſolaires qui commencent au cinquiéme & au ſixiéme mois de l'année Civile.

XII. *Correction des mois lunaires, &* *des années solaires synodiques* *des Indiens.*

IL est tres-aisé d'accommoder les mois lu- naires des Indiens & leurs années solaires synodiques aux hypotheses modernes.

Aprés avoir fait les calculs selon les regles Indiennes, il faut diviser le nombre des an- nées écheuës depuis l'Epoque Astronomique, par 6 & par 4. Le premier quotient donnera un nombre de minutes d'heure à ajoûter; & le second quotient donnera un nombre de secon- des à soustraire du temps des nouvelles Lunes calculé selon ces regles.

E X E M P L E.

L'An 1688 de Jesus-Christ, le nom- bre des années écheuës depuis l'Epoque Astronomique des Indiens est 1050. Ce nom- bre estant divisé par 6, le quotient, qui est 175, donne 175 minutes, c'est-à-dire 2 heures, 55 minutes à ajoûter.

Ce mesme nombre estant divisé par 4, le quotient est 262, qui donne 262 secondes, c'est-à-dire 6 minutes, 22 secondes à soustrai- re; & l'équation sera 2 heures, 48 minutes, 38 secondes. Ayant ajoûté cette équation à la premiere conjonction de l'an solaire synodi- que 1051, laquelle, suivant ces regles, arrive le
31 Mars

à 1 Mars de l'année 1688 à 19 heures, 28 minutes, 24 secondes aprés minuit; la conjonction
moyenne fera le 31 Mars à 22 heures, 17 minutes, 12 secondes au meridien de Siam. La
mefme équation fert aux années fynodiques
qui refultent du temps de 235 mois lunaires
partagé en 19 années.

La premiere divifion par 6 fuffira, fi l'on
prend une fois & demie autant de fecondes à
fouftraire, qu'on a trouvé de minutes à ajoûter.

XIII. *Différence entre les années fo-*
laires fynodiques des Indiens & les
années Tropiques.

SI les Indiens prennent pour année Tropique le temps que le Soleil employe à retourner au commencement des fignes du Zodiaque, felon la Section IV & les fuivantes;
la différence entre ces années & les Synodiques
eft confiderable, comme nous l'avons déja remarqué. Selon l'Aftronomie Occidentale, le
commencement des fignes eft le point de l'E-
quinoxe du Printemps, où le demicercle afcen-
dant du Zodiaque, terminé aux deux tropiques, eft coupé par l'Equinoxial; car on ne s'ar-
rête plus à l'hypothefe des Anciens qui met-
toient les Equinoxes aux huitiémes parties des
fignes: & l'année Tropique eft le temps que
le Soleil employe à retourner au mefme point
ou Equinoxial ou Tropique.

Les conjonctions de la Lune avec le Soleil, qui arrivent dans les points des Equinoxes, n'y retournent pas precifement à la fin de la dix-neuviéme année Tropique: car cette dix-neuviéme année finit environ deux heures avant la fin du 235.⁰ mois lunaire, qui termine la dix-neuviéme année fynodique.

Je dis, environ deux heures: car en cela les Aftronomes modernes ne font d'accord entr'eux qu'à 9 ou 10 minutes prés, parce que le temps des Equinoxes eftant tres-difficile à déterminer precifement, ils ne s'accordent dans la grandeur de l'année Tropique qu'à une demy-minute prés; quoy qu'ils foient tous d'accord prefque jufqu'aux tierces dans la grandeur du mois lunaire. Ceux qui font la grandeur de l'année Tropique de 365 jours, 5 heures, 49 minutes, 4 fecondes, & 36 tierces, auront la periode de 19 années folaires fynodiques plus longue de 2 heures precifes que la periode de 19 années Tropiques: Ceux qui font l'année Tropique plus longue, auront une difference plus petite: Et ceux qui font l'année Tropique plus courte, comme la font prefentement la plûpart des Aftronomes, l'auront plus grande. On peut fuppofer icy que cette difference foit de 2 heures moins 3 minutes, puifque le defaut des mois lunaires Indiens en 19 années eft de 3 minutes; & que l'année Tropique foit de 365 jours, 5 heures, 48 minutes, 55 fecondes. Ainfi, fi à chaque

que dix-neuviéme année depuis l'époque A-
ftronomique des Indiens, on ôte 2 heures du
terme Equinoxial calculé par les regles Indiennes fans la correction ; & fi l'on en ôte auffi
14 heures, 46 minutes pour le temps dont on
peut fuppofer que l'Equinoxe moyen prece-
da l'époque des nouvelles Lunes , felon les
hypothefes modernes ; on aura l'Equinoxe
moyen du Printemps de l'année propofée depuis l'époque, conformement aux hypothefes
modernes.

E X E M P L E.

L'An 1686 le nombre des années depuis
l'époque Aftronomique des Indiens eft
1048. Ce nombre eftant divifé par 19, le quotient eft 55 $\frac{3}{1}$, qui eftant doublé donne 110
heures, 19 minutes, c'eft-à-dire, 4 jours, 14 heures, 19 minutes ; à quoy ayant ajoûté pour
l'époque 14 heures, 4 minutes, la fomme eft
5 jours, 5 heures, 5 minutes: & cette fomme eftant ôtée du terme de la mefme année fynodique 1048 qui a efté trouvé cy-deffus au
27 Mars 1686 à 15 heures, 42 minutes du
foir ; il refte le 22 Mars 10 heures, 37 minutes du foir au meridien de Siam pour l'Equinoxe moyen du Printemps de l'an 1686.

XIV. Examen de la grande période Lunisolaire des Indiens.

NOus avons trouvé au Chapitre VII de ces Reflexions, que la periode de 13357 années est composée de 165205 mois lunaires entiers, qui font 4878600 jours entiers, suivant les regles de la II Section. Cette periode, selon les hypotheses de ces regles, ramene les nouvelles Lunes qui terminent les années Indiennes synodiques, à la mesme heure & à la mesme minute sous le mesme meridien.

Mais l'ayant examinée par la methode du Chapitre XII de ces Reflexions, on trouvera qu'elle est plus courte qu'une periode d'un pareil nombre de mois lunaires, selon les Astronomes modernes, d'un jour & 14 heures, qui est presque l'Epacte de 11 années : & par la methode du Chapitre XIII, on trouvera que l'anticipation des Equinoxes à l'égard de ce nombre d'années synodiques des Indiens est de 54 jours & 5 heures. Si l'on retranche 11 années de cette periode, on en aura une de 13346 années, composée de 165069 mois lunaires, ou de 4874564 jours, qui sera plus conforme aux hypotheses modernes.

XV. Grande

XV. *Grande Période Lunisolaire Equi-noxiale, conforme aux corrections précédentes.*

MAis au lieu de corriger la grande Perio-de precedente, il est plus à propos d'en trouver une beaucoup plus courte, qui rame-ne les nouvelles Lunes & les Equinoxes à la mesme heure sous le mesme meridien, afin d'é-tablir des Epoques Astronomiques plus pro-chaines, & d'abreger les calculs qui sont d'au-tant plus longs que les Epoques sont plus éloi-gnées de nôtre temps.

Il est extremement difficile, ou plûtôt il est impossible de trouver des periodes courtes & precises, qui ramenent tout ensemble les nou-velles Lunes & les Equinoxes au mesme me-ridien. Viéte en propose une pour le Calen-drier Gregorien de 165580000 années, qui comprend 2047939047 mois lunaires.

On ne sçauroit verifier la justesse de ces pe-riodes par la comparaison des observations que nous avons, dont les plus anciennes ne sont que de 25 siecles; & ces longues periodes ne servent point à nôtre dessein, qui est de rapro-cher les Epoques.

Il est mieux de se servir de periodes plus courtes, quoy que moins exactes, & de mar-quer combien il s'en faut qu'elles ne soient pre-cises selon les hypotheses que l'on suit.

Par les regles de la premiere Section, &

par

par nos additions, on trouve que 1040 années
synodiques Indiennes font 12863 mois lunaires & ¹⁷¹⁵¹/₁₀₀₀₀₀₀; & par les regles de la Section I I
on trouve que ce nombre de 12863 mois sans
la fraction fait 379851 jours, 21 heures,
24 minutes, 19 secondes.

Suivant la correction faite par la methode
du Chapitre XII de ces Reflexions, à ce nombre de jours il faut ajoûter 2 heures & 49 minutes, pour le rendre conforme aux hypotheses
des Astronomes modernes : ainsi dans ce nombre de 12863 mois, il y a 379852 jours entiers, & 13 minutes, 19 secondes d'heure.

Le mesme nombre de mois avec la fraction,
suivant les regles de la Section I I & suivant nos
additions, fait 379856 jours, 13 heures, 16 minutes, 43 secondes ; qui font 1040 années synodiques Indiennes.

La difference dont ces années excedent les
années Tropiques, par nôtre methode du Chapitre XIII de ces Reflexions se trouve de
4 jours, 13 heures, 28 minutes, 25 secondes ; &
cette difference estant ôtée de 379856 jours,
13 ʰ, 16′, 43″, il reste 379851 jours, 23 heures, 48 minutes, 28 secondes, pour 1040 années Tropiques, & pour faire 379852 jours
entiers, il ne s'en faut que 11 minutes & 32 secondes, pendant lesquelles le mouvement propre du Soleil n'est pas sensible.

XVI. Epe-

XVI. *Epoque récente des nouvelles Lunes tirée de l'Epoque Indienne.*

AYant ajoûté 1040 années à l'Epoque Indienne de l'an 638 de JESUS-CHRIST, on aura l'an 1678 pour une nouvelle époque, dans laquelle la conjonction de la Lune au Soleil sera arrivée le jour de l'Equinoxe moyen 13 minutes d'heure plus tard à l'égard du même méridien, & 25 minutes plus tard à l'égard de l'Equinoxe moyen : de sorte que la conjonction estant arrivée l'an 638 à Siam à 3 heures, 2 minutes du matin ; l'an 1678 elle y sera arrivée à 3 heures, 15 minutes du matin.

Durant cét intervalle l'anticipation des Equinoxes dans le Calendrier Julien est de 8 jours, lesquels estant ôtez de 21, il reste 13 ; & ainsi l'Equinoxe moyen, qui en l'an 638 estoit au 21 Mars, se trouve en l'an 1678 au 13 de Mars de l'année Julienne, lequel est le 23 de l'année Gregorienne. La conjonction moyenne sera donc arrivée en l'an 1678 le 23 Mars à 3 heures, 15 minutes du matin au meridien de Siam ; c'est-à-dire, le 22 Mars à 8 heures, 41 minutes du soir au meridien de Paris.

XVII. *Epo-*

XVII. *Epoques recentes de l'apogée, & du nœud de la Lune.*

PArce que dans cette Epoque des nouvelles Lunes, l'apogée & le nœud de la Lune estoient trop éloignez de l'Equinoxe, nous avons trouvé une Epoque Equinoxiale de l'apogée, qui precede de 12 années celle des nouvelles Lunes ; & une Epoque des nœuds, qui la fuit de 12 années.

A l'Equinoxe moyen du Printemps de l'an 1666, l'apogée de la Lune fut au vingtiéme degré d'Aries ; & à la fin de la presente année Julienne 1689, le nœud Boreal de la Lune sera au commencement d'Aries : mais à l'Equinoxe moyen du Printemps de 1690, il sera au 26 degré & demy des Poiſſons, à 3 degrez & demy du Soleil.

L'apogée de la Lune fait une revolution selon la suite des signes en 2132 jours, selon les regles Indiennes ; ou en 2231 jours & un tiers, selon les Aſtronomes modernes. Les nœuds de la Lune dont il n'eſt pas parlé dans les regles Indiennes, font une revolution contre la suite des signes en 6798 jours ;.

Par ces principes on trouvera autant d'autres Epoques que l'on voudra de l'apogée & des nœuds.

XVIII. *Epo-*

XVIII. Epoque des nouvelles Lunes prés de l'apogée & des nœuds de la Lune, & de l'Equinoxe moyen du Printemps.

IL ne se trouve point que la nouvelle Lune Equinoxiale soit arrivée plus prés de nôtre temps, & tout ensemble plus prés de son apogée & d'un de ses nœuds, que le 17 Mars de l'année 1029 de JESUS-CHRIST. Ce jour-là à midy, au meridien de Paris, le lieu moyen du Soleil fut au milieu du premier degré d'Aries, à 3 degrez & demy du lieu moyen de la Lune, qui se joignit au Soleil le soir du même jour.

L'apogée de la Lune precedoit le Soleil d'un degré & demy; & le nœud descendant de la Lune le precedoit d'un degré, l'apogée du Soleil estant au 26 degré des Gemeaux.

Il seroit inutile de chercher un autre retour de la Lune à son apogée, à son nœud, au Soleil, & à l'Equinoxe du Printemps. Le concours de toutes ces circonstances ensemble estant trop rare, il faut se contenter d'avoir des Epoques separées en divers autres temps, dont en voicy trois des plus precises.

La conjonction moyenne de la Lune avec le Soleil dans l'Equinoxe moyen du Printemps, arriva l'an de JESUS-CHRIST 1192, le 15 Mars sur le midy, au meridien de Rome.

L'apo

L'apogée de la Lune fut au commencement d'Aries dans l'Equinoxe moyen du Printemps, l'an 1460, le 13 Mars.

Le nœud descendant de la Lune fut au commencement d'Aries dans l'Equinoxe moyen du Printemps, l'an 1513, le 14 Mars.

Il ne sera pas inutile d'avoir des Epoques particulieres des nouvelles Lunes propres pour le Calendrier Julien, auquel la plûpart des Chronologistes rapportent tous les temps passez.

Jules Cesar choisit une époque d'années Juliennes dans laquelle la nouvelle Lune arriva le premier jour de l'année. Ce fut la quarante-cinquiéme année avant la Naissance de JESUS-CHRIST, qui est dans le rang des bissextiles, selon que ce rang fut depuis établi par Auguste, & qu'il est observé encore presentement.

Le premier de Janvier de la même année quarante-cinquiéme avant JESUS-CHRIST la conjonction moyenne de la Lune au Soleil arriva sur les six heures du soir au meridien de Rome.

Et le premier de Janvier de l'année 32 de JESUS-CHRIST la conjonction moyenne arriva precisement à midy au meridien de Rome.

La plus commode des Epoques prochaines des moyennes conjonctions dans les années Juliennes, est celle qui arriva le premier de Janvier de l'an 1500, une heure & demie avant midy au meridien de Paris.

XIX. Au-

XIX. *Ancienne Epoque Astronomique des Indiens.*

NOus avons remarqué au Chapitre III de ces Reflexions, que les Siamois dans leurs dates se servent d'une Epoque qui precede l'année de JESUS-CHRIST de 544 années, & qu'aprés le douziéme ou treiziéme mois des années depuis cette Epoque, qui finissent presentement en Novembre ou en Decembre, le premier mois qui suit & qui devroit estre attribué à l'année suivante, est encore attribué à la même année: ce qui nous a donné lieu de conjecturer qu'on attribuë aussi à la même année les autres mois jusqu'au commencement de l'année Astronomique qui commence à l'Equinoxe du Printemps. Cette conjecture a esté confirmée par le rapport de Mr. de la Loubére, qui juge mêmes que cette Epoque ancienne doit estre aussi une Epoque Astronomique.

La maniere extraordinaire de compter le premier & le second mois de la même année aprés le douziéme ou aprés le treiziéme, peut faire croire que le premier mois de ces années, qui commence presentement en Novembre ou en Decembre, commençoit anciennement proche de l'Equinoxe du Printemps, & que dans la suite du temps les Indiens, soit par méprise, soit pour s'estre servi d'un

cycle

cycle trop court, comme feroit celuy de 60 années dont les Chinois fe fervent, ont quelquefois manqué d'ajoûter un treiziéme mois à l'année qui auroit dû eftre Embolifmique ; d'où il eft arrivé que le premier mois a reculé dans l'hiver ; ce qui ayant efté apperceû, les mois de l'hiver appellez prefentement premier, fecond & troifiéme, ont efté attribuez à l'année precedente, qui felon l'inftitution ancienne ne doit finir qu'au Printemps.

Ainfi l'année Indienne, que l'on appelloit 2231 à la fin de l'année 1687 de JESUS-CHRIST, ne devoit finir, felon l'inftitution ancienne, qu'au Printemps de l'année 1688. Ayant fouftrait 1688 de 2231, il refte 543 qui eft le nombre des années complettes depuis l'Epoque ancienne des Indiens jufqu'à l'année de JESUS-CHRIST. Cette Epoque appartient donc à l'année 544 courante avant JESUS-CHRIST, felon la maniere plus commune de compter.

En cette année la conjonction moyenne de la Lune arriva entre l'Equinoxe veritable & l'Equinoxe moyen du Printemps à 15 degrez de diftance du nœud Boréal de la Lune le 27 Mars felon la forme Julienne un jour de Samedi, qui eft une Epoque Aftronomique à peu prés femblable à celle de l'an 638, laquelle aura efté choifie comme plus recente & plus precife que la precedente.

Entre

Entre ces deux Epoques Indiennes il y a une periode de 1181 années, laquelle eftant jointe à une periode de 19 années, on a deux periodes de 600 années, qui ramenent les nouvelles Lunes proche des Equinoxes.

X X. *Rapport des années Synodiques des Indiens à celles du Cycle des Chinois de 60 années.*

SElon la chronologie de la Chine que le Pere Couplet vient de publier, & felon le Pere Martini dans fon Hiftoire de la Chine, les Chinois fe fervent d'années lunifolaires, & ils les diftribuënt en cycles fexagenaires, dont le 74 commença en l'année de J E S U S-C H R I S T 1683; de forte que le premier cycle auroit commencé 2697 ans avant la Naiffance de J E S U S-C H R I S T.

Par les regles Indiennes de la premiere Section, en 60 années fynodiques, il y a 720 mois folaires, & 742 mois lunaires, & ⅓. Il faut rejoüter cette fraction, parce que les années lunifolaires font compofées de mois Lunaires entiers. Cependant cette fraction en 19 cycles fexaginaires, qui font 1140 années, monte à 4⁄21 qui font deux mois: donc fi les cycles fexagenaires des Chinois font tous uniformes, 1140 années Chinoifes font plus courtes de deux mois que 1140 années fynodiques des Indiens. C'eft pourquoy fi les Indiens ont reglé

reglé les intercalations de leurs années civiles
par cycles fexagenaires uniformes, le commencement de l'année civile 2232, a dû preceder
d'un peu moins de 4 mois le terme de leurs
années fynodiques qui eft prefentement au
27 Mars de l'année Gregorienne; ainfi qu'il
eft arrivé en effet: ce qui confirme ce que
nous avions conjecturé au Chapitre precedent
de l'anticipation des années civiles.

Pour égaler les années du cycle fexagenaire
aux années fynodiques reglées felon le cycle
de 19 années, il faudroit que parmi 19 cycles
fexagenaires il y en eût 17 de 742 mois luna-
res, & 2 de 743: ou plûtoft, il faudroit qu'à
prés 9 cycles de 742 mois, qui font 740 années, le dixiéme cycle fuivant, qui s'accompli-
roit à la 600 année, fût de 743 mois.

Mais il y a lieu de douter s'ils en ufent ainfi,
puis que l'année Chinoife a eû plufieurs fois
befoin d'eftre reformée pour remettre fon
commencement au même terme; dans lequel
néanmoins les Relations modernes ne font
d'accord qu'à 10 degrez prés, le Pere Martini
le marquant au 15 degré d'Aquarius, & le Pere
Couplet au 5 du même Signe; comme fi le terme eût reculé de 10 degrez depuis le temps
du Pere Martini.

Il eft indubitable qu'une grande partie des
éclipfes & des autres conjonctions que les Chinois donnent comme obfervées, ne peuvent
pas eftre arrivées aux temps qu'ils pretendent,

felon

selon le Calendrier reglé de la maniere qu'il est presentement, comme nous avons trouvé par le calcul d'un grand nombre de ces éclipses, & même par le seul examen des intervalles qui sont marquez entre les uns & les autres: car plusieurs de ces intervalles sont trop longs ou trop courts pour pouvoir estre terminez par des éclipses, qui n'arrivent que quand le Soleil est proche d'un des nœuds de la Lune; où il n'auroit pas pû retourner aux temps marquez, si les années Chinoises avoient esté reglées dans les siécles passez comme elles le sont presentement. Le Pere Couplet même doute de quelques-unes de ces éclipses, à cause du compliment que les Astronomes Chinois firent à un de leurs Rois qu'ils feliciterent sur ce qu'une éclipse qu'ils avoient predite, n'estoit point arrivée, le Ciel, disoient-ils, luy ayant épargné ce malheur: & ce Pere a laissé à Mr. Thevenot un exemplaire manuscrit des mêmes éclipses qu'il a fait imprimer dans sa Chronologie, lequel a pour titre *Eclipses vera & falsa*, sans que les unes soient distinguées des autres.

Mais sans accuser les Chinois de fausseté, on peut dire qu'il se peut faire que les éclipses marquées dans la Chronologie Chinoise soient arrivées, & que la contradiction qui y paroît vienne du déreglement de leur Calendrier sur lequel on ne peut faire aucun fondement.

XXI. Com-

XXI. *Composition des Périodes Lunisolaires.*

L'Intervalle entre les deux Epoques des Indiens, qui est de 1181 années, est une periode lunisolaire, qui remet les nouvelles Lunes prés de l'Equinoxe, & au même jour de la semaine. Cette periode est composée de 61 periodes de 19 années, qui sont plus longues que 1159 années tropiques; & de deux periodes de 11 années, qui sont plus courtes que 22 tropiques; le defaut des unes recompensant en partie l'excés des autres.

Comme le mélange des années lunisolaires, les unes plus longues, les autres plus courtes que les tropiques, recompense plus ou moins le defaut des unes par l'excés des autres, autant que l'incommensurabilité qui peut estre entre les mouvemens du Soleil & de la Lune le permet; il fait les periodes lunisolaires d'autant plus precises, qu'elles ramenent les nouvelles Lunes plus prés des lieux du Zodiaque où elles estoient arrivées du commencement.

Les Anciens ont fait premierement l'essay des petites periodes, dont la plus celebre a esté celle de 8 années, qui a esté en usage non seulement parmi les anciens Grecs, mais aussi parmi les premiers Chrestiens; comme il paroit par le Cycle de Saint Hippolyte, publié au commencement du troisiéme siécle.

Cette

Cette Periode composée de cinq années ordinaires & de trois Embolifmiques, s'eftant
trouvée trop longue d'un jour & demy, qui
en 20 periodes font plus d'un mois; on eftoit
obligé de retrancher un mois à la vingtiéme
periode. Mais dans la suite la periode de 8 années fur jointe à une autre d'onze ans compofée de sept ordinaires & de quatre Embolifmiques, qui eft trop courte environ d'un jour
& demy; & on en fit la periode de 19 années,
que l'on suppofa d'abord eftre precife, quoy-
qu'elle ait depuis eû besoin de correction dans
le nombre des jours & des heures qu'elle comprend. La correction de cette periode fut
l'origine de la periode de 76 ans compofée de
4 periodes de 19 ans corrigées par Calippus,
& de la periode de 304 ans compofée de
16 periodes de 19 ans corrigées par Hipparque.

Les Juifs eurent une periode de 84 ans,
compofée de quatre periodes de 19 ans, &
d'une de 8 ans qui remet les nouvelles Lunes
prés de l'Equinoxe au même jour de la femaine.

Mais la periode la plus celebre de celles qui
ont efté inventées pour remettre les nouvelles Lunes au même lieu du Zodiaque, & au
même jour de la femaine, eft la Victorienne de
532 ans compofée de 28 periodes de 19 ans.

Cependant la nouvelle Lune qui devroit
terminer cette periode n'arrive que deux jours
aprés

aprés le retour du Soleil au même point du
Zodiaque, & deux autres jours avant le même
jour de la femaine auquel la conjonction eſtoit
arrivée au commencement de la periode; &
ces defauts ſe multiplient dans la ſucceſſion
des temps ſelon le nombre de ces periodes.
Néanmoins., aprés même que les defauts de
cette periode ont eſté connus de tout le monde, pluſieurs celebres Chronologiſtes n'ont
pas laiſſé de s'en ſervir, & ils la-terminent au
même jour de la femaine & au même jour de
l'année Julienne, laquelle dans cét intervalle
de temps excede l'année ſolaire tropique de
4 jours entiers, & de l'année luniſolaire un peu
moins de 2 jours.

Ils multiplient auſſi cette periode par le cycle de 15 anneés qui eſt celuy des Indictions,
dont l'origine n'eſt pas plus ancienne que de
13 ſiécles pour en former la periode Julienne
de 7980 années, dont ils établiſſent l'Epoque
4713 années avant l'Epoque commune de
JESÛS-CHRIST. Ils preferent cette periode
imaginaire, dans laquelle les erreurs de la Periode Victorienne ſont multipliées 15 fois,
aux veritables periodes luniſolaires, & ils preferent auſſi cette Epoque ideale qu'ils ſuppoſent plus ancienne que le monde, aux Epoques Aſtronomiques & aux Hiſtoriques: juſ-
ques-là qu'ils y rapportent les faits Hiſtoriques
des temps anciens avant JESÛS-CHRIST &
avant Jule Ceſar, bien que les Indictions ne
fuſſent

Fussent point encore en usage, qu'il n'y eût
point alors de Calendrier auquel cette periode pût servir pour regler les jours de la femaine, & qu'enfin le cycle de 19 années estendu à
ce temps-là, ne montre point l'estat du Soleil
ni de la Lune; qui sont les trois choses principales pour lesquelles ces trois cycles qui forment la periode Julienne ont esté inventez.
C'est pourquoy elle ne donne point une idée
aussi juste des temps anciens qui n'estoient
point reglez de cette maniere, que de ceux des
treize derniers siecles qui estoient reglez parmi
nous selon l'année Julienne.

Mais les periodes lunisolaires de 19 années,
qui à l'égard des années tropiques sont un peu
trop longues, estant jointes à des periodes de
11 années qui sont trop courtes, forment d'autres periodes plus precises que celles qui les
composent. Parmi ces periodes les premieres
des plus precises sont celles de 334, de 353 &
de 372 ans, dont la derniere se termine aussi
au même jour de la semaine, & pourroit estre
mise à la place de la Victorienne.

XXII. *Periodes Lunisolaires compo-*
sées de siécles entiers.

LA premiere periode lunisolaire composée
de siecles entiers, est celle de 600 années,
qui est aussi composée de 31 periodes de 19,
& d'une de 11 années. Quoy-que les Chro-

nologistes ne parlent point de cette periode,
elle est pourtant une des plus anciennes qui
ayent esté inventées.

Antiq.
Jud. l. I.
c. 3.

Josephe parlant des Patriarches qui ont vêcu
avant le Deluge, dit que *Dieu prolongeoit leur
vie, tant à cause de leur vertu, que pour leur
donner moyen de perfectionner les Sciences de
la Géometrie & de l'Astronomie qu'ils avoient
trouvées; ce qu'ils n'auroient pû faire s'ils
avoient vêcu moins de 600 ans, parce que ce
n'est qu'aprés la révolution de six siécles que
s'accomplit la grande année.*

Cette grande année qui s'accomplit aprés
six siecles, de laquelle aucun autre Auteur ne
parle, ne peut être qu'une periode d'années
lunisolaires semblable à celle dont les Juifs se
sont toûjours servis, & à celle dont les Indiens
se servent encore aujourd'huy. C'est pourquoy
nous avons jugé à propos d'examiner quelle a
dû être cette grande année selon les regles Indiennes.

On trouve donc par les regles de la I Section, qu'en 600 années il y a 7200 mois solaires, & 7421 mois lunaires & $\frac{12}{228}$. Il faut negliger icy cette petite fraction; parce que
les années lunisolaires finissent avec les mois
lunaires, estant composées de mois lunaires
entiers.

On trouve par les regles de la Section I. I,
que 7421 mois lunaires comprennent 219146
jours, 11 heures, 57 minutes, 52 fecondes:

des: si donc nous composons de jours entiers cette periode, elle doit être de 219146
jours.

600 années Gregoriennes sont alternativement de 219145 jours, & de 219146 jours:
elles s'accordent donc à un demi jour prés avec
une periode lunisolaire de 600 ans, calculée selon les regles Indiennes.

La seconde periode lunisolaire composée
de siecles est celle de 2300 années, qui estant
jointe à une de 600, fait une periode plus precise de 2900 années: Et deux periodes de 2300
années, jointes à une periode de 600 années
font une periode lunisolaire de 5200 années,
qui est l'intervalle du temps que l'on compte
selon la Chronologie d'Eusebe depuis la Creation du monde jusqu'à l'Epoque vulgaire des
années de JESVS-CHRIST.

XXIII. *Epoque Astronomique des an-*
nées de JESUS-CHRIST.

CEs periodes lunisolaires, & les deux Epoques des Indiens que nous venons d'examiner, nous montrent comme au doigt l'Epoque admirable des années de JESUS-CHRIST,
qui est éloignée de la premiere de ces deux Epoques Indiennes, d'une periode de 600 années
moins une periode de 19 années; & qui precede la seconde d'une periode de 600 années,
& de deux de 19 années. Ainsi l'année de

K 2 JE-

JESUS-CHRIST (qui est celle de son Incarnation & de sa Naissance, selon la tradition de
l'Eglise, & comme le Pere de Grandamy le ju-
stifie dans sa Chronologie Chrestienne, & le
Pere Riccioli dans son Astronomie reformée)
est aussi une Epoque Astronomique, dans laquelle, suivant les Tables modernes, la conjonction moyenne de la Lune au Soleil arriva le
24 Mars, selon la forme Julienne rétablie un
peu aprés par Auguste, à une heure & demie du
matin au meridien de Jerusalem, le jour même
de l'Equinoxe moyen, un Mercredy, qui est le
jour de la creation de ces deux Astres.

De Trin.
l. 4. c. 5. Le jour suivant, 25 Mars, qui selon l'ancienne tradition de l'Eglise rapportée par Saint
Augustin, fut le jour même de l'Incarnation
de Nôtre-Seigneur, fut aussi le jour de la premiere phase de la Lune; & par consequent il fut
le premier jour du mois selon l'usage des Hebreux, & le premier jour de l'Année Sacrée qui
par l'institution divine devoit commencer par
le premier mois du Printemps, & le premier
jour d'une grande année dont l'Epoque naturelle est le concours de l'Equinoxe moyen &
de la conjonction moyenne de la Lune avec le
Soleil.

Ce concours termina donc les periodes lunisolaires des siecles precedents, & fut une Epoque d'où commença un nouvel ordre de siecles, selon l'oracle de la Sybille rapporté par
Virgile en ces termes,

Magnus

Magnus ab integro faclorum nafcitur Eclog. 4.
ordo :

Jam nova progenies calo dimittitur
alto.

Cét Oracle femble refpondre à la Prophetie c. 9. v. 6.
d'Ifaïe, *Parvulus natus eft nobis*, où ce nou- & 7.
veau né eftappellé Dieu & Pere du fiecle à venir ; *Deus fortis, Pater futuri faculi.*

Les Interprétes remarquent dans cette Prophetie comme une chofe myfterieufe la fituation extraordinaire d'un *Mem* final (qui eft le
charactere numerique de 600) dans ce mot
לםרבה *ad multiplicandum*, où ce *Mem* final
eft à la feconde place, fans qu'il y en ait d'autre
exemple dans tout le texte de l'Ecriture Sainte,
où jamais une lettre finale n'eft placée qu'à la
fin des mots. Ce charactere numerique de 600
dans cette fituation pourroit faire allufion aux
periodes de 600 années des Patriarches, lefquelles devoient fe terminer à l'accompliffe-
ment de la Prophetie qui eft l'Epoque d'où
nous comptons prefentement lés années de J E-
SUS-CHRIST.

XXIV. Epoques des Equinoxes Eccle-
fiaftiques, & du cycle vulgaire
du nombre d'Or.

L Es Chrétiens des premiers fiecles ayant remarqué que les Juifs de ce temps-là avoient
oublié les regles anciennes des années Hebraï-
K 3   ques;

Eufeb. de
Vita Con-
ftantini
lib. 3. c. 9.

ques; de forte qu'ils celebroient la Pafque deux
fois en une année, comme temoigne Conftan-
tin le Grand dans la lettre aux Eglifes, emprun-
terent la forme des années Juliennes retablies
par Augufte, qui font diftribuées par des periodes de 4 années, dont trois font communes de 365 jours, & une biffextile de 366
jours, & furpaffent les années lunaires de 11
jours. Ils marquerent donc dans le Calendrier
Julien le jour de l'Equinoxe & les jours de la
Lune avec leur variation, & ils la reglerent les
uns par le cycle de 8 années, les autres par le
cycle de 19 années ; comme il paroît par le
reglement du Concile de Cefarée de l'an 196
de JESUS-CHRIST, & par le Canon de
Saint Hyppolyte, & par celuy de Saint Anato-
lius. Mais enfuite le Concile de Nicée tenu
l'an 325 ayant chargé les Evêques d'Alexandrie, comme les plus verfez dans l'Aftronomie,
de determiner le temps de la Fête de Pafque ;
ces Prelats fe fervirent de leur Calendrier Alexandrin, où l'année commençoit par le
29 d'Aouft ; & ils prirent pour Epoque des cycles lunaires de 19 années, la premiere année
Egyptienne de l'Empire de Diocletien ; parce
que le dernier jour de l'année precedente, qui
fut le 28 d'Aouft de l'an 284 de JESUS-CHRIST,
la nouvelle Lune eftoit arrivée prés de midy
au meridien d'Alexandrie. En comptant de
cette Epoque en arriere les cycles de 19 années,
on vient au 28 d'Aouft de l'année qui precede
l'Epo-

l'Epoque de JESUS-CHRIST; de sorte que
la premiere année de JESUS-CHRIST est
la seconde année d'un de ces cycles. C'est ainsi
que l'on compte ces cycles encore presentement, depuis que Denis le Petit transporta les
cycles de la Lune du Calendrier Alexandrin au
Calendrier Romain, & qu'il commença à
compter les années depuis l'Epoque de JESUS-
CHRIST au lieu de les compter de l'Epoque
de Diocletien, marquant l'Equinoxe du Printemps au 21 Mars, comme il avoit esté marqué
dans l'Epoque Egyptienne.

On auroit pû prendre pour Epoque des cycles lunaires la conjonction equinoxiale de
l'année mesme de JESUS-CHRIST plûtôt
que la conjonction du 28 Aoust de l'année
precedente, & la renouveller aprés 616 années,
qui ramenent les nouvelles Lunes au mesme
jour de l'année Julienne, & au mesme jour de
la semaine; qui est ce que l'on demandoit de
la Periode Victorienne; mais on ne songea qu'à
se conformer au reglement des Alexandrins,
qui estoit le seul moyen d'accorder l'Eglise
Orientale & l'Occidentale. Ainsi ces regle-
mens ont esté suivis jusqu'au siecle passé; quoy-
qu'on eût apperceû depuis long-temps que les
nouvelles Lunes reglées de la sorte, suivant le
cycle de 19 années anticipoient presque d'un
jour en 312 années Juliennes, & que les Equinoxes anticipoient environ de 3 jours en 400
de ces années.

K 4   *XXV. La*

XXV. La Periode Solaire Grégorienne de 400 années.

VErs la fin du siecle passé l'anticipation des Equinoxes depuis l'Epoque choisie par les Alexandrins estoit montée à 10 jours : & celle des nouvelles Lunes dans les mesmes années du cycle lunaire continué sans interruption estoit montée à 4 jours : c'est pourquoy on parla en divers Conciles de la maniere de corriger ces defauts ; & enfin le Pape Gregoire XIII aprés avoir communiqué son dessein aux Princes Chrétiens & aux plus celebres Universitez, & avoir entendu leurs avis, ôta dix jours à l'année 1582, & remit l'Equinoxe au jour de l'année où il avoit esté au temps de l'Epoque choisie par les Deputez du Concile de Nicée.

Il establit aussi une periode de 400 années plus courte de 3 jours que 400 années Juliennes, faisant Communes les centiémes années à la reserve de chaque 400me, à compter depuis l'année 1600 ; ou, ce qui revient à la même chose, à compter depuis l'Epoque de Jesus-Christ.

Ces periodes de 400 années Gregoriennes remettent le Soleil aux mêmes points du Zodiaque, aux mêmes jours du mois, & de la semaine, & aux mêmes heures sous le même meridien, la grandeur de l'année estant supposée de 365 jours, 5 heures, 49', 12".

Selon.

Selon les obfervations modernes, aux centiémes biffextiles l'Equinoxe moyen arrive le
21 Mars à 20 heures aprés midy au meridien
de Rome; & la 96e aprés la centiéme biffextile il arrive au 21 Mars 2 heures, 43 minutes
aprés midy, qui eft l'Equinoxe qui arrive le plûtôt. Mais la 303e année aprés la centiéme biffextile, l'Equinoxe moyen arrive le 23 Mars à
2 heures, 12 minutes aprés midy, qui eft le
plus tardif de tous les autres.

Par ces Epoques, & par cette grandeur de
l'année, il eft aifé de trouver pour tousjours
les Equinoxes moyens du Calendrier Gregorien.

XXVI. *Réglement des Epactes*
Grégoriennes.

DAns la correction Gregorienne on n'in-
terrompit pas la fuite des cycles de 19 années tirée de l'ancienne Epoque Alexandrine,
comme on auroit pû le faire; mais on obferva
à quèl jour de la Lune finit l'année Gregorienne à chaque année du cycle Alexandrin.
Ce nombre des jours de la Lune à la fin d'une
année eft l'Epacte de l'année fuivante. On
trouva qu'aprés la correction en la premiere
année du cycle, Epacte eft 1. Chaque année
on l'augmente de 11 jours; mais aprés la 19 année on l'augmente de 12, ôtant toûjours 30
quand elle furpaffe ce nombre, & prenant le
reſte.

K 5

reste pour l'Epacte; ce que l'on fait pendant ce siecle.

On observa aussi la variation que les Epactes font de siecle en siecle aux mesmes années du cycle lunaire ancien, & on trouva qu'en 1500 années Juliennes elles augmentent de 8 jours; ce qui suppose le mois lunaire de 29 jours, 12 heures, 44′, 3″, 10‴, 41‴′.

Calend. Greg. c. 2.

Mais pour trouver les Epactes Gregoriennes de siecle en siecle, on fit trois Tables differentes dont on ne crut pas pouvoir bien expliquer

Explic. Calend. Greg. c. 11. n. 10.

la construction que dans un Livre à part, qui ne fut achevé que vingt ans aprés la correction. On crut d'abord que toute la variation des Epactes Gregoriennes estoit renfermée dans une période de 300000 années : mais cela ne s'estant pas trouvé conforme au projet de la correction, on fut obligé d'avoir recours à des equations difficiles, dont on ne trouva pas aucune periode determinée.

XXVII. *Nouvelle Période Lunissolaire & Paschale.*

POur suppléer à ce defaut, & trouver sans Tables les Epactes Gregoriennes pour les siecles à venir, nous nous servons d'une periode lunisolaire de 1600 années, qui a pour Epoque la conjonction equinoxiale de l'année de JESUS-CHRIST, & qui ramene les nouvelles Lunes depuis la correction au même jour

jour de l'année Gregorienne, au mesme jour de la semaine, & presqu'à la mesme heure du jour sous le mesme meridien. Suivant cette periode nous donnons à chaque periode de 400 années depuis JESUS-CHRIST, 9 jours d'Epacte equinoxiale, en ôtant 29 quand elle surpasse ce nombre; & nous ajoûtons 8 jours à l'Epacte equinoxiale depuis la correction, pour avoir l'Epacte civile Gregorienne, en ôtant 30, quand la somme surpasse ce nombre.

A chaque centiéme année non-bissextile, nous diminuons l'Epacte equinoxiale de 5 jours à l'égard de la centiéme precedente, & nous prenons chaque centiéme année pour Epoque de 5 periodes de 19 années, pour trouver l'augmentation des Epactes pendant un siecle à chaque année du cycle, à la maniere accoûtumée.

Ainsi, pour avoir l'Epacte equinoxiale de l'année 1600, qui est éloignée de l'Epoque de JESUS-CHRIST de 4 periodes de 400 années, multipliant 4 par 9, on a 36; d'où ayant ôté 29, il reste 7, Epacte equinoxiale de l'année 1600, qui marque que l'Equinoxe moyen de l'année 1600 arriva 7 jours aprés la moyenne conjonction de la Lune, avec le Soleil : y ajoûtant 8 jours, on a 15, qui est l'Epacte Civile Gregorienne de l'an 1600, comme elle *Expl. Cal.* est marquée dans la Table des Fêtes Mobiles *pag. 420.* Gregoriennes.

K 6

I I

Il est evident que l'Epacte equinoxiale de l'année 11600 qui termine cette periode doit être 0. Mais pour le trouver par la mesme methode, puis que l'année 11600 est éloignée de l'Epoque de JESUS-CHRIST de 29 periodes de 400 années, multipliant 29 par 9, & divisant le produit par 29, on a le quotient 9, & reste 0 pour Epacte equinoxiale: y ajoûtant 8 on a l'Epacte Civile Gregorienne de l'année 11600 qui sera 8, comme Clavius l'a trouvé par les Tables Gregoriennes, à la page 168 de l'Explication du Calendrier. Ce qui fait voir la conformité des Epactes des siecles à venir trouvées par le moyen de cette periode d'une maniere si aisée, avec les Epactes Gregoriennes trouvées par le moyen de trois Tables du Calendrier Gregorien.

Si l'on demande aussi les heures & les minutes de ces Epactes equinoxiales aux 400es années; on y ajoûtera toûjours 8 heures, & de plus, & d'autant d'heures qu'il y a de jours entiers dans l'Epacte, & un tiers d'autant de minutes. Ainsi pour l'an 1600, dont l'Epacte equinoxiale est de 7 jours; un tiers de 7 heures est 2^h, 20′: un dixiéme est 0^h, 42′: un tiers de 7 minutes est 2′: la somme ajoûtée à 7 jours 8 heures fait 7 jours 11^h, 4′, Epacte equinoxiale de l'an 1600.

Otant cette Epacte du temps de l'equinoxe moyen, qui en 1600 arrive le 21 Mars à 20^h aprés midy à Rome, on aura la moyenne con-

conjonction precedente au 14 Mars à 8ʰ, 56′:
y ajoûtant un demy mois lunaire qui eſt de
14 jours, 18ʰ, 22′, on trouvera l'oppoſi-
tion moyenne au 29 Mars à 3ʰ, 18′. Dans la
Table des Fêtes mobiles où l'on néglige les *Expl. Cal.*
minutes, elle eſt marquée au 29 Mars à *pag. 420.*
3 heures.

Pour avoir à heures & minutes l'Epacte
Equinoxiale aux centiémes non-biſſextiles, on
ôtera à l'Epacte trouvée dans la centiéme biſ-
ſextile precedente 5 jours, 2ʰ, 12′ pour la
premiere, le double pour la ſeconde, le tri-
ple pour la troiſiéme (empruntant un mois
de 29 jours 12ʰ, 44′, s'il le faut) & on aura
l'Epacte à la centiéme propoſée, dont on ſe
ſervira comme dans l'exemple precedent, la
comparant avec l'Equinoxe moyen de la même
année.

Par cette methode on trouvera les oppoſi-
tions moyennes aux centiémes années non-
biſſextiles un jour avant qu'elles ne ſont marquées depuis l'an 1700 juſqu'à l'an 5000 dans
la Table des Fêtes mobiles qui eſt dans le livre *Expl. Cal.*
de l'Explication du Calendrier, où elles ſont *à pag.*
marquées un jour plus tard que les hypothe- *424. ad 561.*
ſes mêmes Gregoriennes ne demandent. Ce *Pag. 201. 284.*
qui eſt arrivé auſſi dans les preceptes, & *Ap. 596.*
dans les exemples de trouver les progrés des *ad p. 609.*
nouvelles & pleines Lunes, & dans les Epo- *Pag. 634.*
ques des centiémes années non-biſſextiles,
& dans tous les calculs qui en ſont tirez;

K 7 comme

comme l'on reconnoît en comparant enſemble les pleines Lunes calculées dans la même Table, dont l'anticipation, qui d'une année commune à un autre commune doit toûjours eſtre de 10 jours, 15 heures, s'y trouve tantoſt de 9 jours, 15 heures, comme de l'an 1699 à l'an 1700 ; tantoſt de 11 jours, 15 heures, comme de l'an 1700 à l'an 1701 ; & ainſi de même aux autres centiémes non-biſſextiles.

Il y eut ſur ce ſujet des differends qui donnerent occaſion d'examiner avec ſoin le progrés des nouvelles Lunes d'une centiéme Gregorienne à l'autre ; & néanmoins ces conteſtations ne furent pas capables de développer pour lors les vrayes differences qu'il y a entre diverſes centiémes communes, & biſſextiles. Mais comme ces calculs des pleines Lunes n'ont eſté faits que pour examiner les Epactes qui eſtoient reglées d'ailleurs, les differends ne tombent que ſur l'examen, qui eſtant rectifié, fait voir la juſteſſe de ces Epactes Gregoriennes plus grande que les Auteurs-mêmes de la correction ne la ſuppoſoient.

Expl. Cal. pag. 595.

C'eſt une choſe digne de remarque que les hypotheſes Aſtronomiques du Calendrier Gregorien ſe trouvent preſentement plus conformes aux mouvemens celeſtes que l'on ne les ſuppoſoit au temps même de la correction ; car comme il paroît par le projet que le Pape Gregoire XIII. envoya aux Princes Chrétiens l'an 1577, on ſe propoſa de ſuivre dans

le

le reglement des années les Tables Alphonsines qu'on jugeoit estre preferables aux autres ;
mais pour retrancher trois jours à 400 années Juliennes, on fut obligé de supposer l'année solaire plus courte de quelques secondes
que l'Alphonsine, & de preferer cette commodité à une plus grande justesse : & néanmoins tous les Astronomes qui ont depuis
conferé les observations modernes avec les
anciennes, ont trouvé que l'année Tropique
est en effet un peu plus courte que l'Alphonsine, quoy-qu'ils ne soient pas d'accord dans
la difference précise.

La grandeur du mois lunaire qui résulte de
l'hypothése Gregorienne de l'équation des
Epactes qui est de 8 jours en 2500 années Juliennes, est aussi plus conforme aux Astronomes modernes, que le mois lunaire des Alphonsines ; & la disposition des Epactes Gregoriennes, & les nouvelles & pleines Lunes
qui en résultent, sont aussi souvent plus precises que ceux mêmes qui donnerent la derniere
main à la correction ne pretendoient.

Enfin, tout le Systême du Calendrier Gregorien a des beautez qui n'ont pas esté con-
nuës par ceux mêmes qui en ont esté les Au-
theurs, comme est celle de donner les Epactes
conformes à celles qui se trouvent par la grande Periode Lunisolaire qui a pour Epoque
l'année même de JESUS-CHRIST, & le
jour même, qui selon la tradition ancienne,
pre-

precede immediatement le jour de l'Incarnation ; d'où l'on peut tirer les Equinoxes & les
nouvelles Lunes avec plus de facilité que de
l'Epoque Egyptienne du nombre d'Or, dont
on a voulu en quelque maniere garder le rapport.

Il eût esté à souhaiter que, puisque dans le
projet envoyé aux Princes Chrestiens & aux
Universitez on proposa de retrancher de l'année Julienne sur la fin du siécle passé 10. ou
13 jours ; on en eût retranché 12, qui est la
difference entre 1600 années Juliennes &
1600 années Gregoriennes, pour mettre les
Equinoxes aux mêmes jours de l'année Gregorienne qu'ils estoient dans l'année Julienne ;
selon la forme rétablie par Auguste, dans
l'Epoque même de Jesus-Christ, plûtost
que de les remettre aux jours où ils estoient au
temps de l'Epoque étrangere choisie par les
Alexandrins pour leur commodité particuliere : & qu'au lieu de regler les Epactes par le
cycle defectueux des Alexandrins, & de chercher des équations & des corrections pour les
Epactes portées par ce cycle, on eût aussi
pris garde à la grande Periode Lunisolaire de
11600 années, que nous venons de proposer, qui donne immediatement les vrays jours
des Epactes ; qui ramene les nouvelles Lunes au
même jour de l'année & de la semaine, & qui a
une Epoque la plus auguste & la plus memora-
ble parmi les Chrestiens que l'on puisse ima-
giner.

Expl. Cal.
pag. 4.

Je ne doute point que si on eût trouvé dés
ce temps-là cette periode que nous venons de
proposer , on ne l'eût employée non - seulement par l'excellence de son époque, mais aussi
parce que la grandeur du mois qu'elle suppose
est autant conforme aux Tables Alphonsines ,
que la grandeur de l'année qu'ils établirent
pour se conformer à ces Tables le plus que la
commodité du calcul le permettoit.

Par cette periode est composée de 143,472
mois lunaires , & de 42,368 13 jours naturels ;
& par consequent elle suppose le mois lunaire
de 29 jours, 12ᴴ, 44′, 3″, 5‴, 28‴′, 48″″ ,
20″″′ ; & les Tables Alphonsines le supposent
de 29 jours, 12ᴴ, 44′, 3″, 2‴, 58‴′, 51″″, qui
est plus court de 2‴, que celuy de nôtre periode.

Selon Tycho Brahé , le mois lunaire est de
29 jours, 12ᴴ, 44′, 3″, 8‴, 29‴′, 46″″, 48″″′,
qui excede le nôtre de 3″ ; ainsi ce mois est
moyen entre celuy d'Alphonse & celuy de
Tycho Brahé.

C'est pourquoy cette grande periode composée d'un nombre de ces mois entiers, & d'un
nombre de periodes Gregoriennes de 400 années , & par consequent de semaines entieres , & de jours entiers, pourroit estre propo-
sée pour servir comme de regle à comparer ensemble toutes les autres periodes , & pour y
rapporter les temps avant & aprés l'Epoque
de JESUS-CHRIST, laquelle seroit la fin
de

de la premiere de nos periodes & le commencement de la seconde : & comme cette grande
periode a esté inventée dans les exercices qui
se font à l'Academie Royale des Sciences & à
l'Observatoire Royal , sous la protection &
par les ordres du Roy ; il semble que si la periode Julienne a pris son nom de Jules Cesar,
& la Gregorienne de Gregoire XIII , celle-cy
pourroit à aussi juste titre estre nommée la
Periode lunisolaire de LOUIS
LE GRAND.

Notez, que ce qui est dit au commencement
de la page 121 , que dans cet Extrait les nombres sont écrits de haut en bas à la maniere des
Chinois , se doit entendre qu'ils mettent la
somme des minutes sous celle des degrés, celle
des secondes sous celle des minutes , celle des
tierces sous celle des secondes, & ainsi de suite,
comme nous mettons les sommes les unes sous
les autres, lorsque nous en voulons faire l'addition : mais dans chaque somme particuliere,
soit des degrés, soit des minutes, secondes, tierces, ou autres, les chiffres sont rangés dans cet
Extrait selon nôtre maniere de les ranger.

Notez, aussi que le mot de Souriat, qui se
trouve page 134 & ailleurs , est le nom du
Soleil dans la langue savante de Paliacate, &
que le mot aatit , qui se trouve pag. 139 est
encore le nom du Soleil, mais dans la langue
Balie,

Belic, & auſſi dans la langue vulgaire de Pa-
liaciste, comme il a esté remarqué cy-deſſus
au chapitre des noms, des jours, des Mois, &
des Années.

FIN.

Le Probleme des Quarrés Magiques
selon les Indiens.

CE Probleme eſt tel.

Un quarré eſtant diviſé en autant de petits quarrés égaux que l'on voudra, il faut remplir les petits quarrés d'autant de nombres
donnés en progreſſion Arithmetique, de telle
ſorte que les nombres des petits quarrés de
châque rang, ſoit de haut en bas, ſoit de droit
à gauche, & ceux des diametres faſſent toûjours une même ſomme.

Or afin qu'un quarré ſoit diviſé en petits
quarrés égaux, il faut qu'il y ait autant de
rangs de petits quarrés, qu'il y aura de petits
quarrés à châque rang.

J'appelleray les petits quarrés des *caſes*, &
les rangs de haut en bas des *montants*, & ceux
de droit à gauche des *giſants*; & le mot de *rang*
marquera également les montants & les giſants.

J'ay dit que les caſes doivent eſtre remplies
de nombres en progreſſion Arithmetique, &
parce

parce que toute progreſſion arithmetique eſt
indifferente pour ce Probleme, je prendray
la naturelle pour exemple, & je prendray
l'unité pour le premier nombre de la progreſſion.

Voicy donc les deux premiers exemples
ſavoir le quarré de neuf caſes, & celuy de 16,
remplis, l'un des neuf premiers nombres depuis l'unité juſqu'à neuf, des ſeize premiers
nombres depuis l'unité juſqu'à 16 : de telle
ſorte que dans le quarré de 9 caſes la ſomme
de châque montant, & celle de châque giſant
eſt 15, & celle de châque diametre auſſi 15 :
& que dans celuy de 16 caſes la ſomme de châque montant, & celle de châque giſant eſt 16,
& celle de châque diametre auſſi 16.

4	9	2
3	5	7
8	1	6

1	15	14	4
12	6	7	9
8	10	11	5
13	3	2	16

On appelle ce Probleme les quarrés Magiques, parce qu'Agrippa dans ſon ſecond Livre
de Occultâ Philoſophiâ, chap. 22. nous apprend qu'on s'en eſt ſervi comme de Taliſ-
màns, aprés les avoir fait graver ſur des la-
mes de divers métaux : l'adreſſe qu'il y a à
ranger les nombres de cette maniere, ayant
parû

paru affez merveilleufe aux ignorants, pour
en attribuër l'invention à des efprits fuperieurs à l'homme. Agrippa a donné non feulement les deux quarrés precedents, mais les
cinq d'enfuite, qui font ceux de 25, de 36,
de 49, de 64, & de 81 cafes: & il dit que
ces fept quarrés ont efté confacrez aux fept
Planetes. Les Arithmeticiens de ces temps-
cy les ont regardez comme un jeu d'Arithmetique, & non comme un myftere de ma-
gie: & ils ont cherché des methodes generales
pour les ranger.

Le premier que je fache qui y ait travaillé a
efté Gafpar Bachet de Meziriac, Mathemati-
cien celebre par fes Savants Commentaires fur
Diophante. Il trouva une Methode ingenieufe
pour les quarrés impairs, c'eft à dire pour
ceux, qui ont un nombre des cafes impairs:
mais il n'en pût trouver pour les quarrés pairs.
C'eft dans un livre *in 8°*, qu'il a intitulé, Pro-
blemes plaifants par nombres.

Mr. Vincent dont j'ay fouvent parlé dans
ma Relation, me voyant un jour, dans le Vaif-
feau pendant nôtre retour, ranger par amufe-
ment des quarrés magiques à la maniere de
Bachet, me dit que les Indiens de Suratte les
rangeoient avec bien plus de facilité, & m'en-
feigna leur methode pour les quarrés impairs
feulement, ayant, difoit-il oublié celle des
pairs.

Le premier quarré qui eft celuy de 9 cafes
reve-

revenoit en quarré d'Agrippa, il estoit seulement renversé ; mais les autres quarrés impairs estoient essentiellement differents de ceux d'Agrippa. Il rangeoit les nombres dans les cases tout d'un coup, & sans hésiter, & j'espere qu'on ne desapprouvera pas que je donne les regles, & la demonstration de cette methode, qui est surprenante par son extreme facilité à executer une chose, qui a paru difficile à tous nos Mathematiciens.

1°. Aprés avoir divisé le quarré total en ses petits quarrez, on y place les nombres selon leur ordre naturel, je veux dire en commençant par l'unité, & en continüant par 2, 3, 4, & par tous les autres nombres de suite, & l'on place l'unité, ou le premier nombre de la progression arithmetique donnée, à la case du milieu du gisant d'en haut.

2°. Quand on a mis un nombre dans la plus haute case d'un montant, on met le nombre suivant dans la plus basse case du montant qui suit vers la droite : c'est à dire que du gisant d'en haut on descend tout d'un coup à celuy d'en bas.

3°. Quand on a placé un nombre dans la derniere case d'un gisant, on place le suivant dans la premiere case du gisant immediatement superieur, c'est à dire que du dernier montant à droit on revient tout d'un coup à gauche au premier montant.

4°. En toute autre rencontre aprés avoir
placé

placé un nombre, on place les suivans dans les cases qui suivent diametralement ou en écharpe de bas en haut & de la gauche à la droite, jusqu'à ce qu'on arrive à l'une des cases du gisant d'en haut, ou du dernier montant à droit.

5°. Quand on trouve le chemin bouché par quelque case déja remplie de quelque nombre, alors on prend la case immediatement au dessous de celle qu'on vient de remplir ; & l'on continuë comme auparavant diametralement de bas en haut & de la gauche à la droite.

Ce peu de regles aisées à retenir suffisent à ranger tous les quarrés impairs generalement. Un exemple les va rendre plus intelligibles.

17	24	1	8	15
23	5	7	14	16
4	6	13	20	22
10	12	19	21	3
11	18	25	2	9

Ce quarré est essentiellement different de celuy d'Agrippa : la Méthode de Bachet ne s'y accommode pas aisément ; & au contraire la Me-

Methode Indienne peut aifement donner les quarrés d'Agrippa en la changeant en quelque chofe.

.1°. On place l'unité dans la cafe, qui eft immediatement fous celle du centre, & l'on pourfuit diametralement de haut en bas, & de la gauche à la droite.

2°. De la plus baffe cafe d'un montant on paffe à la plus haute cafe du montant qui fuit à droit; & de la derniere cafe d'un gifant on revient à gauche à la premiere cafe du gifant immediatement inferieur.

3°. Quand le chemin eft interrompu, on reprend deux cafes au deffous de celle qu'on vient de remplir; & s'il ne refte point de cafe au deffous, ou qu'il n'en refte qu'une la premiere cafe du même montant, eft cenfée revenir en ordre aprés la derniere, comme fi elle eftoit en effet au deffous de la plus baffe.

Exemple tiré d'Agrippa.

11	24	7	20	3
4	12	25	8	16
17	5	13	21	9
10	18	1	14	22
23	6	19	2	15

Comme

Comme Bachet n'a pas donné la demonftration de fa Methode, je l'ay cherchée ne
doutant pas qu'elle ne me donnât auffi celle de
la Methode Indienne : mais pour faire entendre ma Demonftration, il eft neceffaire que je
donne la Methode de Bachet.

1°. Le quarré eftant divifé par cafes, pour
eftre rempli de nombres dans l'ordre Magique, il l'augmente avant toutes chofes par les
quatre côtez en cette maniere. Il ajoûte au
deffus du premier gifant, un autre gifant,
mais raccourci de deux cafes, favoir d'une à
châque bout. Sur ee premier gifant raccourci
il en ajoûte un fecond raccourci de deux nouvelles cafes. Au fecond il en ajoûte un troifiéme plus raccourci que le precedent, au troifiéme un quatriéme, & ainfi de fuite, s'il eft
neceffaire, jufqu'à ce que le dernier gifant
n'ait qu'une cafe. Au deffous du dernier gifant il ajoûte de mefme autant de gifants plus
raccourcis l'un que l'autre : & enfin au premier montant à gauche, & au dernier montant à droit il ajoûte auffi autant de montants
ainfi raccourcis.

EXEMPLES.

	b	
a	b	a
b		b
a	b	a
	b	

(second larger figure)

		b		
a	b	b	b	a
b				b
b	b		b	b
b				b
a	b	b	b	a
		b		

a a font les quarrés de 9 & de 25 cafes *b b* font les cafes d'augmentation.

Le quarré eftant ainfi augmenté Bachet y place les nombres fuivant l'ordre naturel tant des nombres que des cafes, en la maniere fuivante.

	1	
4		2
7	5	3
8		6
	9	

(second larger figure)

		1		
	6		2	
	11	7	3	
16	12	8	4	
21	17	13	9	5
22	18	14	10	
23	19	15		
24	20			
	25			

Dans cette difpofition on voit que les cafes du veritable quarré font alternativement pleines,
nes,

nes, & alternativement vuides, & que ses
deux diametres sont entierement pleins. Or
les cases pleines ne reçoivent aucun changement dans la suite de l'operation, & les diametres demeurent toûjours tels qu'ils sont par
position dans le quarré augmenté : mais pour
les cases du veritable quarré, qui sont encore vuides, elles se doivent remplir des nombres, qui sont dans les cases d'augmentation,
en transportant en bas ceux d'enhaut, & en
haut ceux d'en bas, châcun dans son montant;
ceux de la droite à la gauche & ceux de la gauche à la droite, châcun dans son gisant, &
tous à autant de cases, qu'il y en a dans le côté
du veritable quarré. Ainsi dans le quarré de
9 cases, qui n'en a que trois dans son côté, l'u-
nité qui est dans la case d'augmentation d'en
haut, se transporte à la troisiéme case au dessous
dans le même montant, 9 qui est dans la case
d'augmentation d'en bas se transporte à la troisiéme case au dessus dans le même montant.
3 qui est à la case d'augmentation à droit, se
transporte à gauche à la troisiéme case dans le
même gisant : & enfin 7 qui est dans la case
d'augmentation à gauche se transporte à droit
à la troisiéme case dans le même gisant.

De même dans le quarré de 25 cases, qui
en a 5 dans son côté, les nombres, qui sont
dans les cases d'augmentation d'enhaut descendent 5 cases au dessous châcun dans son
montant. Ceux des cases d'augmentation d'en

bas

bas montent cinq cafes au deſſus châcun dans ſon montant. Ceux des cafes d'augmentation à droit paſſent 5 cafes à gauche châcun dans ſon giſant ; & ceux des cafes d'augmentation à gauche paſſent 5 cafes à droit, châcun auſſi dans ſon giſant. Il en doit eſtre de meſme dans tous les autres quarrés à proportion, & par là ils deviendront tous Magiques.

Définitions.

1°. Dans le quarré augmenté de Bachet, les rangs d'augmentation ſeront appelés *complements* des rangs du veritable quarré, dans leſquels les nombres des rangs d'augmentation doivent eſtre tranſportés : & les rangs, qui doivent recevoir des complements, ſeront appelés rangs *défaillants*. Or comme par la Methode de Bachet châque nombre des cafes d'augmentation ſe doit tranſporter à autant de cafes, qu'il y en a dans le côté du veritable quarré, il s'enſuit que châque rang defaillant eſt autant éloigné de ſon complement, qu'il y a de cafes dans le côté du veritable quarré.

2°. Parce que le veritable quarré, c'eſt-à-dire celuy qu'il faut remplir de nombres ſelon l'ordre Magique, eſt toûjours compris dans le quarré augmenté, je le conſidereray dans le quarré augmenté, & j'appelleray ſes rangs & ſes diametres, les rangs & les diametres du veritable quarré : mais les rangs, ſoit giſants,

ſoit

foit montants, comprendront les cafes d'augmentation, qu'ils ont aux deux boûts; parce
que les nombres qui font dans les cafes d'augmentation, ne fortent ny de leur gifant ny de
leur montant, quand on les tranfporte dans
les cafes du veritable quarré felon la Methode
de Bachet.

3°. Les Diametres du quarré augmenté font
le montant moyen, & le gifant moyen du veritable quarré, & ce font fes feuls rangs, qui
ne font pas defaillants, & qui ne reçoivent
point de complement. Ils n'acquierent, &
ne perdent aucun nombre dans l'operation de
Bachet: ils fouffrent feulement le tranfport de
leurs nombres de quelques-unes de leurs cafes
en d'autres.

4°. Comme le quarré augmenté a des rangs
d'un autre fens, que ne font les rangs du veritable quarré, je les appelleray *bandes* & *barres.* Les bandes defcendent de la gauche à la
droite, comme celle où font les nombres 1, 2,
3, 4, 5, dans l'exemple precedent, les barres
defcendent de la droite à la gauche, comme
celle, où font les nombres 1, 6, 11, 16, 21,
dans le même exemple.

Préparation à la Démonftration.

Le Probleme des quarrés Magiques confifte
en deux chofes. La premiere eft que châque
gifant & châque montant faffent même fomme, & la feconde que châque diametre faffe

L 3 auffi

auſſi cette même ſomme. Je ne parleray pas
d'abord de cette derniere condition, non plus
que ſi je ne la cherchois pas. Et parce que pour
parvenir à la premiere, il n'eſt pas neceſſaire
que tous les nombres, qui doivent remplir un
quarré Magique, ſoient en proportion Arithmetique continuë, mais qu'il ſuffit que les
nombres d'une bande ſoient arithmétique-
ment proportionnaux avec ceux de toute autre bande, je marqueray les premiers nombres
de châque bande par les lettres de l'Alphabeth
latin, & les differences entre les nombres d'une
même bande par les lettres de l'Alphabeth
grec : & afin que les nombres d'une bande
ſoient arithmetiquement proportionnaux aux
nombres de toute autre bande, je marqueray

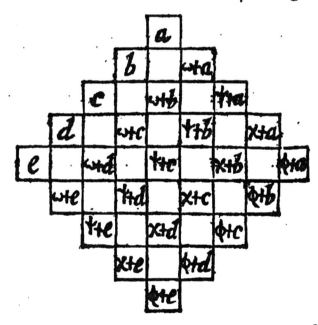

les differences des nombres de châque bande par les mêmes lettres grecques.

1°. Rien n'empêche qu'on ne mette le figne — au lieu du figne +. ou devant toutes les differences, ou devant quelques-unes, pourvû que le même figne soit devant la même difference en châque bande : car ainfi la proportion arithmetique ne fera point alterée.

2°. Plus un quarré fera grand, plus il aura de lettres latines, & de lettres grecques : mais châque bande n'aura jamais qu'une lettre latine, & toutes les lettres grecques ; & la lettre latine fera differente en chaque bande. Châque barre au contraire aura toutes les lettres latines, & toutes hormis la premiere auront une lettre grecque ; qui fera differente en châque barre.

Démonstration.

De-là il s'enfuit 1°. que les Diametres du quarré augmenté ont châcun toutes les lettres latines & toutes les grecques ; parce qu'ils ont châcun une cafe de châque bande, & une cafe de châque barre, & que les cafes de châque bande leur donnent toutes les lettres latines, & les cafes de châque barre toutes les grecques. La fomme donc de ces deux diametres eft la même, favoir celle de toutes les lettres tant grecques que latines prifes une fois. Or ces deux diametres font un montant & un gifant dans le quarré Magique, parce que dans l'ope-

ration

ration de Bachet leur somme ne change point
par la perte ou par l'acquisition de quelque
nombre, comme je l'ay déja remarqué.

2°. Comme les rangs du veritable quarré,
soit gisants, soit montants, sont autant éloignez de leurs complements, qu'il y a de cases dans le côté du veritable quarré, il s'ensuit
que les bandes, & les barres, qui commencent par un complement ou au dessus de ce
complement, n'atteignent point, c'est à dire
n'ont point de case au rang defaillant de ce
complement; & que les bandes & les barres
qui commencent par un rang defaillant ou au
dessus, n'ont point de case dans son complement : donc les lettres du rang defaillant sont
toutes differentes de celles des complements,
parce que differentes bandes ont differentes
lettres latines, & que differentes barres ont
differentes lettres grecques. Mais parce que
toutes les bandes & toutes les barres ont châcune une case dans tous les rangs defaillants ou
dans leurs complements : donc quelque rang
defaillant que ce soit, aura toutes les lettres,
quand il aura reçu son complement il aura
toutes les latines, parce que toutes les bandes passant par tout rang defaillant, ou par
son complement y laissent toutes les lettres latines, & il aura toutes les grecques, parce
que toutes les barres passant aussi par tout rang
defaillant ou par son complement y laissent
toutes les lettres grecques. Et ainsi tous les

rangs.

rangs defaillants feront mefme fomme dans
le quarré Magique, & la mefme fomme que
les diametres du quarré augmenté, qui font
les deux feuls rangs non-defaillants du veritable quarré.

Que cette Méthode ne peut convenir aux quarrés pairs.

La Demonftration que je viens de donner,
convient aux quarrés pairs, comme aux impairs, en ce que dans le quarré augmenté pair,
tout rang defaillant & fon complement font
la fomme qu'un rang du quarré Magique doit
faire: mais il y a cet inconvenient aux quarrés
pairs, que les nombres des cafes d'augmentation trouvent remplies par d'autres nombres,
les cafes du veritable quarré qu'ils devroient
remplir: parce que toute cafe eft pleine, qui
vient en rang pair après une cafe pleine, & que
dans les quarrés pairs les cafes des rangs defaillants viennent en rang pair après celles des
complements, les rangs defaillants eftant autant éloignez des complements, que le côté du
quarré a des cafes, & le côté de tout quarré pair
ayant fes cafes en nombre pair.

Des Diametres des quarrés Magi-ques impairs.

Il eft clair par l'operation de Bachet, qu'il
entend que les diametres font tels qu'ils doivent eftre par la feule pofition des nombres

L 5, dans

dans le quarré augmenté: & cela fera toûjours
vray pourvû feulement que l'on fuppofe que le
nombre de la cafe du milieu de châque bande foit moyen arithmetique-proporionnel entre les autres nombres de la même bande pris
deux à deux: condition, qui eft naturellement
renfermée dans le Probleme ordinaire des
quarrés Magiques, où l'on demande que tous
les nombres foient en proportion arithmetique
continuë. *Alternando* le nombre moyen de
châque barre fera auffi moyen arithmetique-
proportionnel entre tous les nombres de la même barre pris deux à deux: & par là châque
moyen pris autant de fois qu'il y a de cafes dans
la bande ou dans la barre, ce qui eft tout un,
fera égal à la fomme totale de la bande ou de la
barre. Donc tous les *moyens* des bandes pris autant de fois qu'il y a de cafes dans châque bande, ou, ce qui eft tout un, dans le côté du quarré, feront égaux à la fomme totale du quarré: donc pris une fois feulement, ils feront
égaux à la fomme de l'un des rangs du quarré
Magique: & il en fera de même des *moyens*
des barres: & parce que les moyens des bandes font un diametre, & les moyens des barres l'autre, il eft prouvé que les diametres feront juftes par la feule pofition des nombres
dans le quarré augmenté, pourvû que châque
moyen de bande foit moyen arithmetique-pro-
portionnel entre tous les nombres de la bande
pris deux à deux.

Au

Au reste comme il n'y a dans les quarrés augmentez pairs, ny *véritable* quarré, ny diametres du veritable quarré, parce que les bandes des quarrés pairs n'ont pas un nombre *moyen*, c'est encore une raison, qui fait que cette Methode ne se peut accommoder aux quarrés pairs.

Moyens de varier les quarrés Magiques par le quarré augmenté de Bachet.

1°. En variant l'ordre des nombres dans les bandes, ou dans les barres, pourvû que l'ordre qu'on prendra soit le même dans toutes les bandes, ou le même dans toutes les barres, afin que dans cet ordre les nombres d'une bande ou d'une barre soient arithmetiquement proportionnels à ceux de toute autre bande ou barre : mais il faut qu'aucun des diametres ne pende aucun de ses nombres.

2°. Ou bien (ce qui reviendra au même) en variant l'ordre des bandes entre elles, & celuy des barres entre elles dans le quarré augmenté : car cela ne trouble pas la proportion arithmetique qui est le fondement de la Demonstration precedente : mais il faut se souvenir de laisser toûjours en leur place la bande & la barre, qui font les deux diametres.

3°. En ne mettant pas le premier nombre

de

de châque bande dans la premiere case de châque bande : par exemple :

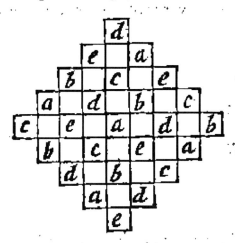

d, a, e, c, b, font les cinq lettres de la premiere
bande, dont l'ordre est arbitraire, & la lettre *d*,
qui est à la premiere case de cette premiere bande, ne se trouve à la premiere case d'aucune
autre bande : mais à la quatriéme case de la
deuxiéme bande, à la deuxiéme de la troisiéme,
à la cinquiéme de la quatriéme, & à la troisiéme de la cinquiéme. D'ailleurs la suite ou l'ordre des lettres doit être le même dans châque
bande. Mais parce qu'aux bandes où la lettre
d est dans une case plus basse que la premiere,
il ne reste plus assez de cases au-dessous, pour
mettre toutes les autres lettres de suite, les premieres cases des bandes reviennent en ordre
aprés les dernieres, & sont en ce cas-là censées
les dernieres cases de leurs bandes. Circonstance qu'il faut bien retenir.

Si

Si donc on difposé dans un quarré augmenté les nombres dans châque bande , comme j'ay difposé dans les bandes de ce quarré-cy les lettres *a* , *b* , *c* , *d* , *e* , & que l'on continuë d'operer comme Bachet, c'eſt-à-dire de tranſporter, comme il fait, les nombres des caſes d'augmentation dans les caſes vuides du veritable quarré, le veritable quarré ſera Magique au moins quand aux rangs, ſoit giſants, ſoit montants, car je ne parle pas encore des diametres.

J'appelleray caſes capitales, celles où ſe trouvent les lettres pareilles, à la lettre qu'on met dans la premiere caſe de la premiere bande, que j'appelleray premiere caſe capitale.

Préparation à la Démonſtration.

1°. Il faut obſerver en difpoſant ces lettres, qu'aprés avoir choiſi la caſe capitale de la ſeconde bande prés d'une lettre de la premiere bande que j'appelleray lettre d'indication, de telle ſorte que cette ſeconde caſe capitale ſoit auſſi la ſeconde caſe de la barre qui commence par cette lettre d'indication, on choiſiſſe la caſe capitale de la troiſiéme bande, auprés de la lettre de la ſeconde bande, pareille à la premiere lettre d'indication, de telle ſorte que cette troiſiéme caſe capitale ſoit la 3° de la barre où ſera la ſeconde lettre d'indication. On déterminera de même la caſe capitale de

cha-

chaque bande auprés de la lettre d'indication de la bande precedente. D'où il s'enfuit qu'il y a autant de cafes capitales que de bandes, & pas davantage.

Il s'enfuit auffi que non feulement la lettre *d* eft toûjours fous la lettre *s* dans une même barre, mais que toutes les autres lettres font toûjours fous les mêmes lettres dans les mêmes barres, & que les lettres ont auffi un même ordre dans toutes les barres, comme elles en ont un même dans toutes les bandes, quoy que l'ordre des lettres dans les barres ne foit pas le même que l'ordre des lettres dans les bandes.

1°. Le choix de la cafe capitale de la deuxiéme bande qui détermine celuy des autres, n'eft pas entierement arbitraire. Pour le regler il faut avoir égard au nombre des rangs du veritable quarré, qui eft le nombre 5 dans l'exemple precedent, & qui eft toûjours la racine quarrée du nombre, qui exprime la multitude des cafes du veritable quarré, & ainfi je l'appelleray la racine du quarré.

Prenez donc un nombre à vôtre choix, pourvû neanmoins qu'il foit moindre que la racine du quarré, & premier à cette même racine, & qu'en y ajoûtant deux points, il foit encore premier à la même racine du quarré: ce fera par ce nombre, que nous déterminerons le choix de la feconde cafe capitale: & appellons-le nombre déterminant.

La

La feconde cafe capitale ne doit pas eftre la feconde cafe de la feconde bande, parce que cette feconde cafe fe trouve dans le diametre montant du quarré augmenté, & qu'il ne doit y avoir deux lettres pareilles dans aucun des diametres du quarré augmenté : & ainfi comme la premiere cafe capitale eft déja dans le diametre montant, la feconde n'y peut eftre. Il faut au contraire que la cafe, que vous choifirez dans la feconde bande, pour feconde capitale, s'éloigne autant de la feconde cafe du diametre montant, que vôtre nombre déterminant aura d'unitez, & en même temps vôtre feconde capitale, fera éloignée de la premiere cafe capitale d'autant de gifants, que vôtre nombre déterminant -+- 2 aura d'unitez. Ainfi dans l'exemple precedent la feconde cafe capitale favoir la cafe de la feconde bande, où eft la lettre *d*, eft la feconde cafe aprés celle, qui eft dans le diametre montant, & elle eft dans le quatriéme gifant au deffous de la premiere cafe capitale, qui toute feule eft regardée comme un gifant, & le nombre 2, qui détermine cette feconde cafe capitale, eft premier à 5, qui eft la racine du quarré, & 2 -+- 2 c'eft-à-dire 4, eft encore premier à 5, la troifiéme cafe de la feconde bande eft donc la premiere, qui s'éloigne du diametre montant, & c'eft par celle-là qu'il faut commencer de conter l'éloignement des autres : de forte que la premiere cafe de cette

feconde

seconde bande est en ce sens-là la plus éloignée
de la seconde case, quoy qu'à conter d'un sens
contraire elle la touche.

Vous pouvez donc dans l'exemple precedent, où la racine du quarré est 5, prendre
ou 1 ou 2, ou 4, qui vous donnent trois cases
differentes, dont vous pourrez faire vôtre seconde case capitale, 1 est premier à 5, & 1. + 1,
c'est-à-dire 3 est aussi premiere à 5, & 1 vous
donnera la case où est *b*, distante de trois gisants de la premiere case capitale. 2 est premier à 5, & 2. + 2 c'est-à-dire 4 est aussi
premier à 5, & 2 vous donnera la case où
est *d*, distante de 4 gisants de la premiere case
capitale. 3 est aussi premier à 5, mais parce
que 3 + 2 c'est-à-dire 5 n'est pas premier
à 5, 3 ne vous peut donner en cet exemple,
qu'une fausse case capitale. 4 est premier à 5,
& 4 + 2 c'est-à-dire 6 est aussi premier à 5,
mais de 6 il faut ôter 5 qui est la racine, & il
restera 1. Et 4 vous donnera la case où est *c*,
la quatriéme en éloignement de la case du diametre montant, & a un gisant prés de la
premiere capitale. Le nombre 4 vous donnera donc l'arrangement de Bachet, qui a
mis toutes les cases capitales dans la premiere
barre : & toutes les fois que vous prendrez
pour nombre déterminant, un nombre
moindre de l'unité, que la racine du quarré, vous tomberez dans l'arrangement de
Bachet.

                        3°. De-là

3°. De-là il s'enfuit que le Diametre montant n'aura aucune autre case capitale, que la premiere, qu'il a déja, & qu'ainsi il n'aura pas deux fois la lettre, qui sera dans les cases capitales. Pour le prouver supposons que nos bandes soient assez allongées vers la droite, pour faire autant de nouveaux montants, que nous voudrons; & marquons le premier montant, qui sera autant éloigné du diametre montant, que la racine du quarré a d'unités: c'est-à-dire qui sera le cinquiéme à droit du diametre montant, si la racine du quarré est 5. Et à pareille distance de ce premier montant marqué, marquons en un second, & puis un troisiéme, & un quatriéme, toûjours à pareille distance l'un de l'autre, jusqu'à ce qu'il y ait autant de montants marquez que le nombre déterminant aura d'unités. En ce cas-là comme le nombre déterminant & la racine du quarré sont premiers entre eux, le dernier montant marqué sera la seul, dont la distance à la prendre depuis le diametre montant, soit divisible par le nombre déterminant.

Supposons aussi, que maintenant que les bandes sont assez longues, on y marque les cases capitales tout de suite, & sans revenir jamais aux premieres cases des bandes, comme il falloit faire avant que les bandes fussent allongées; parce qu'alors elles n'avoient pas assez de cases après la capitale, pour recevoir toutes.

tes les lettres de fuite. Je dis que dans ces fuppofitions, nul de ces montants marquez, n'aura de cafe capitale fi-non le dernier : parce qu'il eft le feul montant marqué dont la diftance depuis le diametre montant jufqu'à luy, eft divifible par le nombre déterminant : car comme les montants, où font les cafes capitales, font autant éloignez (favoir le premier du diametre montant, le fecond du premier, le troifiéme du fecond, & ainfi de fuite) que le nombre déterminant a d'unités, il s'enfuit que nul montant n'a de cafe capitale que la diftance, depuis le diametre montant jufqu'à luy, ne foit divifible par le nombre déterminant. Il demeure donc prouvé que nul montant marqué horfmis le dernier n'aura de cafe capitale : & la cafe capitale qu'il aura fera la premiere au delà du nombre des cafes neceffaires à vôtre quarré augmenté, parce qu'en contant la premiere cafe capitale, il y en aura autant d'autres avant celle-cy, que la racine du quarré a d'unitez.

Or quand vous marquez les cafes capitales dans un quarré augmenté felon la methode que j'en ay donnée cy-deffus, de telle forte que quand vous parvenez à la derniere cafe d'une bande, vous revenez à fa premiere cafe, comme fi elle eftoit aprés la derniere, vous ne faites autre chofe, que placer fucceffivement toutes les cafes capitales à l'égard du diametre montant, comme dans le cas de l'allongement

gement des bandes vous les placeriez l'une
aprés l'autre à l'égard de tous les montants marquez fucceſſivement. Et aucune de vos cafes
capitales, ſinon une premiere furnumeraire
ne peut tomber dans vôtre diametre montant,
comme nulle autre ſinon une premiere furnumeraire ne tomberoit dans vôtre dernier
montant marqué.

4°. Que ſi vous regardez la premiere cafe
capitale comme un giſant, & que vous faſſiez
les mêmes fuppoſitions qu'auparavant, de telle
forte qu'il y ait autant de giſants marquez, que
le nombre déterminant $+$ 2 aura d'unitez, &
auſſi diſtants (ſavoir le premier de la premiere
cafe capitale, le ſecond du premier, le troiſiéme du ſecond, & ainſi de ſuite) que la racine du quarré aura d'unitez : De ce que la
racine du quarré, & le nombre déterminant $+$ 2 font premiers entre eux, & de ce
que le nombre déterminant $+$ 2 exprime la
diſtance des giſants, où feront les cafes capitales, vous prouverez qu'il n'y aura que le dernier giſant marqué, qui ait une cafe capitale, qui ſera la premiere furnumeraire : & par
conſequent, que le rang défaillant, dont la
premiere cafe capitale eſt le complement,
n'aura pas de cafe capitale, parce qu'il eſt le
premier giſant marqué : & vous prouverez
auſſi que la premiere cafe capitale furnumeraire doit revenir au giſant de la premiere cafe
capitale, & comme elle doit revenir auſſi au
dia-

diametre montant, il s'enfuit que la premiere
cafe furnumeraire, c'eft-à-dire celle que vous
voudriez marquer après la derniere des neceffaires, eft la premiere cafe capitale même,
parce qu'il n'y a que celle-là qui foit commune, a fon gifant & au diametre montant.

5°. De l'ordre des lettres, pareil dans toutes
les bandes & pareil auffi dans toutes les barres, vous prouverez que toutes les lettres pareilles, font en même diftance les unes des autres, & en même ordre entre elles, que les
lettres des cafes capitales entre elles, & qu'ainfi
toutes les cafes qui contiennent lettres pareilles peuvent eftre regardées comme capitales,
de telle forte que deux lettres pareilles ne fe
trouvent jamais ny en même montant ny en
même gifant, ny en un rang défaillant & en
fon complement. Ce qui n'a pas befoin d'autre démonftration.

Démonftration.

Cela fuppofé la démonftration du Probleme
eft facile, car dés que nulle lettre n'eft deux
fois ny dans aucun des diametres du quarré
augmenté, ny dans aucun rang défaillant &
fon complement, il s'enfuit que chacun des
deux diametres, & chaque rang défaillant &
fon complement ont toutes les lettres, & que
par confequent ils font même fomme.

Des

Des Diametres.

La bande qui fait l'un des Diametres estant magique par position, comme elle le doit estre, demeure magique, parce qu'elle ne reçoit aucune lettre nouvelle, ny ne perd aucune des siennes. La barre qui fait l'autre diametre se trouve magique par l'arrangement, & la preuve en est telle.

Autant que la barre de la seconde case capitale s'écarte de la premiere barre, autant la barre de la troisiéme case capitale s'écarte de la barre de la seconde, & ainsi de suite, les premieres barres ausquelles vous revenés estant contées en ce cas-là comme venant aprés les dernieres. Or la barre de la seconde case capitale s'ecarte de la premiere barre d'autant qu'il y a d'unités dans le nombre déterminant ─+ 1. C'est pourquoy si le nombre déterminant ─+ 1 est premier à la racine du quarré la démonstration precedente suffit pour prouver qu'aucune barre n'aura deux lettres pareilles, c'est pourquoy la barre qui servira de diametre n'aura pas aussi deux lettres pareilles, & ainsi elle aura toutes les lettres une fois.

Que si le nombre déterminant ─+ 1 est partie aliquote de la racine du quarré, alors chaque barre aura autant de lettres pareilles qu'il y aura d'unitez dans le nombre déterminant ─+ 1, & il y aura autant de lettres differentes

rentes qu'il y aura d'unitez dans l'autre aliquote
de la racine du quarré, qui sera le quotient de
la division faite de la racine par le nombre déterminant + 1. Ces lettres diverses seront
donc en nombre impair, parce que ce quotient ne peut estre qu'un nombre impair,
estant aliquote d'un nombre impair. De ces
lettres en nombre impair l'une sera la moyenne
de la premiere bande, les autres prises deux à
deux seront pareilles à des lettres de la premiere bande qui prises aussi deux à deux seront également éloignées de la moyenne, l'une
vers la tête de la bande l'autre vers la queuë:
de sorte que si l'ordre des lettres de la premiere
bande est que la moyenne par sa situation, soit
moyenne proportionnelle entre toutes les autres qui prises deux seront également éloignées
d'elle alors la barre qui servira de diametre sera
magique, parce que si elle n'a les lettres moyennes de toutes les bandes, elle en aura la valeur, car des autres lettres, qui ne seront pas
moyennes, si estant prises deux à deux, l'une
est plus foible que la moyenne de sa bande,
l'autre sera plus forte dautant que la moyenne
de la sienne; & ainsi les deux ensemble vau-
dront les moyennes de leurs bandes. Par exemple dans le quarré de 81 cases, dont la racine est 9, si le nombre déterminant est 2
comme 2 + 1 c'est-à-dire 3 est partie aliquote de 9, dont l'aliquote correspondante,
c'est-à-dire celle, qui revient de la division de 9

par 3,

par 3, est aussi 3, il y aura dans châque barre, trois lettres diverses qui y seront repetées châcune 3 fois. La premiere des differentes, sera la moyenne de la premiere bande, les deux autres d'entre les differentes, seront pareilles à deux de la premiere bande également distantes de la moyenne. De même dans le quarré de 225 cases dont la racine est 15, si le nombre déterminant est encore 2, comme 2 + 1, c'est-à-dire 3 est partie aliquote de 15 (dont 5 est l'aliquote correspondante,) il arrivera qu'il y aura dans châque barre 5 lettres diverses repetées châcune 3 fois. L'une sera la moyenne de la premiere bande, les 4 autres seront pareilles à 4 de la premiere bande, qui prises deux à deux seront équidistantes de la moyenne.

La conclusion est donc que lorsque le nombre déterminant + 1 est premier à la racine du quarré, la barre qui sert de diametre ne peut estre que magique : mais que si le nombre déterminant + 1 est aliquote de la racine du quarré, la barre qui sert de diametre ne peut estre magique, que la lettre moyenne de la premiere bande ne soit moyenne arithmetique de toutes les autres lettres de sa bande prises deux à deux, & qu'elle ne la soit des lettres de sa bande qui prises deux à deux sont en égales distances d'elle, & dont les pareilles doivent entrer dans la barre qui servira de diametre. A celà prés l'ordre des lettres de la premiere bande est arbitraire.

Au

Au reste les plus proches de ces lettres, équidistantes seront châcune autant éloignées de la moyenne que le nombre déterminant + 1 aura d'unitez, les suivantes seront autant éloignées de ces premieres, chacune de la sienne, & ainsi de suite.

J'ay dit qu'il faut prendre la seconde case capitale dans la seconde bande, quoy qu'on la puisse prendre en telle autre bande que l'on voudra, pourvû que la bande de la troisiéme case capitale soit aussi distante de la bande de la seconde case, que celle-cy le sera de la premiere, & que la bande de la quatriéme case capitale soit en cette même distance de la bande de la troisiéme, & ainsi de suite, les premieres bandes revenant en ordre aprés les dernieres. Mais outre cela il faut que cette distance soit exprimée par un nombre premier à la racine du quarré, & la chose reviendra au même, c'est-à-dire à mettre une case capitale en châque bande. Que si vous mettiez la seconde case capitale en une bande, dont la distance depuis la premiere bande, ne fût pas exprimée par un nombre premier à la racine du quarré, alors plusieurs cases capitales tomberoient en la premiere bande, laquelle estant supposée pleine de toutes les lettres differentes, ne pourroient recevoir les lettres pareilles, qui remplissent les cases capitales.

Autre

Autre moyen de varier les quarrez Magiques.

Vous doublerez les variations precedentes, si vous faites dans les barres, ce que nous venons de faire dans les bandes, & dans les bandes ce que nous venons de faire dans les barres : prenant pour l'un des diametres, une barre qui soit magique par position ; & rendant magique par l'arrangement la bande qui fera l'autre diametre.

De ces principes il s'ensuit que le quarré de 9 cases est toûjours le mesme sans pouvoir recevoir de varietez essentielles, parce qu'il ne peut avoir que 2 pour nombre determinant : & parce que le transport des bandes ou des barres entre elles ne fait qu'un simple renversement, à cause qu'il n'y a que deux bandes & deux barres sujettes à transposition, & que la bande & la barre qui servent de diametres, ne peuvent se déplacer.

Il s'ensuit aussi que toûjours l'un des diametres pour le moins doit estre magique par position : & que le plus grand & le plus petit des nombres proposez pour remplir un quarré Magique, ne peuvent jamais estre au centre, parce que le centre est toûjours rempli par quelqu'un des nombres du diametre par position, dans lequel, soit-il bande ou barre, le plus grand nombre ny le plus petit ne peuvent estre.

Au contraire le nombre moyen de tout le quarré, c'eſt-à-dire celuy qui par la poſition eſt au centre du quarré augmenté, demeurera au centre du quarré Magique, toutes les fois que le diametre par poſition aura la caſe capitale à l'un de ſes bouts, mais en tout autre cas il en ſortira, & il ne ſortira pourtant jamais du diametre par poſition.

Toutes leſquelles choſes ſe doivent entendre ſelon les ſuppoſitions expliquées cy-deſſus. D'ailleurs je ſay que les quarrez Magiques impairs peuvent eſtre variez en un nombre ſurprenant de manieres, auſquelles tout ce que je viens de dire ne conviendroit pas.

Au reſte l'une des diverſes Methodes, qui reſultent des principes, que j'ay expliquez, eſt l'Indienne, comme on le pourra éprouver en tranſportant dans un quarré augmenté les nombres d'un quarré Magique Indien, de telle ſorte que les caſes d'augmentation ſoient pleines des nombres, qu'elles doivent rendre au veritable quarré. On verra que les nombres ſeront rangez dans le quarré augmenté, en l'une des manieres que j'ay expliquées.

Eclairciſſement de la Méthode Indienne.

Comme j'eus communiqué à Monſieur de Malezieu Intendant de Monſeigneur le Duc du Mayne les quarrés impairs Indiens, ſans

luy

luy rien dire de ma demonſtration, que je n'a-
vois pas encore achevé de débroüiller, il en
trouva une qui n'a nul rapport au quarré augmenté de Bachet, & que j'expliqueray en
peu de mots, parce que les choſes que j'ay
dites, m'aideront à me faire entendre.

Soit un quarré que nous appellerons naturel, dans lequel les nombres ſoient diſpoſez
ſelon leur ordre naturel en cette maniere.

I	2	3	4	5
6	7	8	9	10
11	12	13	14	15
16	17	18	19	20
21	22	23	24	25

Il s'agit de diſpoſer ces nombres Magiquement dans une autre quarré d'autant de caſes
& vuide.

1°. En conſiderant ce quarré je voy que les
deux diametres, & le montant, & le giſant
moyens font la meſme ſomme : ce que Monſieur de Malezieu croit avoir donné lieu au
Probleme, par l'envie de rendre égaux auſſi les
autres giſants & les autres montants, ſans détruire l'égalité des diametres.

2°. Je voy que le premier giſant contient
tous les nombres depuis l'unité juſqu'à la racine

du quarré : que le fecond gifant contient ces mefmes nombres & dans le mefme ordre, mais augmentez chacun d'une racine : que le troifiéme contient auffi ces mefmes nombres dans le mefme ordre augmentez chacun de 2 racines : qu'il en eft de mefine de chaque gifant, finon que le quatriéme a châcun de ces nombres augmenté de 3 racines, que le cinquiéme les a augmentez de 4 racines, & ainfi à proportion des autres gifants, s'il y en avoit davantage.

3°. Il s'offre donc naturellement à mon efprit de confiderer un autre quarré, où je mettray dans chaque gifant les mêmes nombres, qui font dans le premier, c'eft à dire depuis l'unité jufqu'à la racine du quarré, fans les augmenter d'aucune racine en aucun gifant ; & je trouve d'abord que les gifants feront égaux en leurs fommes, ayant châcun les mêmes nombres ; & que les montants de ce nouveau quarré auront le même excés les uns fur les autres, que les montants du quarré naturel, parce que la difference des montants dans le quarré naturel, ne vient pas des racines attachées aux nombres, mais de ces nombres qui font repétez dans chaque gifant, comme l'on void en cet exemple, où les traits attachez aux nombres marquent les racines dont chaque nombre eft augmenté dans le quarré naturel.

1	2	3	4	5
1$'$	2$'$	3$'$	4$'$	5$'$
1$''$	2$''$	3$''$	4$''$	5$''$
1$'''$	2$'''$	3$'''$	4$'''$	5$'''$
1$''''$	2$''''$	3$''''$	4$''''$	5$''''$

4°. Il eſt évident qu'en ce quarré tous les
giſants ſont égaux, en ce qu'ils ont chacun
les meſmes nombres, & que les montants ne
ſont inégaux que parce qu'ils n'ont pas chacun tous ces nombres differents qui ſont en
chaque giſant, mais au contraire un ſeul de
ces nombres repeté autant de fois qu'il y a
de quarrés en chaque montant. C'eſt pourquoy je rendray les montants égaux entre eux,
ſi je fais que pas un de ces nombres ne ſoit
deux fois en chaque montant, mais que tous y
ſoient une fois. Et parce que ces meſmes nombres portent chacun meſme nombre de racines en meſme giſant; je rendray auſſi les
giſants égaux entre eux, ſi je fais que chaque
giſant n'ait pas tous ces divers nombres de luy-
meſme, mais qu'il en emprunte un de chá-
que giſant. Ainſi les Diametres ſont déja égaux
entre eux, parce qu'ils ont chacun les nombres divers qu'il faut avoir, & qu'ils en prennent un de chaque giſant, c'eſt-à-dire l'un

M 3   ſans

fans racine , l'autre augmenté d'une racine ,
l'autre de 2, l'autre de 3, & ainfi de fuite.

Donc le veritable fecret eft de difpofer tous
les nombres de chaque gifant de fens diame-
tral, c'eft-à-dire en écharpe , de telle forte
qu'ayant pofé un nombre , le fuivant foit en un
autre gifant & un autre montant en mefme
temps. Ce qui ne fe peut mieux exécuter que
de la maniere Indienne.

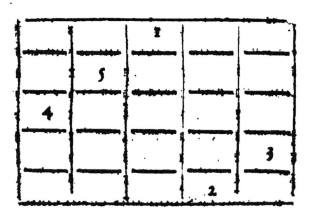

Voilà les nombres du premier gifant di-
fpofez en écharpe, deforte qu'il n'y en a pas
deux en mefme montant ny en mefme gifant.
Je doy donc difpofer les nombres du fecond
gifant de mefme maniere , & parce que je doy
éviter de mettre le premier nombre de ce gifant fous le premier de l'autre , je ne puis mieux
faire que de le mettre fous le dernier , en cette
maniere.

		1	3'	
	5	2'		
4	1'			
5'				3
			4	4'

Je dispose avec la mesme œconomie les autres gisants, mettant toûjours le premier nombre de l'un sous le dernier de l'autre; & je mets pour l'un des Diametres le gisant du milieu, parce que naturellement il est Magique.

2''''	4''''	1	3''	5''
3'''	5	2'	4''	1''
4	1'	3''	9'''	2''''
5'	2''	4'''	1''''	3
1''	3'''	5'''	2	4

Il est clair que dans cette disposition aucun gisant ny aucun montant n'ont deux nombres ny d'un mesme gisant, ny d'un même montant du quarré naturel, & que le diametre que nous avons pas fait par position, n'a aussi qu'un

M 4. nom-

nombre de chaque gisant & de chaque montant du quarré naturel. C'est ce que Monsieur de Malezieu a pensé, sans avoir eu le loisir de l'approfondir davantage; & c'est évidemment le principe, sur lequel la Methode Indienne & mesme celle de Bachet sont fondées, & toutes les autres, dont j'ay fait voir qu'on peut varier les quarrez Magiques. Et si l'on prend garde que dans un quarré Magique, les rangs en écharpe ou paralleles aux diametres sont defaillants, & qu'ils ont leurs complements, on verra que le quarré augmenté de Bachet, & le quarré Magique ont des proprietez opposées. Dans le quarré augmenté, les bandes qui sont ses veritables rangs, ne sont pas Magiques, & ses rangs defaillants augmentez de leurs complements le sont. Dans le quarré Magique au contraire les rangs sont Magiques, & les rangs defaillants & leurs complements contiennent chacun ce que contient une bande du quarré augmenté.

Pour achever ce que Monsieur de Malezieu a pensé, il y faut seulement accommoder ce que nous avons dit du choix des cases capitales: & parce que cela est aisé à faire, je n'en parleray pas davantage.

Monsieur de Malezieu s'est avisé aussi que son Principe doit servir aux quarrés pairs, & cela est vray: mais il se trouve encore icy de la difficulté dans l'execution, parce que dans les quarrez pairs, les rangs defaillants & leurs com-

com-

complemens ont chacun une cafe dans le même diametre, ou n'y en ont point du tout,
deforte qu'en difperfant les nombres d'un gifant dans un rang defaillant & dans fon complement, on met deux nombres de ce gifant
dans un mefme diametre, où l'on n'y en met
point du tout, & l'une & l'autre de ces deux
chofes eft également mal. D'ailleurs il n'y a
point de gifant dans les quarrez pairs, qui puiffe fournir un diametre par pofition : & ainfi
il faudroit s'éloigner un peu dans les quarrés pairs, de la maniere Indienne de difpen-
fer les nombres, & en mettre un dans châque rang, & un dans châque diametre : mais
la Methode ne s'en prefente pas d'abord. En
voicy néantmoins le premier exemple.

8	11	14	1
2	13	12	7
9	6	3	16
15	4	5	10

De la Méthode Indienne des Quarrés pairs.

Je croy l'avoir devinée fur les Exemples des
Quarrés de 16, de 36, & de 64 cafes, qu'Agrippa nous a donnés.

1°. Comme les rangs font en nombre pair

M 5   dans.

dans les quarrés pairs, ils peuvent estre confi-
derez deux à deux. Comparant donc le premier au dernier, le second au penultiéme, le
troisiéme à l'antepenultiéme, & ainsi de suite
en nous éloignant également du premier & du
dernier rangs, nous les appellerons opposez,
soient-ils gisants, soient-ils montants.

Or parce que les nombres d'un rang sont
arithmetiquement proportionnaux avec ceux
d'un autre rang de mesme sens, il est clair à
ceux qui entendent la proportion arithmetique, que deux rangs opposez font la mesme
somme totale que deux autres rangs opposez,
& que si l'on partage cette somme en deux égales, chaque moitié sera la somme que doit faire
un rang Magique.

2°. Les nombres opposez sont aussi le premier & le dernier de tout le quarré, le second
& le penultiéme, le troisiéme & l'antépenul-
tiéme, & ainsi de suite en nous éloignant également du premier, & du dernier nombres:
de telle sorte que la somme de deux nombres
opposez est tousjours égale à la somme de deux
autres opposez.

De là il est évident que les nombres opposez
à ceux d'un rang, sont les nombres qui sont dans
le rang opposé, & que pour rendre les sommes
de deux rangs opposez égales, il ne faut que
prendre la moitié des nombres de l'un des
rangs, & les échanger contre leurs opposez,
qui sont dans l'autre. Par exemple.

I

1	14	15	4
13	2	3	16

1. 2. 3. 4. sont le premier rang naturel du quarré de 16 cases, & 13. 14. 15. 16. en sont le dernier rang. Il ne faut pour les rendre égaux, que prendre 2 & 3 qui sont la moitié des nombres du premier, & les échanger contre 14 & 15 leurs opposez: & ainsi 1. 14. 15. 4. feront la mesme somme que 13. 2. 3. 16.

Les gisants entre eux, & les montants entre eux se peuvent rendre égaux par cette Methode: mais parce que le choix des nombres opposez se peut faire de plusieurs façons, les Indiens en ont choisi une, qui est aisée à retenir, qui laisse les diametres tels qu'ils sont dans le quarré naturel, parce qu'ils sont tels qu'ils doivent estre, & qui arrange les montants, lors qu'on ne songe qu'à arranger les gisants. Toute la methode consiste donc à sçavoir arranger deux gisants opposez, & en voicy les regles.

1°. On prend la moitié des nombres du gisant superieur, & on les transporte au gisant inferieur: & on prend leurs nombres opposez dans le gisant inferieur, & on les transporte au superieur.

2°. Les nombres qui demeurent en chaque rang, y demeurent en leur place naturelle, & dans leur ordre naturel: les transportez se pla-

placent chacun dans la case de son opposé, &
par conséquent en ordre renversé.

3°. Le premier & le dernier nombres de
chaque rang demeurent dans leur rang naturel, le deuxiéme & le troisiéme sont transportez, le quatriéme & le cinquiéme demeurent,
le sixiéme & le septiéme sont transportez, &
ainsi alternativement deux sont transportez,
& deux demeurent.

E X E M P L E.

1	63	62	4	5	59	58	8
57	7	6	60	61	3	2	64

1. 2. 3. 4. 5. 6. 7. 8. font le premier rang naturel du quarré de 64 cases, 57. 58. 59. 60.
61. 62. 63. 64. en font le dernier. 1 & 8 premier & dernier nombres du premier rang y
demeurent & en leur place naturelle. 57 &
64 premier & dernier nombres du dernier
rang y demeurent & en leur place. Ensuite 2
& 3 sont transportez, 4 & 5 demeurent, 6
& 7 sont transportez : & de mesme des nombres du rang opposé 58 & 59 sont transportez 60 & 61 demeurent, 62 & 63 sont transportez. 1. 4. 5. 8. qui demeurent au premier
rang y sont dans leurs cases naturelles, & par
conséquent dans leur ordre naturel. 2. 3. 6. 7.
qui sont transportez, sont dans les cases de

leurs opposez, & sont dans un ordre renversé. De même 57. 60. 61. 64. qui demeurent dans leur rang, y sont dans leurs cases
naturelles, & dans leur ordre naturel. 58.
59. 62. 63. qui sont transportez sont dans les
cases de leurs opposez & dans un ordre renversé.

Tous les rangs opposez se doivent ranger
sur ce peu de regles : mais il n'est pas toûjours
certain qu'il faille mettre le premier nombre
du rang à la premiere case à gauche, car de
cette sorte le premier & le dernier montants
conserveroient tous leurs nombres naturels,
& ne seroient pas égaux. C'est pourquoy il
faut les rendre égaux par les mêmes regles que
les gisants, en transportant la moitié des nombres du premier montant dans les cases de
leurs opposez, laissant le premier & le dernier
dans leur montant, transportant le deuxiéme & le troisiéme, laissant le quatriéme & le
cinquiéme, transportant le sixiéme & le septiéme, & ainsi de suite selon les regles que nous
avons données pour les gisants. La tête de
chaque gisant sera donc à droit ou à gauche
selon que son premier nombre sera demeuré
ou transporté, au premier ou au dernier montant, à droit ou à gauche.

Exem-

Exemple du quarré de 64 cases.

1	63	62	4	5	59	58	8
56	10	11	53	52	14	15	49
48	18	19	45	44	22	23	41
25	39	38	28	29	35	34	32
33	31	30	36	37	2	26	40
24	42	43	21	20	46	47	17
16	50	51	13	12	54	55	9
57	7	6	60	61	3	2	64

Mais ces regles ne suffisent qu'aux quarrés pairement pairs : & il y a quelque observation particuliere pour les impairement pairs.

Tout quarré impairement pair, si vous en ôtez une enceinte (c'est-à-dire le premier & le dernier gisants, le premier & le dernier montants) laisse un quarré pairement pair, qui doit estre rangé suivant les regles cy-dessus à un petit changement prés, que nous dirons. Il faut donc voir comment s'arrangent le premier & le dernier gisans, parce que le premier & le dernier montans s'arrangent de même.

1.° Les gisants, estant d'un quarré impairement
rement

rement pair, ont châcun un nombre de cafes impairement pair : mais fi l'on ne prend pas garde aux deux cafes moyennes de châque gifant, alors il reftera en châcun un nombre de cafes pairement pair, que nous appellerons les cafes pairement paires. La premiere regle eft donc de tranfporter la moitié des nombres des cafes pairement paires, & de tranfporter ceux, qu'on choifiroit pour cela, dans un gifant d'un quarré pairement pair. Ainfi le premier & le dernier nombres demeurent dans leurs cafes, le deuxiéme & le troifiéme font tranfportez, le quatriéme & le cinquiéme demeurent, le fixiéme & le feptiéme font tranf-portez, & ainfi de fuite : mais je ne parle que des nombres des cafes pairement paires, & je ne comprens que ceux-là au conte que je fais, non plus que fi les cafes moyennes n'a-voient pas des nombres.

2°. Les nombres tranfportez ne paffent pas aux cafes de leurs oppofez, mais dans les cafes qui font vis-à-vis des leurs, c'eft-à-dire dans leur même montant : & ainfi ils ne fe trouvent point en ordre renverfé dans le gi-fant où ils paffent.

Exemple pris du quarré de 100 *cafes.*

I			4			7			10
	2	3					8	9	

Je n'ay pas marqué les nombres 5 & 6 dans
cét exemple, parce que ce font ceux des deux
cafes moyennes du premier gifant, & que les
nombres des deux cafes moyennes du premier
gifant, dans châque quarré impairement pair,
ont une regle particuliere, que je donneray,
Quant aux huit autres nombres, 1, 2, 3, 4,
7, 8, 9, 10, qui font ceux des cafes pairement paires, ils font rangés felon les regles que
j'ay données. 1°. le premier & le dernier font
en leurs cafes naturelles, puis le deuxiéme &
le troifiéme font tranfportez, le quatriéme &
le cinquiéme demeurent en leurs cafes naturelles, le fixiéme & le feptiéme font tranfportez. 2°. les tranfportez, favoir 2, 3, 8, 9, font
dans les cafes vis-à-vis des leurs, & dans leur
ordre naturel, & non dans un ordre renverfé.

3°. Quant aux deux nombres moyens, le
premier demeure, & le fecond eft tranfporté:
mais le premier ne demeure pas dans fa cafe
naturelle. Il paffe à la cafe du fecond, & le
fecond n'eft pas tranfporté à la cafe qui eft vis-
à-vis de la fienne, mais dans celle de fon op-
pofé, parce qu'il faut que le premier laiffe fa
çafe

case naturelle à son opposé , qui sera tranfporté en ce premier gisant, & que le second
laisse aussi à son opposé , la case qui est vis-à-vis
de la sienne.

1			4		5	7			10
	2	3		6			8	9	

Les nombres 5 & 6 font les moyens. 5 demeure dans son gisant, mais il passe à la case
de 6 , & 6 est transporté à la case de son opposé , & non à celle , qui est vis-à-vis de la
sienne.

4°. Les nombres du dernier gisant s'arrangent de cette maniere. Le premier & le dernier demeurent dans leurs cases, les autres remplissent les cases qui sont demeurées vuides
dans les deux gisants , & il faut les y placer
tout d'une suite , mais dans un ordre renversé.
De cette maniere les deux gisants deviennent
égaux, parce qu'ils se font donné l'un à l'autre
la moitié de leurs nombres des cases pairement
paires , & que leurs nombres moyens font
somme pareille en châque gisant, les opposés
estant ensemble & non en gisants differents.
On pourroit si l'on vouloit ranger le second
gisant comme nous avons rangé le premier,
mais alors il faudroit ranger le premier comme nous avons rangé le second.

1	99	98	4	96	5	7	93	92	10
91	2	3	97	6	95	94	8	9	100

Les nombres 91 & 100, qui sont le premier & le dernier, du dernier gisant, demeurent dans leurs places naturelles, les autres qui sont 92, 93, 94, 95, 96, 97, 98, 99, remplissent les cases, qui estoient demeurées vuides dans les deux gisans, & ils y sont mis tout de suite, mais dans un ordre renversé.

5°. Le premier & le dernier montans des quarrés impairement pairs se rangent l'un par rapport à l'autre, comme le premier & le dernier gisans : & par ce moyen tout le quarré impairement pair se trouve Magique, & par une Methode aisée à retenir, & à executer de memoire.

La Démonstration en est sensible. Car à considerer les nombres comme nous les venons d'arranger dans le premier & dans le dernier gisans, on void que les nombres opposez pris deux à deux y sont placés ou diametralement dans les cases premiere & derniere de chaque gisane, ou vis-à-vis dans un même montant, & parce que les nombres opposez pris ainsi deux à deux font toûjours sommes égales : il s'enfuit que ces deux gisants estant au haut & au bas du quarré pairement pair & interieur déja Magique, ajoûteront

som-

sommes égales aux diametres & aux montants de ce quarré pairement pair interieur, &
qu'ainsi les montants & les diametres du quarré
impairement seront égaux en leurs sommes.
Il en sera de même des gisants du quarré impairement pair, parce que son premier & son
dernier montants ajoûteront aussi sommes
égales aux gisants du quarré pairement pair
interieur. Et nôtre Démonstration seroit complette, n'estoient les deux nombres moyens,
tant du premier & du dernier gisants, que du
premier & du dernier montants: car ces nombres n'estant pas placés chacun vis-à-vis de
son opposé ajoûtent des sommes inégales aux
gisants & aux montants moyens du quarré
pairement pair interieur. Donc pour reparer
cette inégalité, qui n'est que de deux points,
il faut faire un petit changement dans le quarré
pairement pair interieur, ce qui sera la derniere
regle de cette Methode.

6°. En rangeant le quarré pairement pair
interieur, selon les regles des quarrés Magiques pairement pairs; il faut renverser l'ordre, que devroient avoir selon ces regles des
quarrés pairement pairs, les deux nombres
moyens du dernier gisant du quarré de 16 cases, qui est au centre de tout, & les deux
nombres moyens du dernier montant du même quarré de seize cases. Vous affoiblirez
ainsi le premier montant & le premier gisant
moyens du quarré pairement pair : d'autant

que

que dans le premier gifant du quarré de 16 cafes, le premier nombre moyen eft toûjours
plus fort que le fecond, & que dans le dernier
montant du même quarré de 16 cafes, le nombre moyen fuperieur eft plus fort que l'inferieur.

Quarré de trente-fix cafes.

1	35	34	3	32	6
30	8	28	27	11	7
24	23	15	16	14	19
3	17	21	22	20	18
12	26	9	10	29	25
31	2	4	33	5	36

Ce quarré eft celuy d'Agrippa, fi-non que
j'ay mis à droit, ce qu'il a mis à gauche, parce
qu'il a pris les quarrés qu'il donne, d'aprés
des Talifmans Hebraïques, où l'ordre naturel des nombres eft de la droite à la gauche
felon la maniere d'écrire des Hebreux.

Quarré

Quarré de 100 *cafes.*

1	99	98	4	96	5	7	93	92	10
90	12	88	87	15	16	84	83	19	11
80	79	23	24	76	75	27	28	72	21
31	69	33	34	66	65	37	38	62	70
60	42	58	57	45	46	44	53	49	51
41	52	48	47	55	56	54	43	59	50
61	39	63	64	35	36	67	68	32	40
30	29	73	74	26	25	77	78	22	71
20	82	18	17	85	86	14	13	89	81
91	2	3	97	6	95	94	8	9	100

Dans le quarré de 36 cafes les nombres 9
& 10, qui font les moyens du dernier gifant
du quarré de 16 cafes, qui eſt au centre, font
dans un ordre contraire à celuy qu'ils devroient
avoir felon les regles des quarrés paitement
pairs. Ainſi 14 & 20 qui font les moyens du
dernier montant du même quarré de 16 cafes,
font dans un ordre contraire, à celuy qu'ils
devroient avoir par les mêmes regles : car il
faudroit que 10 fut devant 9, & que 14 fût
fous 20.

Dans

Dans le quarré de 100 cafes au feptiéme gifant les nombres moyens 35 & 36 font mis contre les mêmes regles des quarrés pairement pairs: 36. devroit preceder 35 felon les regles: & 44 & 54 qui font les moyens du feptiéme montant font auffi renverfez, parce que 44 devroit eftre fous 54.

Dans tout quarré pairement pair rangé magiquement fuivant les regles que j'ay données, il eft infaillible que dans le gifant qui eft immediatement fous les gifants moyens, les deux nombres moyens foient dans un ordre renverfé, c'eft à dire que le plus fort precede le plus foible : car où ces nombres moyens font tranfportez, & par confequent dans un ordre renverfé, où ils ne font pas tranfportez, & ils font encore dans un ordre renverfé parce qu'alors leur gifant commence à droite: d'autant que fi les nombres moyens de chaque rang ne font pas tranfportez comme on le fuppofe, les moyens du premier montant ne le font pas, & ainfi les gifants moyens commencent à gauche, donc le gifant au deffous commence à droite. Par un pareil raifonnement on prouvera que felon les regles des quarrés pairement pairs les nombres moyens du montant qui eft immediatement aprés les montants moyens, font rangés de telle forte, que le plus fort eft toûjours au deffus du plus foible.

Voilà la Methode des quarrés pairs d'Agrippa,

pa, qui font à mon avis les Indiens, dont le
mérite ne confiste pas à donner la feule maniere poffible de ranger les quarrés pairs, mais
la plus aifée à executer de memoire : car c'eft
à cela principalement qu'il femble que les Indiens, fe foient attachés. Au refte les quarrés
pairs Indiens feront auffi Magiques dans la pro-
greffion Geometrique.

Les Indiens ont donc connu deux Principes pour le Probleme des quarrés Magiques,
dont ils ont appliqué l'un aux quarrés impairs, & l'autre aux pairs. Les Mathematiciens
de ce Païs-cy, qui ont travaillé là deffus, n'ont
connu que l'un de ces deux Principes, qui
eft celuy des quarrés pairs ; mais ils l'ont accommodé auffi aux quarrés impairs, & de plus
ils ont ajoûté une condition finguliere à ce
Probleme, qui eft que le quarré Magique foit
rangé de forte, qu'en luy ôtant fa premiere
enceinte, c'eft-à-dire fon premier & fon dernier gifants, fon premier & fon dernier montants, le quarré interieur qui reftera, fe trouve
Magique de cette même efpéce , c'eft-à-dire
pouvant perdre toutes fes enceintes l'une aprés
l'autre, & laiffer toûjours pour refte un quarré
Magique, pourvû que ce refte ait au moins 9,
ou 16 cafes : parce que le quarré de 4 cafes ne
fauroit eftre Magique.

Monfieur Arnoud a donné la folution de
ce dernier Probleme à la fin de fes Elemens
de Geometrie, & avant qu'il l'eût fait imprimer

met la premiere fois , j'avois auffi réfolu ce même Probleme dans toute fon étenduë, m'ayant efté propofé par feu Monfieur de Fermat Confeiller au Parlement de Thouloufe, dont la Memoire eft encore en veneration parmi les favants , & parmi les gents de bien : mais alors je ne devinay point le principe des quarrés impairs d'Agrippa , ny la raifon de la Methode de Bachet.

Enfin je doy rendre ce témoignage à Monfieur Sauveur Profeffeur des Mathematiques à Paris , qu'il a trouvé une démonftration des quarrés impairs Indiens , que Monfieur de Malezieu luy a communiquéz: & qu'il a trouvé auffi une Methode pour ranger les quarrés pairs. Je luy laiffe le foin d'en faire un jour part au Public , & de plufieurs autres chofes de fon invention , parce que ce Chapitre eft déja trop long.

Du foin des Mœurs chez les Chinois. & de l'ancienneté de leur Hiftoire.

LA Chine eft heureufement fituée pour n'avoir point à craindre de guerre étrangére. Elle n'a d'autres Voifins que la Tartarie au Nord, & le Tonquin au Couchant d'hyver. Par tout ailleurs elle eft bornée ou par l'Ocean,

l'Ocean, ou par un defert de plufieurs jour-
nées de chemin, ou par des Forêts, & des
Montagnes prefque impratiquables. Le Tonquin eft un fort petit Etat, fi on le compare à la
Chine : & il eft fitüé fous ces Climats chauds,
d'où il n'eft jamais forti de Conquérant. Le
Tartare eft de tout temps accoûtumé à ne faire
que des courfes fur fes ennemis, & non des
guerres en forme. Une muraille fur les frontieres de la Chine, qui ferme les paffages, que les
montagnes laiffent ouverts, a fuffi durant une
longue fuite de fiecles, pour arrêter toutes les
entreprifes des Tartares.

Il ne faut donc pas s'étonner fi les Chinois
font peu belliqueux, & fi les Tartares quoy
que plus foibles, & d'ailleuts peu propres à
faire des conquêtes, les ont pourtant fubju-
guez deux fois dans l'efpace de trois à quatre
mille ans.

Mais autant que les Chinois ont ignoré la
guerre, autant ont-ils efté habiles dans la
fcience du gouvernement. Leur bon efprit naturel la leur a fait cultiver avec tant de foin
dans le repos dont leur Païs a prefque toûjours
joüi, qu'aprés les Loix que Dieu donna à Moï-
fe, il n'y en a peut-être point qui faffent un
corps de Politique plus complet, ny dont les
parties concourent mieux à même fin, que
les Loix Chinoifes. Auffi ce Peuple eft-il le
plus nombreux qui ait jamais efté au monde,
excepté peut-être le Peuple de Dieu: ce qui,

à mon sens, est la meilleure marque d'un heureux gouvernement.

J'ay assez dit dans ma Relation, comment les Chinois ont accommodé leur Religion à leur Politique, en faisant de l'Esprit du Ciel & des autres Esprits une Republique invisible pareille à la leur, dont ils supposent que les membres ont une correspondance secrete avec les membres de la leur, & qu'ils punissent les fautes cachées de leurs Rois, de leurs Magistrats, & de chacun de leurs Citoyens en particulier.

J'ay marqué aussi comment ils ont pourvû à la durée de leurs Loix par la crainte de leurs parents morts, qu'ils supposent devoir s'irriter en l'autre vie, des fautes que leurs enfants commettent en celle-cy, & principalement du grand manque de respect que ce seroit aux Chinois envers leurs ancêtres, de changer les Loix qu'ils leur ont laissées. Ce n'est donc pas une vaine ceremonie que ce deüil de trois ans accompagné d'une extréme austerité, & separé de toute fonction publique, que les Loix Chinoises ordonnent aux enfants à la mort de leur Pere & de leur Mere, & dont elles ne dispensent pas même leurs Rois. Elles ne pouvoient trop imprimer dans les Esprits ce respect, qui a toûjours esté leur plus grand appuy.

Mais ce que j'admire le plus dans les Loix de la Chine, c'est le soin qu'elles ont de former les mœurs, puisqu'il n'y a que les bonnes mœurs,

mœurs, qui puissent maintenir les Loix, comme il n'y a que les bonnes Loix qui puissent
faire les bonnes mœurs. Platon, ce me semble, a connu toute l'importance de cette maxime, & si ma memoire ne me trompe, il veut
en quelques endroits de ses Loix, qu'elles se
mêlent de l'interieur du domestique de ses
Citoyens: & parce qu'il craignoit que cela ne
parût trop nouveau à des Peuples aussi libres
que les Grecs l'estoient de son temps, il cherche quelque excuse au peu qu'il en dit.

Les Chinois au contraire n'ont point hesité
à donner des Loix à presque toutes les actions
des hommes. Un de leurs plus anciens livres
regle non seulement les Rites, qui concernent
la Religion & les Sacrifices, mais tous les devoirs des enfants envers leur Pere, & du Pere
envers ses enfants, du mary envers la femme,
& de la femme envers le mary, des freres &
des amis entre eux, du Roy envers ses sujets,
& des sujets envers leur Roy, des Magistrats
envers le Peuple, & du Peuple envers les Magistrats. Dans ce Livre qui a autorité de Loy,
les Vieillards sont regardés comme les Peres
de tout le monde & du Roy même, les Orphe-
lins y sont regardez comme ses Enfans, & tous
les Citoyens comme freres entre eux. Le
P. Martini dit, qu'il n'y a presque point d'a- *Hist. Sin.*
ction humaine, quelque petite qu'elle soit, à *p. 352.*
laquelle ce Livre ne donne des Loix, jusques
à causer de l'ennuy par un trop petit detail. Je

ne doute pas que tous les Europeans n'en ju-
geaffent comme luy, fi ce Livre venoit à nôtre connoiffance, mais c'eft toûjours un témoignage bien ancien, du foin extreme que
les Chinois ont pris detout temps des bonnes
mœurs.

Et parce qu'ils favoient la force qu'a l'exemple des Rois fur les Peuples, leur plus grande
étude a efté toûjours d'infpirer la Vertu à leurs
Rois. Le Peuple, difent-ils, eft comme les
épics dont une campagne eft couverte, les
mœurs du Prince font comme le vent, qui les
incline, où il veut.

Leur Politique n'a donc point de mœurs
particulieres pour leurs Rois, & d'autres mœurs
pour les Peuples. Leurs Rois font obligés à
refpecter les vieillards : ils en nourriffent en
châque ville ; & l'Hiftoire Chinoife marque
avec éloge ceux de leurs Rois, qui leur ont rendu plus de devoirs, & quelques autres, qui
ont fait affeoir à leur table & au deffus d'eux,
leurs freres illégitimes, qui les devançoient
en âge. Leurs Rois font obligez au deüil de
trois ans à la mort de leur Pere, & de leur Mere, & à s'abftenir pendant ce temps-là des
foins du gouvernement, quoy que peut-être
cette Loy ait perdu fa vigueur dans les derniers
temps. Lors que la Chine étoit encore divifée en petits Etats, qui étoient autant de Fiefs
de ce grand Empire, Ven-cum Roy de Cin
chaffé de fon petit Royaume par les artifices de

fa

sa Maraftre, ne voulut pas entreprendre de guerre pour y rentrer, qu'il n'eût porté le deüil de son Pere pendant trois ans.

Ils croyent entre autres chofes que les parents morts peuvent abréger ou prolonger la vie de leurs enfants ; ils leur demandent une longue & heureufe vie, & fur ce fondement ridicule, ils ont en mêmes termes que nous ce Precepte, que nous tenons de Dieu même, & dont fa Verité éternelle nous eft garent : honore ton pere & ta mere, afin de joüir d'une longue vie.

Xin le premier Roy de la Race Cina, ayant exilé fa Mere pour fes impudicitez, & parce que fon adultére s'étoit fervi de la faveur de cette Princeffe pour fe révolter, & pour affembler une grande armée, fût forcé par tous fes Miniftres, à la rappeler de l'éxil, quoy qu'il fe fût fait Roy par la force, & que par là il femblât devoir être plus fort que les Loix.

Hoéi fecond Roy de la race Hana ayant auffi une Mere impudique, n'ofa l'en punir : mais ne voulant pas regner & fouffrir fes impudicités, il luy abandonna le Gouvernement par une pieté outrée, & fe plongea luy-même dans la débauche : fi bien que Hiáovu le fixéme Roy de la même race, fit mourir la Reyne fa femme, de peur de laiffer aprés luy une veuve débauchée, & une mere incommode à fon fucceffeur.

Je

Je ne finirois point si je voulois rapporter tous les exemples de l'extreme respect que les Rois Chinois ont pour leur Pere, & pour leur Mere, j'ajoûteray seulement qu'ils ne changent point leurs Officiers, comme ils n'innovent rien en leurs Loix.

Ils sont élevés aussi à n'avoir pas moins de respect pour leurs Gouverneurs, que les Particuliers en ont pour leurs Precepteurs. Ils appellent Coláo leur Gouverneur, qu'ils font pour l'ordinaire leur premier Ministre, comme le Grand Seigneur appelle son Grand Vizir *Lalà*, c'est à-dire Gouverneur. Ce respect est si entier chez eux, qu'ils châtient, comme je l'ay dit en quelque endroit de ma Relation, le Gouverneur du Prince heritier presomptif de la Couronne, des fautes que fait ce Prince, & qu'il s'est trouvé des Princes, qui estant devenus Rois ont vengé leurs Gouverneurs.

Outre le Coláo, qui est le principal Conseil du Roy, il a d'autres Officiers, dont la seule fonction est de le reprendre publiquement de ses fautes. Yvus le premier Roy de la race Hiáa, qui selon leur Histoire commença de regner 2207 ans avant JESUS-CHRIST donna pleine liberté à tous les gens de bien de luy donner des conseils : & néanmoins parce qu'il se trouva une fois repris avec trop d'aigreur en presence de ses principaux Conseillers, il en fût si fâché, qu'il avoit resolu de faire mourir celuy qui luy avoit fait cet

af-

affront : mais sa femme l'appaisa. S'estant pa-
rée plus qu'à l'ordinaire, elle se presenta devant luy : & comme il fût encore blessé de
cette parure, qui dans le chagrin où il estoit,
luy sembla hors de propos, elle luy dit, qu'elle le venoit féliciter, d'avoir dans sa Cour
des serviteurs assez courageux & assez fideles,
pour oser luy dire la Verité. Cette liberté d'a-
vertir le Prince passa en Loy dans la suite du
temps : il y eut comme j'ay dit, des Offices
créez exprés pour l'exercer : sans néanmoins
l'ôter à pas un autre Officier de l'Etat ; &
les Chinois ont toûjours esté si jaloux de cette prerogative, que plusieurs sont morts pour
la soûtenir, & qu'il y a eu, mesme en ce siecle, des exemples, que lors que le Roy s'est
obstiné à ne pas écouter quelque correction
importante, les Officiers de sa Cour, au
nombre quelquefois de deux-mille, sont entrés
dans son Palais, pour y deposer les marques
de leurs Offices. De sorte qu'il est impossible qu'un Roy de la Chine puisse demeurer
Roy, s'il est vicieux à un certain point. Aussi,
luy dit-on sans cesse, que c'est son exemple
qui doit rendre les Magistrats, & le Peuple
vertueux, & que s'il se depart de la Vertu de
ses Ancêtres, les Magistrats & le Peuple venant
à se corrompre dans leurs mœurs, oublieront
la fidelité qu'ils luy doivent, & qui est leur
premier devoir, & leur premiere vertu. Les
exemples en sont frequents dans leur Histoire :

en

en quoy ils n'ont pas mieux pourvû à la sûreté de leur Maître, que tous les autres Etats Despotiques. Selon eux il y a 4000 ans que leur Royaume dure dans ces maximes, qui le rendent l'admiration de tous ses voisins. Saint François Xavier rapporte dans ses Lettres, que les Japponois luy objectoient incessamment que la Religion Chrétienne ne pouvoit être veritable, puis qu'elle étoit ignorée des Chinois. Je say pourtant que les Chinois ont des vices, mais ils péchent peut-être moins contre leur Morale, que nous ne péchons contre la nôtre. Combien nos mœurs n'ont-elles pas dégeneré de celles de nos ancêtres? & les Chinois incomparablement plus anciens que nous, estiment encore que c'est une honte de violer leurs mœurs en public, & de manquer aux égards qu'ils se doivent les uns aux autres, ou par quelque desobeïssance envers leurs parents, ou par quelque querelle avec leurs égaux. Ils sont infideles, dit-on, dans le commerce: mais peut-être ne le sont-ils qu'avec les étrangers, comme les Hebreux ne prêtoient à usure qu'aux étrangers: & d'ailleurs, les Chinois qui ont commercé avec les étrangers, sont ceux des frontieres, dont ce même commerce étranger a gâté les mœurs.

Le plus grand vice des Chinois sans doute est une extreme hypocrisie: mais outre qu'il y en a par tout, parce que c'est un vice qui se dérobe à la correction des Loix, c'est peut-

être.

être un moindre mal , qu'une corruption publique.

Que s'il en faut croire l'Histoire Chinoise , c'est la vertu toute seule qui a formé ce grand Empire : l'Amour de leurs Loix, qui furent d'abord établies en un coin de ce Pais-là , attira peu à peu au même joug toutes les Provinces voisines , sans qu'il paroisse que les Chinois ayent soûmis ces Provinces par aucune guerre. Il est vray que tous ces petits Etats, qui estoient au commencement autant de fiefs hereditaires donnés pour l'ordinaire aux Princes du sang Royal , ont esté réünis à la Couronne par des guerres Civiles, lors que la race Royale a changé, & que des Usurpateurs ont chassé du Thrône les Rois legitimes : mais il paroît que la premiere sujetion de tous ces petits Etats à la Couronne de la Chine a esté volontaire. Ils disent que 44 Royaumes amoureux de la vertu de Venvam, se soûmirent à ses Loix. Il regna sur les deux tiers de la Chine , lors qu'elle estoit encore divisée. Quoy qu'il en soit , les Chinois ont esté de tout temps ennemis de toute guerre, comme de la principale cause de la corruption des mœurs, & ils ont preferé les mœurs à toute la gloire des conquêtes , & à tous les avantages du commerce avec les étrangers.

Le Roy *Siven* , neuviéme de la race *Hana*, 60 ans avant la Naissance de JESUS-CHRIST, craignant les suites de quelque mouvement des

N 5,

des Tartares, qui quelque temps auparavant
avoient esté confinés dans leurs Montagnes
par *Hiáoeu*, & qui estoient revenus s'emparer
du plat Païs, voulut les prevenir, & leur faire
la guerre, avant qu'ils se missent en estat de la
porter dans la Chine. En un autre Pays cette
prudence eût pû être approuvée, mais elle
ne le fut pas à la Chine, où le soin des bonnes mœurs est la premiere affaire de l'Etat.
L'Histoire donc rapporte que son premier Ministre le dissuada de cette entreprise par ce difcours. Quoy Seigneur, vous songez à envahir
les Pays étrangers, quand il y a de si grandes
choses à reformer dans le vôtre. Prodige jufqu'à cette heure inoüi parmi nous! en cette
année un fils a tué son pere, sept freres cadets
ont tué 25 freres leurs aînés. Voilà des traits
d'une audace intolerable, & qui presagent une
tres-dangereuse corruption dans nos mœurs.
C'est de quoy nous devons nous allarmer, c'est
à quoy il faut appliquer un prompt remede : car
tandis que ces crimes ne seront pas soufferts
à la Chine, la Chine n'aura rien à craindre
des Tartares : mais s'ils estoient une fois soufferts, je crains qu'ils s'étendroient non seulement dans toutes les terres de l'Empire, mais
mêmes dans le Palais Imperial.

Sous *Juen*, dixiéme Roy de la même race,
les Provinces de Quangtong, & de Quang-
fi, & l'Isle de Hainan s'estant revoltées, il
assembla autant de forces qu'il luy fut possible,
pour

pour les ranger à leur devoir : mais *Kiafu*, qu'il nomma pour leur General le detourna de cette guerre par ces paroles. Autrefois le Royaume de la Chine eſtoit borné au Levant par l'Ocean, au Couchant par le deſert ſablonneux, & au Midy par le Fleuve Kiang : mais peu à peu il eſtendit ſes limites moins par les armes, que par la vertu. Nos Rois recevoient humainement ſous leur empire, ceux qui s'y ſoûmettoient d'eux-mêmes par l'amour de nôtre juſtice & de nôtre douceur, & pluſieurs Provinces voiſines s'y ſoûmirent : aucune n'y fût contrainte par la force. C'eſt mon avis que vous vous abſteniez de cette guerre, & qu'imitant les bons Rois qui ont vécu avant vous, vous les faſſiez revivre dans vos maximes. C'eſt aux appas de la vertu, & non à l'horreur des armes, à rappeller à leur devoir les Peuples rebelles.

La Chine pourtant a eu quelques Rois Conquerants, mais deux ou trois tout au plus, ſi je ne me trompe : encore diſent-ils, qu'Hiáovu, qui fût l'un de ceux-là ſe repentit des guerres qu'il avoit faites, & ne ſe ſoucia pas de conſerver ſes Conquêtes.

Çu-Cum l'un des Diſciples de Confucius luy demanda un jour quelles choſes étoient neceſſaires à un bon goûvernement. Abondance de vivres, luy répondit-il, aſſez de ſoldats, & de munitions de guerre, de la vertu dans le Roy & dans les ſujets. J'entends ce que vous me dites, reprit le Diſciple, mais s'il falloit

man-

manquer de l'une de ces-trois chofes, laquelle abandonneriez-vous la premiere? Les foldats, repartit le Philofophe. Mais s'il falloit encore manquer de vivres ou de vertu, lequel de ces deux partis choifiriez-vous? Je choifirois, dit-il, de manquer de vivres. Il ne pouvoit mieux témoigner le mépris de la guerre, & l'amour des bonnes mœurs. Platon ne vouloit qu'un petit nombre de Citoyens dans fa Republique, parce qu'il craignoit la corruption dans la trop grande multitude, & qu'il ne fe foucioit pas tant que fa Republique durât, comme qu'elle fût heureufe, & par confequent vertueufe, tandis qu'elle dureroit.

Enfin les Chinois n'ont jamais negligé l'inftruction du Peuple. Outre qu'il eft aifé de favoir des Loix qui font publiques, & qui ne changent jamais, ils publient tous les quinze jours, par cry & par affiche un petit nombre de Preceptes, qui font le fondement de leur Morale, comme les Commandements de Dieu le font de la nôtre.

Ils n'ont pas auffi negligé les châtiments, puis que les Magiftrats répondent des fautes de leur famille, les parents de celles de leurs enfants, les fuperieurs de celles de leurs inférieurs, & qu'ils ont tous droit de punir les fautes de ceux, dont ils répondent: mais j'ay déja touché ces chofes, & quelques autres dans ma Relation.

C'eft ce que j'avois à dire du foin que les
                                    Chinois

Chinois ont eu de conferver leurs mœurs, dont
la durée eft fans doute la plus grande merveil-
le, qu'on ait vû parmi les hommes. On peut
foupçonner que leur Hiftoire eft flattée en
quelque chofe. Ils ont pû mentir, fans craindre d'eftre contredits par leurs voifins : & il
y a de l'apparence qu'ils n'ont pas toûjours
dit la verité, puifque leur Hiftoire eft l'ouvrage de leur Politique. L'Office d'Hiftorien
eft chez eux un Office public. L'Hiftoire d'un
Roy s'écrit aprés fa mort par l'ordre de fon fuc-
cefleur, qui quelquefois a efté fon ennemi ;
& aucune Hiftoire ne fe publie, que la race
des Rois dont elle parle, ne foit éteinte, ou
au moins chaffée du Thrône. Il n'eft permis à
aucun Hiftorien de révoquer en doute les Hiftoires déja écrites, ny à aucun particulier
d'écrire l'Hiftoire : châcun feulement peut
faire des abregez des Hiftoires déja publiées.
Il n'y a donc qu'une feule Hiftoire generale,
& point de Memoires particuliers. Cependant il n'y a nulle apparence, qu'ils ayent cor-
rompu à deffein le gros des évenements ; &
les Hiftoriens Romains n'ont peut-eftre pas
efté plus fideles dans tout ce qu'ils ont écrit à
l'honneur de leur Patrie, & à la honte de leurs
ennemis.

Mais une raifon particuliere jette un grand
doute fur l'Hiftoire Chinoife depuis le commencement de leur Monarchie jufqu'à environ 200 ans avant JESUS-CHRIST, parce que

Xin le premier Roy de la race Cina, qui regnoit environ 200 ans avant JESUS-CHRIST, fit brûler autant qu'il luy fût possible, tous les livres de la Chine, qui ne traittoient pas de Medecine ou de Divination. Leur Histoire marque qu'il exerça de grandes cruautez, contre ceux qui cachoient des livres, & qu'ainsi il en échappa peu à sa fureur, & qu'il n'en échappa presque point d'entiers: évenement fort singulier parmi ceux, qui détruisent de temps en temps la Memoire des choses passées. Cela suffit donc à mon avis pour douter si l'on veut, que ce grand Empire se soit formé sans aucune guerre.

Malgré cette perte de leurs livres, les Chinois ne laissent pas de donner une Histoire complette non seulement depuis le commencement de leur Monarchie, mais depuis l'origine du Genre humain, qu'ils font remonter à plusieurs milliers d'années au delà de la verité. Ils reconnoissent pourtant eux-mêmes que leur Histoire a l'air d'une Fable, en tout ce qui precede le commencement de leur Monarchie, mais il a esté difficile jusqu'à cette heure de leur persuader qu'ils n'ayent pas eu une longue suite de Rois avant JESUS-CHRIST, qui remonte au delà du temps, où nôtre Chronologie ordinaire met le Déluge: desorte que plusieurs d'entre les Missionnaires ont crû qu'il falloit avoir recours à la Chronologie des Septante, selon laquelle le Déluge est plus ancien.

cien de plusieurs Siécles, que selon la Chronologie commune. Ce qui rendoit l'Histoire Chinoise plus vray-semblable , c'est qu'elle marque sous châque Roy les Eclipses, & les autres Phénomenes célestes de son Regne : mais Monsieur Cassini ayant examiné le temps d'une conjonction des Planetes, qu'ils mettent sous leur cinquiéme Roy, il l'a trouvée plus récente de 500 ans que leur Histoire ne la fait : & il prouve ce même mécompte de 500 ans par une autre remarque Astronomique rapportée au regne de leur septiéme Roy. Ainsi la Monarchie Chinoise paroît moins ancienne de 500 ans que les Chinois n'ont crû, & on peut présumer que dans cette suite de Rois qu'ils nous donnent, ils en ont mis qui ont regné en même temps en diverses Provinces de la Chine , lors qu'elle estoit divisée en plusieurs petits Etats feodataires d'un même Maître. Monsr. Cassini m'ayant donné ses Reflexions sur ce sujet, j'ay crû devoir les ajoûter icy , & enrichir encore une fois mon Ouvrage d'un Chapitre de sa façon. Et parce qu'il m'a communiqué une nouvelle pensée qu'il a euë sur la situation de la Taprobane des anciens , je l'ay prié de me la donner : tout ce qui regarde les Indes ne pouvant estre hors de propos dans ce livre , & tout ce qui vient de Monsieur Cassini estant toûjours bien reçû de tout le Monde.

Reflexions sur la Chronologie Chinoise par Monsieur CASSINI.

I. Systême des Chinois.

LEs années des Chinois sont Lunisolaires, dont les unes font communes de 12 mois Lunaires, les autres Embolismiques de 13.

Le premier jour du mois est ordinairement le premier jour aprés la conjonction de la Lune avec le Soleil, de sorte que les Eclipses du Soleil arrivent ordinairement le dernier jour du mois, comme l'on peut voir dans la Chronologie Chinoise du P. Couplet.

Si les commencements des mois s'éloignent de cét Epoque des conjonctions, il est aisé de les y remettre aprés l'observation d'un Eclipse du Soleil.

L'ordre des années communes & Embolismiques est reglé par le cycle de 60 années, dans lequel 22 font Embolismiques, & les autres communes.

Suivant le P. Martini dans son Histoire Chinoise, les années commencent à la conjonction de la Lune avec le Soleil la plus proche du quinziéme degré d'Aquarius : c'est-à-dire du point du Zodiaque qui est à égales distances des points du Solstice d'hyver, & de l'Equinoxe du Printemps : ce qui suivant cét Auteur

teur a esté observé depuis le vingt-cinquiéme
siécle avant la Naissance de JESUS-CHRIST
jusqu'au siécle present : quoy que ce commencement ait varié suivant la volonté de divers
Empereurs, & qu'on ait esté obligé quelquefois de corriger l'année, des erreurs qui s'y
estoient glissées.

Il y peut y avoir plus d'erreur dans l'Epoque des années, que dans l'Epoque des mois,
parce que les points du Zodiaque qui déterminent les premiers mois des années, ne sont
pas visibles immediatement, comme les Eclipses du Soleil, qui déterminent les commencements des mois.

Il est constant, comme le P. Martini remarque, qu'aprés une periode de 60 années
Lunisolaires les conjonctions de la Lune avec
le Soleil ne retournent pas au même point du
Zodiaque, mais qu'elles anticipent de trois
degrez, que le Soleil ne parcourt qu'en trois
jours, qui en dix Periodes de 60 années montent à 30 jours. Ainsi pour empêcher le commencement des années de s'éloigner de plus
d'un signe du quinziéme degré d'Aquarius, il
seroit necessaire que les Chinois ajoûtassent
à châque Periode de 600 ans un mois extraordinaire par dessus les 22 mois, qu'on ajoûte
à châque Periode de 60 années. Neanmoins
le P. Martini dit qu'ils n'ont pas besoin d'aucune intercalation : ce que je croy qu'il faut
entendre des intercalations de ces trois jours à
part,

part, mais non pas des intercalations extraordinaires des mois, quand cette difference de
trois jours est montée au mois entier.

II. Doutes sur la Chronologie
Chinoise.

Mais on ne sçait pas si cela se pratique re-
gulierement, ou si les Chinois ajoûtent quelque mois extraordinaire à leurs années sans
regle, quand ils s'apperçoivent que le commencement de l'année s'est trop éloigné du milieu d'Aquarius, & si les intercalations des
mois tant ordinaires qu'extraordinaires, se
font à propos.

Nous avons sujet d'en douter, de ce que le
P. Couplet, qui a esté long-temps à la Chine,
dans son Traitté de la Chronologie Chinoise
dit que les Chinois commencent leurs années
à la conjonction de la Lune avec le Soleil la
plus prochaine du cinquiéme degré d'Aquarius, ce qui doit estre ainsi presentement : desorte que depuis le P. Martini jusqu'à present
l'Epoque des années Chinoises auroit reculé
de 10 degrez.

Si l'observation rapportée par le P. Martini
au septiéme livre de son Histoire estoit veritable, le commencement de l'année Chinoise
se seroit éloigné de plusieurs signes du quinziéme degré d'Aquarius, depuis le temps que
ce degré a esté assigné pour limite moyen des

années

années Chinoifes : car il dit que fuivant les
Hiftoriens Chinois, dont la foy luy eft pourtant fufpecte , l'an 204 avant l'Époque de
Jesus-Christ , dans le commencement
de l'année, cinq Planetes fe trouverent dans la
conftellation de *Cing*, qui prefentement
s'étend depuis le commencement du Cancer
jufqu'au commencement du Lion , & alors
par confequent s'étendoit depuis les 4 ou 5 des
Jumeaux jufqu'aux mêmes degrez du Cancer.
On peut voir fans autre calcul que cette obfer-
vation ne s'accorde pas au fifteme des années
Chinoifes : car puifque Mercure ne s'éloigne
pas du Soleil de plus de 28 degrez, ny Venus
de plus de 48 ; il eft conftant que Venus ne
pouvoit eftre dans la conftellation *Cing* avant
que le Soleil eût paffé la moitié du figne d'A-
ries qui eft éloigné de deux fignes entiers du
milieu d'Aquarius; & que Mercure ne pouvoit fe trouver dans cette conftellation à moins
que le Soleil n'eft paffé le commencement
du Taureau , & parce qu'il eftoit neceffaire
qu'au moins un de ces deux Planetes fe trou-
vât dans cette conftellation pour accomplir le
nombre de cinq , ou tous les deux , fi la Lune
ne s'y trouvoit pas ; (car le Soleil dans cette
hypothefe ne pouvoit pas s'y trouver) il eft
conftant que le Soleil ne pouvoit eftre moins
éloigné du milieu d'Aquarius que de deux
fignes entiers dans le commencement de l'année , auquel on marque cette conjonction.

L'Hi-

L'Hiſtoire Chinoiſe marque auſſi qu'en divers temps il s'eſt trouvé des égarements dans les années Chinoiſes qui ont obligé divers Empereurs de les remettre à la premiere Epoque. Ces égarements peuvent eſtre arrivez pour avoir intercalé des mois trop ſouvent, ou pour avoir negligé les intercalations des mois, quand il falloit les faire, & comme nous n'avons pas l'Hiſtoire de ces intercalations, on ne ſçauroit ſe tirer des embarras qu'il y a pour cette cauſe dans la Chronologie Chinoiſe.

On ſçait quel a eſté celuy des Chinois en ce même ſiécle : car nonobſtant l'ancienneté de leurs magnifiques Obſervatoires fournis de toutes ſortes d'Inſtruments, & les amples Colleges & les Magiſtratures d'Aſtronomie cette Nation tres-jalouſe de ſa propre gloire, & ennemie des étrangers a eſté obligée de mettre à la tête de ſes Aſtronomes pour la correction de leur Calendrier les PP. Jeſuites, qui y ſont allez pour y porter une Religion contraire à la leur, & de combler d'honneurs les PP. Ricci, Schall, Verbieſt, & Grimaldi, qui du temps même de ſon abſence en Italie a eſté éleu par l'Empereur de la Chine pour Preſident du Magiſtrat de l'Aſtronomie. D'où l'on peut juger que les Chinois n'avoient pas de Methode ſi certaine de regler leurs années, qu'ils n'ayent reconnu, qu'ils ne ſont pas capables de les regler tous ſeuls ſans de grandes erreurs.

III. Ob-

III. *Observation ancienne du concours des Planetes dans la constellation* Xe.

Le P. Martini attribuë au cinquiéme Empereur de la Chine qu'il dit avoir regné depuis l'an 2513 jusqu'à l'an 2435 avant JESUS-CHRIST, la regle de commencer l'année par la nouvelle Lune la plus proche du 15 d'Aquarius.

Il dit que suivant l'Auteur de l'Histoire Chinoise cet Empereur vit cinq Planetes jointes ensemble au jour même de la conjonction du Soleil & de la Lune dans la constellation Xe, qui presentement commence vers le dix-huitiéme degré du signe des Poissons, & s'étend jusqu'au quatriéme degré d'Ariés, & qu'il prit ce jour-là pour le commencement de l'année.

Il ne dit pas en quelle année de son regne fut la conjonction des Planetes : Mais comme cette conjonction est tres-rare, nous pouvons chercher si elle a pû arriver entre l'année 2513 & 2435 avant JESUS-CHRIST dans cette constellation Xe.

Cette recherche est importante, dautant que cette Epoque seroit plus ancienne que le Déluge de plusieurs siécles suivant le calcul de ceux qui le mettent environ 2200 années entre Déluge & la Naissance de JESUS-CHRIST.

IV. Des

IV. Des constellations Chinoises.

Pour l'intelligence de ce charactere celeste, nous avons examiné les constellations Chinoises, dont le P. Martini dans son Histoire, & dans son Atlas Chinois donne le Catalogue calculé pour l'année 1628 à la maniere d'Europe, & nous les avons comparées avec nos constellations calculées pour la même année.

Nous avons trouvé par cette comparaison que châque constellation Chinoise commence ordinairement par quelque étoile fixe considerable, qui en l'année 1628 se trouve dans le Catalogue de Tycho, presque toûjours dans la même minute, que le commencement de la constellation correspondante dans les deux Catalogues du P. Martini, à la reserve de 3 ou 4, dans lesquelles il paroît qu'il y a erreur de nombres dans les deux Catalogues, où la distance prise du point de l'équinoxe ne s'accorde pas avec les degrez & les minutes du signe du Zodiaque, auquel ces constellations sont rapportées, comme elle s'y accorde dans les autres constellations.

C'est pourquoy nous les mettons icy en deux manieres, suivant les nombres du P. Martini & suivant nôtre correction.

Constellationes Sinenses ex P. Martini historia,
& ex ejus Atlante Sinico ad annum 1628.

Nomen.		Longitude.		Gradus.		Signa.
Kio	♃	198	39	18	39	♎
Kang	♀	209	14	29	14	♎
Ti	♄	219	54	9	54	♏
Fang	☉	237	48	27	48	♏
Sing	☽	242	34	2	34	♐
Vi	♂	250	7	20	7	♐
	corrige	260	7			
Ki	☿	265	43	25	43	♐
Teu	♃	275	3	5	3	♑
Nieu	♀	298	54	28	54	♑
Niu	♄	306	35	6	35	♒
Hiu	☉	318	14	18	14	♒
Guei	☽	328	13	28	13	♒
Ke	♂	346	20	18	20	♓
	corrige	348	20			
Pi	☿	4	1	4	1	♈
Quei	♃	15	32	15	32	♈
Leu	♀	28	46	26	46	♈
				corrige 28	46	♈
Cuey	♃	41	46	11	46	♉
Mao	☉	53	37	23	37	♉
Pie	☽	63	16	3	16	♊
Sang	♂	77	14	17	14	♊
Cu	☿	78	35	18	35	♊
Cing	♃	90	8	0	8	♋
Qu'ei	♀	120	33	0	33	♌
Lieu	♄	125	9	5	9	♌
Sing	☉	142	9	22	9	♌
Chang	☽	150	32	0	32	♍
Ye	♂	168	36	18	36	♍
Chin	☿	185	36	5	39	♎

Rixæ ad initia Constellationum Sinensium ex comparatione tabulæ præcedentis cum Tychonica deductæ.

Longitudines Tychonicæ ad annum 1628.

Nomina.	Fixæ.		Grad.	Min.
Kio.	Spica Virginis.	♎	18	39
Kang.	Austrina in fimbria Virginis.	♎	29	14
Ti.	Lucida lancis australis.	♏	9	54
Fang.	Austr. trium in fronte Scorp.	♏	27	49
Sing.	Præced. lucent. in corp. Scorp.	♐	2	34
Vi.	Dexter humerus Ophiuci.	♐	20	8
Ki.	Cuspis Sagittarii.	♐	25	43
Teu.	Antecedens in jaculo Sagitt.	♑	5	3
Nieu.	Austr. in cornu præced. Capr.	♑	28	54
Niu.	Antecedens in manu Aquarii.	♒	6	35
Hiu.	In humero sinistro Aquarii.	♒	18	14
Guei.	Dexter humerus Aquarii.	♒	28	12
Xe.	Prima alæ Pegasi.	♓	18	20
Pi.	Extrema alæ Pegasi.	♈	4	1
Quei.	In sinistro brachio Andumed.	♈	15	32
Leu.	Sequens in cornu austr. Ariet.	♈	28	46
Guey.	In femore Arietis.	♉	11	46
Mao.	Occid. trium lucid. in Pleiad.	♉	23	37
Pie.	Oculus Tauri Barcus.	♊	8	16
Sang.	Recedens Balthei orientis.	♊	17	14
Cu.	In extremo cornu austr. Tauri.	♊	19	35
Cing.	Pes sequens præced. Gemin.	♋	0	7
Qu'ei.	Borea præc. in quad. lat. Canc.	♌	0	33
Lieu.	Septentrion. in rostro Canc.	♌	5	30
Sing.	Cor Hidræ.	♌	22	9
Chang.	In medio corpore Virginis.	♍	0	37
Ye.	In basi Crateris.	♍	18	36
Chin.	Tertia in ala austrina Virg.	♎	4	59

Cet

Cet accord des nombres de ces Tables Chinoiſes avec celles de Tycho, à peu près dans
la même minute, nous donne lieu de juger
que ces Tables ont eſté calculées par les Peres Jeſuites, qui depuis un ſiécle ſont allez à la
Chine, & non par les Chinois. Car quelle apparence y a-t-il, que ſans être tirées des Tables
de Tycho elles y fûſſent ſi conformes? Nos
Aſtronomes de ce ſiécle ont de la peine à s'accorder dans la même minute dans le lieu des
étoiles fixes : & l'on ſait qu'entre le Catalogue de Tycho & celuy du Langrave de Heſſe
faits en même temps par d'excellents Aſtronomes, il y a une différence de pluſieurs minutes.
C'eſt pourquoy il n'eſt pas vray-ſemblable que
les obſervations des Chinois s'accordent preſque toûjours avec les obſervations de Tycho
dans la même minute.

V. *Methode de terminer les conſtella-*
tions Chinoiſes à châque temps.

Le P. Martini remarque, que les Chinois
déterminent les longitudes dans le Ciel par les
Poles du monde: c'eſt-à-dire par de grands cercles tirez par les Poles perpendiculaires à l'E-
quinoxial, où nous marquons les aſcenſions
droites des étoiles. C'eſt pourquoy les étoiles
qui ſont entre deux cercles qui paſſent par les
poles & par les deux étoiles fixes qui terminent une conſtellation ſe rapportent à cette
conſtellation même.

Tom. II.   O   Mais

Mais il paroît par la comparaison des deux Tables précedentes, que les longitudes ne sont pas marquées dans la Table du P. Martini differemment de ce qu'elles sont marquées dans la Table de Tycho, qui réduit les étoiles à l'écliptique, & non pas à l'équinoxial. Elles n'y sont donc pas marquées à la Chinoise; mais pour les réduire à la maniere Chinoise, il est necessaire de rapporter les étoiles qui sont au commencement de chaque constellation à l'équinoxial, & de trouver leurs ascensions droites, & les points du Zodiaque qui auront les mêmes ascensions droites, seront au commencement de ces constellations.

Quand une étoile tombe dans le colure des solstices, comme le pié des Jumeaux dans cette Table d'où commence la constellation *Cing*, il n'y a point de difference entre sa longitude à nôtre maniere, & son ascension droite, qui est la longitude à la Chinoise; mais à mesure que les étoiles s'éloignent du colure des solstices, la difference de leurs longitudes & de leurs ascensions droites augmente d'autant plus, que les latitudes ou les déclinaisons des étoiles sont grandes. Et parce que les étoiles fixes s'éloignent toûjours d'un colure & s'aprochent de l'autre par un mouvement parallele à l'écliptique & oblique à l'équinoxiale, cette difference varie continuëllement, & autrement en une constellation qu'en une autre: d'où il arrive que d'un siécle à l'autre la même constellation
Chi-

Chinoife determinée par deux eftoiles fixes s'élargit ou fe rétraiffit, & ne comprend pas toûjours le mefme nombre d'eftoiles fixes.

C'eft pourquoy pour favoir en quelle conftellation Chinoife tombe une Planete en un certain temps, il faut trouver pour ce temps-là l'affenfion droite de la Planete, & l'afcenfion droite des eftoiles fixes prochaines, qui determinent le commencement & la fin des conftellations; ce que nous n'aurions pas fceu fans la reflexion que nous venons de faire, que châque conftellation commence par une certaine eftoile fixe; & fans l'avis que le P. Martini nous donne, que les longitudes Chinoifes fe prennent des Poles du monde, c'eft-à-dire differemment de ce qu'elles font marquées dans cette Table.

Il paroît par cette Table, que la conftellation *Xe* dont eft queftion, commence par la premiere de l'aile du Pegafe, & finit par la derniere de la mefme aile, puifque fuivant la feconde colonne de cette mefme Table cette conftellation commence l'an 1628 par les 18 degrez & 20 minutes des Poiffons, où nous trouvons en la mefme année la premiere de l'aile par la Table de Tycho reduite au mefme temps; quoique la premiere colonne de la Table Chinoife donne deux degrez de moins, ce qui fans doute eft une erreur d'impreffion ou de calcul, qui s'eft gliffée dans les deux Ouvrages du P. Martini.

O 2 Les

Les originaux des Tables de Tycho & de Longimontanus donnent aussi la derniere de l'aile en 4 degrez & une minute d'Ariés, où finit la constellation *Xe*, & où commence la constellation suivante *Pi* quoique les Tables Rudolphines, les Philolaïques & celles du P. Riccioli montrent la mesme étoile en 4 degrez des Poissons, ce qui certainement est une erreur des copistes, qui s'est glissée dans les ouvrages de ces Astronomes. Comme ces deux étoiles ont une grande latitude Boréale, la premiere en ayant 19 degrez & 16 minutes, la seconde 12 degrez & 35 minutes; la difference entre leur longitude & leur ascension droite, que les Chinois prennent pour longitude, est considerable presentement, dautant que ces étoiles sont proche du colure des équinoxes, où cette difference est plus grande qu'ailleurs. Mais elle n'êtoit pas si considerable anciennement quand ces étoiles estoient proche du colure des solstices.

VI. *Détermination du temps du concours de cinq Planetes dans la constellation Xe.*

Ayant réduit ces étoiles à l'équinoxial au vingt-quattriéme & au vingt-cinquiéme siécle avant la Naissance de JESUS-CHRIST, nous n'avons point trouvé, qu'entre les cercles des declinaisons qui passent par ces étoiles, cinq Pla-

Planetes se soient trouvées jointes ensemble,
ny en ces siécles, ny en deux autres avant &
aprés, pendant que le Soleil étoit dans le signe d'Aquarius, ainsi que porte l'Histoire Chinoise.

Mais nous avons trouvé que Saturne, Jupiter, Venus, Mercure, & la Lune se trouverent dans cette constellation Chinoise determinée par cette methode, le Soleil estant
au 20 d'Aquarius, l'année 2012 avant l'Epoque de JESUS-CHRIST, le 26 de Fevrier
suivant la forme Julienne le 9 de Fevrier suivant la forme Gregorienne, qui court presentement, & que le jour suivant :: de Fevrier à
6 heures du matin à la Chine arriva la conjonction de la Lune avec le Soleil, qui peut être
celle qui fut prise pour époque des années
Chinoises.

Alors suivant le catalogue de Tycho, &
suivant le mouvement qu'il donne aux étoiles fixes, la premiere de l'aile du Pegase d'où
commence la constellation *Xe* étoit à 26 degrez 50 minutes du Capricorne, & le cercle
de sa declinaison coupoit l'écliptique à 24 degrez du mesme signe.

La derniere de l'aile du Pegase étoit à 12 degrez & demy d'Aquarius & son cercle de declinaison coupoit l'écliptique, & le raportoit
à l'onziéme degré du mesme signe.

Le matin du :: Fevrier dans le crepuscule à
la Chine.

Com-

Commencement de la constellation *Xe* ♑ 24

Saturne étoit ♑ 24

Jupiter ♑ 26

Mercure ♑ 27

Venus ♒ 4

La Lune ♒ 8

Fin de la constellation *Xe* ♒ 11

Et en 24 heures ou environ arriva la conjonction de la Lune au Soleil.

La Chronologie Chinoise met cette conjonction des Planetes entre l'an 2513 & l'an 2435 avant la Naissance de JESUS-CHRIST. Il y aura donc une difference de 5 siécles entre le temps marqué par cette Chronologie & le vray temps. Ainsi l'Epoque Chinoise sera plus récente de 5 siécles que les Historiens Chinois ne la supposent.

VII. *Observation ancienne d'un solstice d'Hyver faite à la Chine.*

Cette difference de cinq siécles dont il paroît suivant ce calcul, que les Chinois font leur Epoque trop ancienne, est confirmée par un autre endroit de l'Histoire du P. Martini, où cet Auteur dit que sous Jao septiéme Empereur des Chinois le solstice d'hyver fut observé vers le premier degré de la constellation *Hiu*, qui presentement commence vers le 18 d'Aquarius, de sorte que depuis ce temps le solstice s'est éloigné de plus de 48 degrez de son premier lieu, il rapporte cette observation à l'année

née 20 de Jáo laquelle il dit avoir esté la 2342 avant la Naiſſance de JESUS-CHRIST.

Il paroît par la Table que cette conſtellation *Hiu* commence par l'étoile qui eſt dans l'épaule gauche d'Aquarius qui l'an 1628 eſtoit à 18 degrez 16 minutes d'Aquarius; mais l'année 20 de Jáo elle eſtoit en 29 degrez du Sagitaire & quelques minutes, puis que le ſolſtice d'hyver, qui eſt toûjours au commencement du Capricorne eſtoit au premier de la conſtellation *Hiu*. La diſtance entre ces deux lieux du Zodiaque eſt de 49 degrez 16 minutes, que les eſtoiles fixes ſuivant la Table de Tycho font en 3478 années, à raiſon de 51 ſecondes par an: d'où ayant ôté 1625 années au plus qui ſont depuis l'Epoque de JESUS-CHRIST, la 20 de Jáo ſeroit l'année 1852 avant la naiſſance de JESUS-CHRIST, que le P. Martini ſuivant l'Hiſtoire Chinoiſe met en l'année 2347 avant JESUS-CHRIST, la faiſant plus ancienne d'environ de 497 années. Ainſi il y a environ 5 ſiécles de différence entre cette Epoque tirée de l'Hiſtoire Chinoiſe, & la même Epoque tirée du mouvement des étoiles fixes fait dans cet intervalle de temps, comme nous avons trouvé par l'examen de l'obſervation des 5 Planetes dans la conſtellation *Xe*.

Selon le P. Martini au commencement de ſon Hiſtoire de la Chine, il ſemble que les Chinois

ne

ne content que cinq Planétes, Saturne, Jupiter, Mars, Venus, & Mercure, & qu'ils supposent au temps de leur cinquiéme Empereur le concours de ces cinq Planetes en la constellation Xc, au même jour qu'il y eut conjonction de la Lune avec le Soleil. Mais si cette observation Chinoise se devoit entendre ainsi, ce seroit une bévûë toute pure, & sans fondement : un tel concours n'étant point arrivé au temps marqué par les Chinois, ny bien loin de là , de sorte qu'on ne sauroit peut-être où le prendre.

Les Histoires appuyées d'observations Astronomiques, meritent donc d'être examinées avant qu'on y ajoûte foy. Ainsi un conte d'éclypses, qui est au commencement de Diogene Laërce, & qu'il rapporte aprés Sotion, est condamné de fausseté par Monsieur Cassini. Sotion contoit 48863 années entre Vulcain, & Alexandre le Grand, & dans cet intervalle, il mettoit 373 éclypses solaires, & 832 lunaires.

Il ne faut pas aussi ajoûter une foy trop prompte à une Histoire, parce qu'elle nous donne une suite de Rois bien arrangée. Les Perses nous en donnent une de cette nature, que nous savons être pleine de faussetés: & nous avons des Généalogies de nos Rois depuis Adam, qui sont encore plus fausses. Ce n'est pas seulement d'une suite bien ajustée, que les Histoires ausquelles nous croyons, prennent leur certitude, mais de ce qu'elles sont confirmées les unes par les autres : toutes les Nations qui ont pû avoir une

cum

connoissance des mêmes choses, les rapportant
de même, au moins pour les circonstances les
plus importantes, de telle sorte que là, où il y
a diversité d'avis nous retombons dans le doute.
*L'Histoire des Chinois n'a esté ny contredite,
ny confirmée par leurs Voisins : elle ne peut tirer
nulle autorité de leur silence ; & ainsi tout ce
que nous pouvons faire, est de la croire veritable en gros, sur tout depuis environ 200 ans
avant* JESUS-CHRIST: *mais non en ce qui
choque nos Histoires, qui font mieux attestées
que les leurs.*

De l'Isle Taprobane, par Mon- sieur CASSINI.

LA situation de l'Isle Taprobane suivant
Ptolomée au septiéme livre de sa Geogra-
phie estoit vis-à-vis du Promontoire Cari.

Ce Promontoire est placé par Ptolomée
entre l'Inde & le Gange, plus prés de l'Inde
que du Gange.

Cette Isle Taprobane estoit divisée par la
ligne Equinoxiale en deux parties inégales,
dont la plus grande estoit dans l'hémisphere
Boréal, s'estendant jusqu'à 12 ou 13 degrez
de latitude Boréale. La plus petite partie estoit
dans l'hémisphere Austral, s'estendant jusqu'à
deux degrez & demy de latitude Australe.

Autour de cette Isle il y avoit 1378 petites
Isles.

Isles, parmi lesquelles il y en avoit 19. plus confiderables dont le nom estoit connu en Occident.

. Le Promontoire Cori ne sauroit estre autre, que celuy, qui est appelé presentement Comori, ou Comorin, qui est aussi entre l'Inde & le Gange, & plus prés de l'Inde, que du Gange.

· Vis-à-vis ce Cap il n'y a pas presentement une aussi grande Isle que la Taprobane qui soit divisée par l'Equinoxial, & environnée de 1378 Isles : mais il y a une multitude de petites Isles, appellées Maldives, que les Habitans disent estre au nombre de 12 mille. Suivant la Relation de Pirard, qui y a demeuré cinq années, ces Isles ont un Roy, qui se donne le titre de Roy de 13 Provinces, & 12 mille Isles.

· Châcune de ces treize Provinces est un amas de petites Isles, dont châcune est environnée d'un grand banc de pierre, qui la ferme tout autour comme une grande muraille : on les appelle Attolons. Elles ont chacune trente lieuës de tour, un peu plus, un peu moins, & sont de figure à peu prés ronde, ou ovale. Elles sont bout à bout l'une de l'autre depuis le Nord jusqu'au Sud ; & elles sont séparées par des canaux de mer, les unes larges, les autres fort étroits. Ces bancs de pierre, qui environnent châque Attollon, sont si élevez, & la mer s'y rompt avec une telle impetuosité,

que

que ceux qui font au milieu d'un Attollon, voyent ces bancs tout autour, avec les vagues de la mer qui femblent hautes comme des maifons. L'enclos d'un Attollon n'a que 4 ouvertures, deux du côté du Nord, deux autres du côté du Sud, dont une eft à l'Eft, l'autre à l'Oüeft, & dont la plus large eft de 200 pas, la plus étroite un peu moins de 30. Aux deux côtez de châcune de ces entrées il y a des Ifles, mais les courants & les grandes marées en diminuënt tous les jours le nombre. Pirard ajoûte qu'à voir le dedans d'un de ces Attollons, on diroit que toutes ces petites Ifles, & les canaux de mer, qu'il enferme, ne font qu'une plaine continuë, & que ce n'eftoit anciennement qu'une feule Ifle, coupée & divifée depuis en plufieurs. On voit prefque par tout le fond des canaux, qui les divifent, tant ils font peu profonds, à la referve de quelques endroits : & quand la mer eft baffe, l'eau n'y vient pas à la ceinture, mais feulement à mie-jambe prefque par tout.

Il y a un courant violent & perpetuel, qui depuis le mois d'Avril jufqu'au mois d'Octobre vient impetueufement du côté de l'Oüeft, & caufe des pluïes continuëlles qui y font l'hyver ; & aux autres fix mois les vents font fixes du côté de l'Eft, & portent une grande chaleur, fans qu'il y pleuve jamais, ce qui caufe leur efté. Au fond de ces canaux, il y a de groffes pierres, dont les Habitants fe fervent à bâtir, à bâtir, & il y a auffi tout plein d'une efpéce de brouffailles, qui reffemblent au corail: ce qui rend extremement difficile le paffage des bateaux par ces canaux.

Linfcot témoigne que fuivant les Malabares, ces petites Ifles ont efté autrefois jointes à la Terre-ferme, & que par la fucceffion des temps elles en ont efté détachées par la violence de la mer à caufe de la baffeffe du terrein.

Il y a donc apparence que les Maldives font un refte de la grande Ifle Taprobane, & des 1378 Ifles qui l'environnoient, qui ont efté emportées ou diminuées par les courants, fans qu'il en foit refté autre chofe que ces Rochers, qui devoient eftre autrefois les bafes des montagnes; & ce qui refte dans l'enclos de ces rochers, où la mer fe romp de forte, qu'elle n'eft plus capable que de divifer, mais non pas d'emporter les terres qui font enfermées au dedans de leur circuit.

Il eft certain que ces Ifles ont la même fituation à l'égard de l'Equinoxial & à l'égard du Promontoire, & de l'Inde & du Gange, que Ptolomée affigne à divers endroits de l'Ifle Taprobane.

F I N.

T A.

TABLE

Des Planches de ce second Volume.

CPSIA information can be obtained at www.ICGtesting.com
Printed in the USA
LVOW111944081212

310706LV00006B/300/P